李雅婷，夏天雪 編著

說故事代替碎念
孩子絕對聽得進

交代任務法×鼓勵提問法×配音表演法，
花點時間陪伴孩子，別因為一句吼叫就讓親子關係壞掉

苦口婆心為什麼孩子總是聽不進去？
放空、裝傻、看東看西就是不理你？
你都不想被碎碎念了，怎麼會覺得孩子有耐心聽你念？

好媽媽好爸爸都是這樣講故事教小孩
不經一「事」不長一智，創造情境引導孩子改正錯誤！

崧燁文化

目 錄

目錄

第五章　努力綻放 EQ 的亮點

第六章　學習能力代表將來

目錄

第九章　在艱難險阻中收穫成長

目錄

前言

　　曾不止一次聽到年輕媽媽們痛心疾首地訴說：「我道理說了一籮筐，可孩子卻充耳不聞，還是我行我素。」其實，很多時候，並非孩子不聽教導，而是孩子不能理解大人所說的道理。那些在大人眼裡很容易明白的道理，孩子不一定能聽懂。孩子的思維是直觀的，他們往往對理性的評論不感興趣。因此，單純和孩子講道理，他們很難聽懂，更不用說接受了。

　　教育的一個技巧是：能意會的就別言傳。有時候，條條大道理，不如區區小故事。孩子的身心特點，決定了講故事是一種更容易被接受的教育形式。媽媽在面對紛繁複雜的教育情景時，若能巧妙地用故事說話，使孩子在聆聽中有所感觸，或許會有意想不到的收穫。

　　媽媽給孩子講故事，追求的是用人去感染人、用事件去引導事件；孩子聆聽故事，收穫的是於一點一滴中對自我、對社會的反思。素養教育從來都不是一蹴而就的，而傳授生命真理的勵志故事是孩子獲取新知、讀懂大千世界的重要途徑。每一個故事都是一本社會之書，每一個孩子也都是一本生命之書。講你，講我，講故事；聽你，聽我，聽故事。有時候，教育就是可以如此簡單！在那些繪聲繪色的故事中，媽媽種下的是正直善良的品格種子，結出的是令人欣喜的美德之果，這對於孩子的一生來說，都是一筆無比珍貴的精神財富。

　　在此，還給媽媽們一個建議：每一次給孩子講完故事後，一定要先聽聽孩子對這個故事的理解，然後再和孩子討論這個故事帶來的啟示。而不要認為把故事講完了就盡到了責任，關鍵是看孩子是否能接受故事對他的引導和教育。

前言 ───────────────────────────

　　本書精選了許多通俗易懂、發人深省的故事,這些故事貼近孩子的生活、切合孩子的心理。而故事以外的悟語,更像是一盞盞智慧的明燈,把一個個做人的道理、處世的技巧、人生的建議娓娓道來,引導孩子去思索、去感悟。

第一章　講故事是教育孩子最好的方法

　　有作家說過：「講故事是孩子最喜聞樂見的，也是孩子最容易接受的一種教育形式。」世界上沒有不愛聽故事的孩子，故事是孩子認知世界的一扇視窗。身為家長，媽媽有義務給孩子講故事，把視窗外的世界，用最易懂的方式展示在他們面前，讓他們的一生從此更加自信、堅強、理性、智慧。總之，故事的魅力不可小視，一個充滿哲理和智慧的小故事，一個淺顯易懂的道理，會在將來的某一天，讓孩子的一生發生翻天覆地的變化。

第一章 講故事是教育孩子最好的方法

▋「故事教育法」的神奇力量

常聽家長痛心疾首地訴苦：

「孩子越大越不聽話，我們說他一句，他竟然反駁好幾句。」

「我磨破了嘴皮跟孩子講道理，孩子竟一臉茫然。」

「這孩子就是不爭氣，罵過、打過……根本不管用。」

面對孩子的調皮，很多家長只知道百般挑剔，一上來就是一翻說教，容不得孩子半點解釋。試想，孩子在這樣的環境下成長，身心會是多麼的憔悴。心理學研究表示：「破壞性的批評與責備是扼殺孩子自尊心和自信心最重要的殺手。」在家長一次次的斥責聲中，孩子會漸漸習慣這些詞語，從而變得麻木不仁，缺乏自尊心，成了所謂的木頭人。一旦成為這種人很容易被大眾所遺忘、無視甚至踐踏，人緣自然是奇差無比。這正如有人指出的：「那些被認為沒有自尊心的孩子，是外界沒有給他們提供使自尊心理健康發展的良好環境。他們的自尊心是殘缺的、病態的，他們是斥責教育的受害者。」

那麼，為了孩子的健康成長，家長該如何教育、引導孩子呢？

不妨運用「故事教育法」吧！「故事教育法」就是針對孩子隨時發生的情況，把各種教育的道理蘊涵在故事中，透過講故事的方式達到教育、引導、說服孩子的目的。事實證明：運用這種教育方式，能在輕鬆愉快的氛圍中，達到事半功倍的教育效果。

一個9歲的小男孩，因為聰明機靈而驕傲自滿，受到了同學們的孤立。為了幫助小男孩改正驕傲的壞毛病，年輕的班導先是說了一大串道理，但並沒有讓男孩明白自身的缺點，反而讓他流下了委屈的淚水。情急之下，班導決定為小男孩講一個「菊花和蔥頭」的小故事：

「故事教育法」的神奇力量

在一個農村老婆婆的屋子外，長著一棵菊花。菊花老是沾沾自喜：「你們瞧，我多美啊！在這地方我是最美的」在菊花旁邊長著一棵蔥頭，一顆普普通通的蔥頭。夏末，蔥頭熟了，蔥頭散發出辛辣的氣味。

菊花摀著鼻子，「你發出的氣味好難聞呀！」菊花對身邊的植物說，「我真的感到奇怪，人們為什麼要種這種植物呢？想必是為了熏跳蚤吧！」蔥頭沒有出聲，它把自己視為灰姑娘。

這時，老婆婆從屋子裡出來，向菊花走去。菊花屏住了呼吸，它想：「老婆婆馬上就會說：『我的花多美啊！』」菊花感到有點飄飄然了……

然而，老婆婆走來卻彎腰拔起了蔥頭，端詳著蔥頭，驚呼了一聲：「多好的蔥頭啊！」

菊花感到困惑了，難道蔥頭這副模樣也能稱之為好嗎？

小男孩聽完這個故事，臉上的淚痕已經乾了。從這個故事中，他悟出了一條道理：人各有所長，各有所用，不能自作聰明，看不起同學。而班導也從這場師生溝通中悟出了一個道理：少講些大道理，多說點小故事。

這位年輕的班導叫蘇霍姆林斯基（Sukhomlinskii），後來成了蘇聯最著名的教育家。蘇霍姆林斯基發現了「故事教育法」的妙處後，為了讓這種方法惠及更多的孩子，寫作出版了《做人的故事》、《成長的故事》等童話故事集，用淺顯的文字、抒情的語言、優美的故事，來傳播有關美、愛、快樂、友誼、責任、價值、素養的道理。

是的，講故事是最好的教育方法。好就好在這種方法不霸道、不空洞、不說教，化枯燥為生動，寓教育於娛樂，潤物於無聲中，潛移默化。身為家長的你，如果被蘇霍姆林斯基教育孩子的小故事所吸引，並從中悟出一些關於教育的道理，那麼，毫無疑問，「故事教育法」是有效的。至少，其效果在你的身上已經展現出來了。

第一章　講故事是教育孩子最好的方法

其實，為孩子講故事還有很多好處：

英國廣播公司（BBC）曾報導，英國教育研究所的研究人員認為，家長是否在孩子幼小時期經常給他們講故事，與孩子們日後的學習能力的好壞有著直接的關係。這項由英國政府資助的研究調查了 8,000 多名 5 歲兒童在基礎階段的情況，以及在學校學習一年後老師對他們的能力評價，並對他們的認知能力進行了測試。研究結果顯示，家長如果能每天花些時間為孩子講故事，那麼這些孩子長大以後行為出現問題的風險可能會降低。此外，如果家長能夠了解到在嬰幼兒時期開發智力的重要性，並每天在孩子身上投入一點時間，那麼孩子日後的認知和學習能力都會得到改善與提升。

而日本一項研究顯示：家長經常為孩子講故事，不僅能增進親子交流，還可以促進孩子的大腦發育。孩子在聽故事的時候，大腦內側邊緣系統相當活躍，這個邊緣系統主要掌管人類的喜怒哀樂各種情緒，家長在講故事的同時，孩子的喜怒哀樂等情緒因此也跟著生長發展，同時，家長的陪伴對於兒童的情緒控制及腦部智商發育也有相當顯著的影響。

另外，為孩子講故事可以培養孩子的想像力 —— 故事中虛構的景物、人物、聲音、情境及氣味等，這種想像力對孩子是十分有建設性的。雖然答錄機也會講故事給孩子聽，但與家長講故事相比，缺乏與孩子之間的親切感和交流互動。電視也是有教育作用的，也是可以模仿和創造的，但是這種創造總是第二手的，因為故事首先是出自於作者的大腦，而不是孩子們自己的。因此，這對孩子想像力的培養沒有多大幫助。孩子的學習能力很強，但從電視上學習只會將孩子變成一個被動的接受者而不是參與者，是一個世界的旁觀者而不是創造者。

很多家長都擅長長篇大論地對孩子進行說教，可越是這樣，孩子越是不聽話。這到底是怎麼了？孩子怎樣才肯聽話呢？家長不妨運用「故事

教育法」吧！「故事教育法」有著神奇的力量。孩子在聽故事的過程中，能更好地感悟其中的道理。同時，故事對孩子一生的成長都有著積極的意義。

媽媽是講故事的最合適人選

　　天氣越來越冷，3 歲的男孩飛飛不小心感冒了。爸爸媽媽趕緊把他送診所。到診所後，飛飛就是不配合醫生的治療，哭鬧著非要回家。爸爸媽媽想盡各種辦法，還是沒有使孩子安靜下來。這時，媽媽想到「故事教育法」，她給孩子講了個故事，這辦法真靈驗，孩子馬上不哭了，醫生幫孩子打了針，開了藥，最後讓孩子回家休息。回到家後，孩子又開始哭鬧，原來，躺在床上的他怎麼也睡不著，就要聽故事！可爸爸媽媽還要上班，哪有時間為孩子講故事，這時，爺爺奶奶來解圍，主動擔當起講故事的角色。他們輪番為孩子講故事，孩子聽後卻怎麼也不滿意。傍晚，爸爸下班回家，飛飛又纏著不放。爸爸這幾天看了不少故事書，他坐在床邊，繪聲繪色地講了起來，可還沒講到一半，孩子就捂著耳朵拒絕了：「爸爸講的和爺爺奶奶講的一樣難聽，我不要聽！我不要聽！」過了一會兒，媽媽回來了，她的第一任務自然也是講故事。沒想到，這次飛飛竟聽得入了迷，聽完一個後還想聽下一個。為了讓飛飛有個好心境，媽媽一連講了十多個故事。而飛飛的感冒在不知不覺中竟緩和了很多，媽媽打趣地說：「故事也能治病啊！」可爸爸不明白了，媽媽選擇的故事也不見得有多好，為什麼孩子就喜歡呢？而當我們講故事時，為什麼孩子一點也不想聽？

　　其實，很多人都有飛飛爸爸一樣的困惑，比起很多講故事的人，孩子為什麼偏偏就喜歡聽媽媽講故事呢？事實也表明，媽媽是最適合為孩子講故事的人！

第一章　講故事是教育孩子最好的方法

　　這與媽媽身為女性所擁有的特質以及母愛在孩子成長過程中發揮的作用是密不可分的。

　　第一，晉朝的夏侯湛在《昆弟誥》中寫道：「納誨於嚴父慈母。」也就是說，在一個家庭中，父親往往是嚴厲的，而母親則是慈祥的。在孩子成長的道路上，媽媽給孩子最深刻的印象是溫柔，這讓孩子的心理更樂於接受。同樣，媽媽在給孩子講故事時，孩子無論如何也不會產生排斥的情緒。

　　第二，一般來說，媽媽身為女性，感情比較細膩，心也更細。在講故事的過程中，能夠及時發現孩子心理的微妙變化，從而給予正確的關心，這會給孩子帶來受重視的感覺，從而更樂於傾聽。有個小女孩就很得意地告訴同伴：「有一次，媽媽為我講『狼來了』的故事，當聽到狼衝過來的情節時，我的心就緊張起來，媽媽竟一下子覺察到了我的變化，還不忘安慰我，『別怕，媽媽保護你！』有了媽媽這句話，我果真不害怕了。」

　　第三，某位作家曾說，「女人說起話來，那發音、那節奏、那韻味，本身就是一個亮點。」是的，媽媽講故事時的聲音比較動聽，特別是年輕媽媽，聲帶裡似乎隱藏著一股磁性，這也是吸引孩子的重要因素之一。

　　第四，母親是孩子的生命之源，也是孩子的啟蒙之師，母愛對孩子一生的影響都是十分巨大的。每個孩子都渴望獲得母親的真愛，而真愛是溝通的潤滑劑，有了這潤滑劑，媽媽與孩子順暢的溝通關係就建立起來了。

　　誰為孩子講故事最合適呢？當然是媽媽了！這與媽媽身為女性所擁有的特質以及母愛在孩子成長過程中發揮的作用是密不可分的。事實表明，媽媽在為孩子講故事的過程中，總會給孩子帶來愉悅、歡樂。那麼，身為媽媽的你，還猶豫什麼呢？趕快行動吧！

▎為孩子講故事不可忽視技巧

喜歡聽故事是孩子的天性。美麗的白雪公主、天方夜譚、機智的阿凡提、勇敢的孫悟空……正是這一個個膾炙人口的故事，陪伴著孩子們健康快樂地成長。

故事之所以為孩子所喜愛，是因為它是一種文學藝術作品，它有吸引人的故事情節、生動的人物形象、優美的藝術語言，還有深刻的教育意義。

有些媽媽以為講故事很容易，無非就是開口講嘛，有什麼難的？其實不然，為孩子講故事也是需要有技巧的：

第一，從選擇故事入手。媽媽一定要根據孩子的年齡來選擇適合他們閱讀的故事。只有符合年齡特點、容易被孩子所理解的故事，才會讓他們產生濃厚的興趣，引起他們的注意。正常情況下，2~3歲的孩子思維還沒有獨立，喜歡以動物為主人公的童話，內容應簡單易懂。媽媽面對可愛的孩子可以講述一些生活小常識、小兒歌等，只要具有童趣、語言生動活潑就可以了。4歲以後，孩子已經具備了一定的理解能力和思維能力，這個時候就可以講一些品德教育、科學常識等方面的趣味小故事了，雖仍然要求講起來簡單易懂，但是，此時媽媽面對的孩子已經長大了一些，所以在故事情節上，要有小的起伏與波動。這一點小小的區別能引起孩子思維與想像的大腦活動。

第二，發掘教育性。美國故事家認為：「聽故事能夠打開那些直接教育無法觸及的區域，無論是成人還是兒童，都可以從故事中找到解決自己問題的辦法。」這表示，故事的內涵不僅反映生活、揭示世界，而且故事對人的塑造有著積極影響，且有教育意義。據此，給孩子講故事，要充分發掘故事的教育性。

第三，注意觀察孩子的反應。講故事時，注意觀察孩子的反應很重要。如果發現孩子注意力不集中，要分析原因，隨時調整。年幼的孩子注意力很難集中，媽媽選擇的故事一定要簡短，要特別容易理解。當孩子開始出現注意力不集中的表現時，可以適當改變自己的語調，以引起孩子的注意，或將原有的語氣表現得更為誇張一些。聽覺上的刺激，可以直接引起孩子的注意。當孩子張口想發表自己的看法時，媽媽應耐心聽完孩子可能不太完整的陳述，不要不耐煩，更不要從頭講到尾不看孩子一眼，不給孩子發問的機會。要知道，只有更好地互動才能更積極地調動起孩子的想像力並活躍腦細胞。

第四，創設情境。講故事的過程實際上是一個還原生活的過程，孩子年齡小，社會生活經驗貧乏，往往對故事的內涵領悟較困難。因此，給孩子講故事，首先應創設一種故事氛圍，達到借景生情、置身於境的結果。具體做法可以透過「解題」作鋪墊，告訴孩子這是一個什麼樣的故事、要注意哪些情節和人物等。另外，要力求不斷渲染故事環境，促使孩子神往於故事之中。

第五，善於設置懸念。瑞士教育家說過：「教育最偉大的技巧是：知所啟發。」為了讓孩子聽而有發，講故事靈活運用懸念就十分重要。懸念就是掛念，它是孩子聽故事時持有的一種對故事發展和人物命運關切的心態反映。有人說故事是人類靈感的橋梁，懸念就是靈感集成的火花。懸念的引入，就是打破故事完整的格局，在關鍵處質疑，讓孩子按故事的脈脈去思考，探尋餘韻。故事懸念通常有開篇懸念、情節懸念和結果懸念等，應視具體的故事內容和聽故事的對象擇用或兼用。懸念的設置和運用，需要家長講故事前認真鑽研故事，精心設計講法，懸念分布既可從故事內容的教育性入手，分解為情感懸念、問題懸念、事件懸念等；也可從故事的

結構上設置，如層次懸念、連鎖懸念等。當然，講故事設置的懸念，是為了使故事跌宕起伏，曲直交錯，增強故事藝術的感染力。不過，懸念設置頻率、深度要因孩子而異，不能因設置懸念而讓孩子聽故事的興趣受損。一般情況下，講故事過程中設置的懸念，隨著故事的推進，都要被揭破，不能懸而無限。

第六，誦讀也是比較好的方法。誦讀可豐富孩子的詞彙，累積知識，使孩子的語言表達更加準確、生動、規範。誦讀時，媽媽應用飽滿的感情，抑揚頓挫的語調吸引孩子。在講故事時可以提一些孩子感興趣又能增長知識的問題，也可以孩子提問，媽媽回答。這樣不僅可以提升孩子的興趣，激發他們的思維，而且能讓他們變被動為主動，提升孩子閱讀活動的積極性。

第七，養成習慣。每天可以選擇一個固定的時間和固定的場合給孩子講故事。比如在每天臨睡前，為孩子講一些睡前故事，而早上孩子醒來的時候，媽媽也可以在床上給孩子講故事。這樣可以培養孩子聽故事的習慣，一旦習慣養成了，就容易長期執行了。

很多媽媽在給孩子講故事時，往往注重「講」，卻忽略了「講」以外的東西 —— 技巧。是的，一般人都會講故事，可要把故事講好、吸引人，卻不容易，這就需要在講的過程中，注重技巧的運用。如此，孩子才更喜歡聽媽媽講故事。

▌讓講故事的過程變得更有趣

媽媽在講故事的過程中，不要只是把這件事作為例行公務，語氣枯燥、乾巴巴地念課文。因為孩子雖然在聽故事，他同時也在學習，如果能夠同時調動他的各種學習器官，如眼睛、耳朵、鼻子、雙手、大腦等，就

第一章　講故事是教育孩子最好的方法

會很好地吸引孩子的注意力。所以，在選擇故事書的時候，最好選擇那些圖文並茂的。在開始階段，以圖畫為主，色彩鮮豔，形式多樣，會吸引孩子的注意力。同時，講述時不一定很快就進入故事情節，為了讓孩子感興趣、使他熟悉故事，媽媽可以先指著故事書上的各種小動物、各種物體、色彩，讓孩子尋找和辨認，等到孩子建立了興趣以後就可以講故事了。有的故事書，文字過於書面化，這時也不必拘泥於文字的限制，媽媽可以用孩子能聽懂的語言和方式，讓孩子明白；過於深奧或者不適合孩子聽的情節，完全可以略去，不一定要完全按照書本來講。

為了讓故事的過程變得有趣，媽媽講故事之前自己首先要熟悉故事，掌握故事的內容和情節。比如要知道這個小故事講的是什麼內容、情節有哪些變化、哪一句該用什麼語氣來講述等等。充分掌握了這些要點之後，當孩子做好了聆聽的準備時，媽媽最好把書放在一邊，盡可能將整個故事完整有序且繪聲繪色地描述給孩子。

當然，還有一點特別值得注意，要避免為孩子講故事時發生因生疏而結巴的情況，這會打消孩子的積極性，讓他們喪失對故事本身的興趣及聽下去的耐心。在講故事時，如果能給孩子出示一些事前畫好的大大的彩色圖片或製作好的模型，那就再好不過了。這些小道具可以讓孩子瞪著大大的眼睛與你共同分享故事的快樂呢！

下面介紹幾種講故事過程中運用到的可以提升孩子興趣的方法：

第一，布置任務法。講故事之前就將準備讓孩子回答的問題一一列出來，比如故事裡的小主人公有什麼特徵、小主人公最後的結局是什麼等。讓孩子帶著問題去聆聽，可以讓他更全身心地投入到故事的情節中去。

第二，設疑法。結合故事內容巧設問題，可以調動孩子思維的積極性。當孩子對一個故事比較熟悉的時候，就可以在聽故事的過程中設計各

種問題，鼓勵孩子回答和參與，甚至發揮孩子的創造力來改寫故事，比如問孩子：「這個故事叫什麼名字呢？」「後來怎麼樣了呢？你知道嗎？」「大野狼在奶奶的屋子裡做什麼呢？」「你要是小紅帽，會怎麼辦呢？」等等。當然，問題不能太難，過於難解的問題會讓孩子直接產生放棄的念頭，這就考驗媽媽的智慧了。

　　第三，鼓勵提問法。問題是發展思維的起點。如果孩子在聽故事的過程中，喜歡提出問題，媽媽一定要加以鼓勵，並且耐心引導孩子從故事中找出答案來。千萬不要只講故事，卻不給孩子發問的機會。

　　第四，續編法。為發展兒童的創造想像，講故事時，媽媽可以訓練孩子續編故事結尾，比如問：「後來又發生了什麼事？」「他怎麼樣了？」等等，以引導孩子展開想像，從多角度續編。

　　德國詩人歌德幼年時，母親就常常給他講故事講到最驚險處就停住了，以後的情節讓歌德自己去想像。幼年時的歌德為此做過多種設想。有時他和媽媽一同談論故事情節，然後再等待第二天故事情節的「公布」第二天，母親在講故事前，先讓歌德說一說自己是如何設想的，然後再把故事情節講出來。

　　如此，歌德的想像力和思維能力獲得了很好的發展，這也為他以後的創作打下了良好的基礎。

　　聽媽媽講故事時，孩子會不由自主地隨著情節的發展想像故事中的人物、場面和情景，這對右腦的圖形思維能力有很好的促進作用。

　　第五，複述法。當媽媽辛辛苦苦為孩子講完故事後，可以要求孩子進行複述，以鍛鍊孩子的記憶力和邏輯性。當然，在複述的過程中，孩子對故事所包含的道理會有更深刻的體會。

　　第六，配音法。故事裡常常會描寫到源於自然界的各種有趣的聲音，

如小動物們的叫聲、高山流水的聲音等。可以讓孩子模仿這些聲音並參與到故事中來，這樣，孩子一定會興致勃勃地發揮自己的表演天賦。

第七，表演法。給孩子講故事時，媽媽要學會把故事情節透過語言描述、肢體動作及道具的運用等形式表現出來，這樣可以使孩子獲得情緒上的愉悅，也可以幫助他們加深對故事的理解和記憶。

第八，配圖法。為自己喜歡的故事配上插圖，是孩子很樂意做的事。當孩子們利用自己的想像力為故事中的各種角色，如森林、大海等填塗顏色時，媽媽不要過多地干涉。應該讓孩子獨立想像和創造，孩子們需要自己的創作空間。

沒有一個孩子不喜歡聽故事，包括我們自己，都會記得兒時印象最深的故事書和繪本，更不會忘記媽媽給我們講過的某些故事。然而，現實中，有些孩子不喜歡聽故事，往往是醫為講故事的人在講故事的過程中十分乏味、枯燥。這就要求媽媽必須予以特別的重視。

▎人人都可成為講故事的高手

好故事最好有個煽情的開頭，可以對接下來的情節作一個新穎的概括，比如：「幸福的家庭都是相似的，不幸的家庭各有各的不幸。」如果你是偉大的作家，多半能寫出這樣的句子。可是我們絕大多數人都是普通人，說不出那麼深刻的好句子。那就用簡單、直接、更接近現實的平常語言來說：「社會上總是存在很多不愉快的事情。」或者「和你一樣，我也厭倦了網路。」

講故事的另一個最簡單方法就是直接切入主題：「我們走到沙漠邊緣，綠洲附近，這時壞人出現了。」「昨晚我又做夢去參加奧運了。」「知道嗎？他被抓進警察局了。」你用一個動態場景開了頭，然後就可以一件

事接一件事地往下講了。

　　要知道，講故事其實就是羅列一系列的事件。發生了一件事，然後怎麼樣，最後又怎麼樣。講得好的話，這些元素就能很吸引人，最後肯定有一個結果。而且，這樣擺出來的動態事實，很容易讓人提問：「在網咖發生了什麼事？」「『網寶』是誰？」沒有答案的問題更容易吊起人們的胃口，急於想聽下去。

　　細節要特別。出人意料的、生動的細節是故事最精彩的部分。「當鬍子拉碴的他第 316 次爬上高塔眺望時，終於發現有一個車隊朝這邊像蝸牛一樣慢慢爬來。」 —— 一個在荒漠中迷失方向的人，用這樣的細節來刻畫他，是不是非常形象？如同寫文章，內容中摻雜一些可笑、感人或者有意思的東西，就會耐人尋味了。

　　講好故事的重要技巧在於：知道什麼時候讓情節繼續發展，什麼時候停下來描述你的發現，同時在什麼時候安排什麼有意思的題外話等等。許多時候，你都需要停下來回顧一下故事的主旨，可以是由故事裡的一個人物進行反省，也可以由講述者來做這件事。

　　在大多數故事裡我們看到，有人經歷了一些事情，然後對世界產生了新的認知 —— 一般都是關於他們自己的，於是，有時候他們把這個新認知直接說出來，有時候則是透過行動改變了自己，我們知道他們在故事中以前的表現，可是到最後他們改變了。因此，如果故事裡沒有人改變，沒有人學到知識，那麼這個故事就不是一個好故事。

　　人人都可以成為講故事的高手，只要你願意！當然，講故事時，每個人都有自己的方法與技巧，這就看你如何運用了，不是千篇一律的，但只要注意了細節，比如故事的開頭、故事的新穎性等，那麼，你講的故事就一定會吸引人。

第一章　講故事是教育孩子最好的方法

▌如何在晚睡前給孩子講故事

　　每晚臨睡前，聽媽媽講故事、和媽媽一起看故事書成為 4 歲的蘭蘭一天中最美妙最令人期待的時刻。蘭蘭會事先挑選好要講的書，然後鑽到被窩裡安安靜靜地等候。有時碰到媽媽偷懶，把書中的幾句話省略未講，她就會不滿地提醒道：「媽媽少講了一句，重新講！」

　　講故事的時間，隨著蘭蘭的漸漸長大而不斷延長著。原來講一個短故事只需要十分鐘左右，可是蘭蘭的「胃口」越來越大，聽了一個，還要聽一個，媽媽必須講好幾個。有時媽媽實在累了，就試著和蘭蘭商量：「今天就講一個故事好嗎？」蘭蘭點點頭說：「好呀！」媽媽剛要誇她答應得如此痛快，沒想到，蘭蘭伸出三個手指頭，補充道：「這個故事講三遍就行了。」

　　媽媽發現，故事帶給蘭蘭的不僅僅是樂趣，還有智力和想像力的提升，同時，比起同齡的孩子，蘭蘭要懂事得多。

　　不少媽媽利用晚上睡覺前的一段時間給孩子講故事，這確實是一個很好的教育方法，既可以對孩子進行品德及行為習慣的教育、豐富孩子的知識，又可加深親子間的感情。有大學兒童發展研究中心主任在接受記者採訪時指出：夜深人靜時，孩子的身體和思維也相對安靜，在這個時候對他們娓娓而談，孩子更願意主動接受。而且，大人溫柔親切的朗讀，對提升他們的睡眠品質很有幫助。

　　但有的媽媽對講故事一點也不講究，總是信口開河，講什麼虎姑婆、大野狼的故事，還嚇唬孩子說：「趕快睡覺，要不然大野狼來抓人了……」這樣，雖然在當時嚇得孩子閉上了眼睛，但其後果卻是不良的。它在孩子幼小的心靈裡播下了「害怕」的種子，使孩子膽小、怕黑、怕一

個人待著、怕毛茸茸的東西，夜間睡覺時不敢單獨入睡、需大人陪著，有的甚至出現夜驚、做噩夢等現象。

媽媽在孩子入睡前講的故事，一定要內容平和、富有童趣，有利於創造一個溫馨的氛圍，以利孩子入睡；同時，孩子的睡前故事應該朗朗上口，韻律及節奏感強，如一些童話、民間故事、童謠，甚至唐詩宋詞等。

作為睡前故事，情節可以有，但不能太曲折，否則容易讓孩子變得興奮。

另外，入睡前講的故事不宜過長，盡可能一次將故事講完。不要講到最精彩的地方停下來，使孩子餘興未盡，又去想故事的情節，這樣也不利於孩子入睡。

孩子都喜歡在睡前聽故事，特別是喜歡聽媽媽講故事。事實也證明，睡前講故事，會給孩子帶來很多樂趣，孩子更容易汲取其中的「精華」。與此同時，媽媽要知道，睡前給孩子講的故事要做到有的放矢。

用故事改變孩子的各方各面

曾有兒童教育專家說過：「講好一則故事，勝過給孩子上一百堂課；一位優秀的故事講述者，強於一萬個空洞的說教者。」是的，一個個精彩的故事，就像春天的鮮花、夏天的清風、晚秋的泉水、初冬的暖陽，可輕輕打開孩子的心靈花園，成為改變孩子一生的指明燈。

那麼，用故事可以改變孩子哪些因素呢？

用故事培養孩子的良好習慣

一位沒有繼承人的富豪，死後將自己的一大筆遺產贈送給遠方的一位親戚，這位親戚原是一個靠乞討為生的乞丐。這名接受遺產的乞丐立即搖

第一章　講故事是教育孩子最好的方法

身一變，成了百萬富翁。新聞記者便來採訪這名幸運的乞丐：「你繼承了遺產之後，你想做的第一件事是什麼？」乞丐回答說：「我要買一個好一點的碗和一根結實的木棍，這樣我以後出去討飯時方便一些。」

可見，習慣對我們有著多大的影響。可以說，習慣是一貫的，在不知不覺中，它深深地影響著我們的行為，影響著我們的思維，左右著我們的人生。

身為家長，與其給孩子留下百萬家產，不如幫助孩子從小養成良好的習慣。多一個好習慣，孩子的心中就將多一份自信；多一個好習慣，孩子的人生中就多一份成功的機會和機遇；多一個好習慣，孩子的生活中就多了一份享受美好的能力。

媽媽為孩子選擇一些有助於養成良好習慣的故事，這些故事如一面面鏡子，可以讓孩子很容易發現自身的缺點，並逐漸改正，從而養成良好的習慣。

用故事培養孩子的優秀素養

對於孩子來說，優秀素養的養成遠比知識和技能更重要。因為，優秀的素養是孩子一生成功的基礎和必要因素。孩子的素養一旦形成，就很難改變，而知識和技能卻可以隨時隨地學習、吸收與更新。「沒有素養，教育只完成了一半」，素養教育包括正確的生活目標、價值觀、人際關係以及面對挫折的能力等。

素養教育對人生的發展有著決定性的影響。世界變化得越來越快，孩子們將來面臨的競爭與挑戰越來越激烈，為孩子培養優秀的素養，是家長送給孩子的最珍貴禮物。要知道，充滿挑戰的 21 世紀，屬於具有善良、正直、誠實、勇於承擔責任等優秀素養的人。

媽媽透過生動幽默的故事，深入淺出地引用大量古今培養孩子素養的理論和經驗，可更好地培養孩子的優秀素養。

用故事優化孩子的性格

對於孩子來說，性格是可優化、可培養的。孩子的心靈就是一塊神奇的土地，播種一種思想，就會收穫一種行為；播種一種行為，就會收穫一種習慣；播種一種習慣，就會收穫一種性格；播種一種性格，就會收穫一種命運。可以說，性格是改變一個人命運的關鍵。

有道是，成也性格，敗也性格。好的性格能成就孩子的一生，而壞的性格，則可能毀掉孩子的一生。身為家長，唯有幫助孩子改掉性格中的弱點，才能改變孩子的命運。

優秀的故事是向孩子傳授好思想的最好管道之一，媽媽不妨從故事中給孩子播種思想，優化性格，收穫命運。

用故事提升孩子的 EQ

許多家長都知道 EQ 的重要性。它被認為是通往成功的必備素養。研究證明：個人的成功，智商 IQ 的優劣占 20%，情緒智商 EQ 的優劣占 80%。EQ 在更大程度上決定著一個人的成功與幸福。EQ 高的人，善於調節自己的情感，善於保持良好的人際關係，善於敏銳地察覺他人內心微妙的變化，因此更容易得到周圍人的幫助。所以，一個有責任感的家長，一個有遠見的長輩，在關心孩子智商教育的同時，更要培養孩子的 EQ。

小故事包含著大智慧，孕育著大道理。它不僅能給孩子豐富的知識，還為孩子擴大視野、探尋生活奧祕開啟了一扇窗。在媽媽輕鬆愜意的講述中，孩子會收穫有益的啟迪，使人格更健全、意志更堅強，與人相處更融洽。

第一章　講故事是教育孩子最好的方法

用故事激發孩子好學上進

學習，無論是對個人還是團體，意義都是重大的。兒童時期是學習的黃金期。盡早讓孩子了解到學習的真正意義，激發孩子學習的主動性，讓孩子從學習中獲得樂趣，對孩子的一生而言都有很大的幫助。

美國福特公司曾發生過這樣一個故事：一次，福特公司的一臺大型發電機發生故障，工程師維修了三個月毫無結果。而斯泰因梅茲（Stein-metz）只是稍加考察，便發現了發生故障的原因。他在發電機上畫了一條線，一說：「故障就在此」按斯泰因梅茨的指示修理，發電機不久又恢復了運行。為此，斯泰因梅茨向福特公司索取了1萬美元的報酬。有人嫉妒他，說他只是在發電機上畫了一條線就要1萬美元，豈不是勒索？斯泰因梅茨在付款單上的說明就是最好的回答：畫一條線 —— 1美元，知道在哪裡畫線 —— 9,999美元。多麼深刻的回答知識就是財富，知識就是力量，知識的力量是不可估量的，而知識獲取的途徑就是學習。

媽媽可採用「故事教育法」，針對孩子在學習過程中隨時發生的情況，把各種道理蘊涵在故事中，引領孩子在輕鬆愉快的氛圍中感受到學習的樂趣，激發孩子好學上進的潛能。透過故事，孩子能夠領略到學習是一件美妙的事情，更是一件快樂的事情。

用故事開拓孩子的創新思維

把一粒種子放在顯微鏡下分析，發現它只是由細胞組織及其他一些物質所組成，沒有什麼特別。但如果把它放在泥土裡，有充足的水分和陽光，它就會發芽生長，開花結果，它可以是養活眾生的稻米穀物，可以是為世界增添色彩的鮮花，也可以是為生命提供氧氣的參天大樹。

人的創新思想也像一粒種子，在醞釀尚未成熟的階段時，是多麼平凡

和不顯眼，把它放在合適的泥土裡，加入養分和水，讓陽光照耀著它，它同樣會發芽生長，成為創造世界、影響眾生、造福萬物的神奇力量。

21 世紀的競爭是人才的競爭，而創新精神是一切人才必備的素養。可以這樣說，沒有創新就沒有人類文明的發展。

媽媽可以透過一些名人的創新故事，告訴孩子什麼是創新、如何創新、為了創新需要具備哪些素養等等，以啟發孩子創新的熱情。

用故事引導孩子大方、得體地交際

大方、得體的交際技巧，對孩子的成長具有重要的作用。美國總統羅斯福（Roosevelt）曾說：「在成功的公式中，最重要的一項因素是待人接物。」交際是發展孩子社會性的一條重要途徑。孩子只有在與同伴、成人的交往互動中，才能學會在平等的基礎上協調好各種關係，才能正確地了解和評價自己，形成積極的情感，為將來正常地進入社會，更好地適應社會生活打下基礎。

媽媽透過「故事教育法」，可更好地引導孩子得體地發展社交活動。

用故事鼓勵孩子不畏艱難與挫折

孩子常常會因為痛苦而哀傷，因為挫折而停滯不前，因為失意而不見希望……當孩子的成長中有痛苦的音符時，不妨用一個快樂的故事，告訴他用堅強去譜寫一首命運交響樂；當孩子的成長中有挫折的浪花時，不妨用一個乘風破浪的故事，告訴他用樂觀去衝刺成功的終點；當孩子的成長中有失意的雲朵時，不妨用一個風雨任平生的故事，告訴他用達觀去點燃希望的火花。

生命的價值取決於我們自身，除了自己，沒有誰能讓我們貶值，不論我們出身如何，逆境如何，人生的價值都不會因此而改變，只要我們用堅

強、樂觀去面對艱難與挫折，人生才得以升值。

　　親愛的媽媽，讓孩子從故事裡走出痛苦的陰影，越過挫折，不再畏懼艱難與挫折，收穫一種不一樣的人生吧！

　　孩子有不良習慣怎麼辦？孩子的素養有「問題」怎麼辦？孩子厭學怎麼辦？媽媽不必煩惱，就用故事教育孩子吧！故事是孩子最好的老師，不同的故事蘊涵著不同的人生哲理，它會給孩子帶來啟迪，改變孩子的各方各面。

第二章　好習慣是成功的助推器

　　英國詩人約翰‧德萊頓（John Dryden）說：「首先我們養出了習慣，隨後習慣養出了我們。」偉大的思想家培根則認為：「人們的行動，多半取決於習慣。一切天性和諾言，都不如習慣有力，在這一點上，也許只有宗教的狂熱可與之相比。除此以外，幾乎所有的人力都很難戰勝它，即使是人們發誓、打包票，都沒有多大用。」習慣真是一種極其頑強的力量，它可以主宰人的一生。因此，身為家長，與其給孩子留下百萬家產，不如幫助孩子從小養成良好的習慣。

第二章　好習慣是成功的助推器

勤於鍛鍊才有本錢

生命在於運動，健康在於鍛鍊。體能鍛鍊是孩子身心健康的保證之一。勤於鍛鍊，能促進孩子的全面發展。

當然，鍛鍊的習慣並不是一朝一夕就能養成的。可以說，孩子較小的時候，最怕的就是體能鍛鍊了。因為不愛鍛鍊，加上飲食不當，導致很多孩子年紀小小就成了小胖子，缺乏活力、行動遲緩，更為嚴重的是，這在很大程度上影響了孩子的智力。為了從小培養孩子體能鍛鍊的意識，媽媽需要從《小雞快跑》的故事講起：

在一望無垠的農場裡，一群大雞小雞快樂地生活著。

雞媽媽對孩子們說：「你們要多活動，從小把身體鍛鍊好。以後如果遇到壞人就可以飛快地跑走。」雞弟弟和雞妹妹聽媽媽的話，每天都去跑步，雞哥哥卻認為雞媽媽的擔心是多餘的，雞哥哥想：「怎麼會有壞人呢？牧場周圍不是有欄杆圍著嗎？壞人怎麼可能進得來？」於是，雞哥哥每天躺在樹下睡大覺，結果雞哥哥越來越胖，甚至連走路都在喘氣！

一天，小雞們正在草地上捉蟲子吃，一隻狡猾的狐狸突然出現在牠們面前。雞弟弟和雞妹妹見狼來了，趕緊叫道：「哥哥快跑！」便「嗖」地一下跑開了？而雞哥哥卻怎麼也跑不動，結果被狐狸抓住了。雞哥哥拚命掙扎，這時，雞妹妹叫來了一條牧羊犬，牧羊犬飛奔而來，向箭一樣衝向狐狸，狐狸見了，慌忙丟下雞哥哥逃跑了！

這時，雞媽媽也趕來了，牠拍拍胸脯，意味深長地對驚魂未定的雞哥哥說道：「平常不鍛鍊，自然就跑不動了，這樣怎麼保護自己呢？」

雞哥哥聽了，慚愧地低下了頭。

從那天起，雞哥哥開始鍛鍊身體了。現在牠跑起來的速度，連牧羊犬都稱讚不已呢！狐狸當然別想追上牠！

勤於鍛鍊才有本錢

鍛鍊身體的好處有很多，比如能讓人的體態輕盈、動作敏捷、思維靈敏等等。但更重要的是，鍛鍊身體可以獲得健康。接下來，就請聽聽下面的故事吧！

美國歷史上唯一連任四屆的總統 —— 羅斯福，少年時期就是一個熱愛體能鍛鍊的人。

1921 年夏天，39 歲的羅斯福在坎波貝洛島休假期間，不幸患了「小兒麻痺症」。疾病使羅斯福癱瘓在床。他一面積極治療，一面加強體能鍛鍊，這樣的治療效果很顯著。透過體育運動，羅斯福的肌肉功能獲得了恢復。羅斯福非常自信地說：「我不相信這個疾病能夠整倒我一個堂堂男子漢，我要戰勝它……。」

病情稍有好轉，羅斯福就在病床上活動手腳，和兒子比力氣、玩遊戲。他每天借助掛在病床邊的設備進行各種力量的鍛鍊，以增強肌肉的活動功能，然後下床拄著拐杖練習走路。1922 年，有一次羅斯福回去上班時，因拐杖失去控制，他摔了個仰面朝天。但他並沒有氣餒，而是爬起來繼續前進，羅斯福這種堅忍不拔的毅力，讓周圍的人非常敬佩。

一位叫洛維特的醫生建議他用游泳來治療疾病，羅斯福聽從大夫的建議，試著用游泳治療疾病。羅斯福第一次下水時，他覺得四肢舒緩，感覺十分興奮，因此天天進行游泳治療。後來，同事介紹他到亞特蘭大附近的溫泉治療。他在溫泉中不用撐扶，也能在水中站立，慢慢地走動。

1925 年夏天，羅斯福丟掉了拐杖，開始慢走。當時的報刊用顯眼的標題「游回健康」來報導他戰勝疾病的事蹟

游泳治好了羅斯福的疾病，擔任總統後，仍然堅持游泳，還在炎熱的夏天打高爾夫球，一天活動 45 分鐘，他還喜歡跳過一排排的椅子。

運動使羅斯福身材挺拔健美，容貌不減當年。耶魯大學著名教練華

第二章　好習慣是成功的助推器

特‧坎普說：「羅斯福體型優美，像一個運動員那樣肌肉發達。」顯然，這是跟總統先生愛運動是分不開的。

運動不僅能戰勝疾病，還能讓身心保持年輕。這是體能鍛鍊的好處！在日常生活中，要建議孩子熱愛運動，不管多麼忙碌，都不要忘記體能鍛鍊。

為了幫助孩子養成熱愛鍛鍊的生活方式，家長可以從以下幾個方面入手：

✧ **第一，培養孩子對體育運動的興趣**：這些方法包括鼓勵孩子多到戶外活動，呼吸新鮮空氣，接受陽光照射；經常帶孩子去公共場所觀看他人運動，感受運動給人帶來的活力，從中獲得薰陶和感染；給孩子提供參加運動遊戲的機會，嘗試完成一些較難的動作或完成一項較複雜的遊戲任務，扮演一個主要角色及遵守共同的約定等，以體會遊戲的樂趣；讓孩子透過電視、書籍等了解一些體育常識。

✧ **幫助孩子選擇適合他們的鍛鍊形式**：體育運動的多樣化決定了鍛鍊形式的多樣化，孩子選擇最適合自己的形式，有助於他們更長久地堅持。

✧ **鼓勵孩子循序漸進有計畫地進行體能鍛鍊**：孩子的年齡小，肌肉發育不夠成熟，耐力比大人要差一些，心臟負荷相對也小。因此，做任何動作都應該逐漸適應，慢慢掌握。活動量也要逐漸加大，不要操之過急。

✧ **鼓勵、監督孩子堅持不懈**：要孩子堅持每天鍛鍊身體，堅持就意味著更多的努力和付出，更多的汗水和毅力。如果孩子有時候實在無法堅持，家長應該在旁邊給予鼓勵與監督，讓孩子得到精神上的鼓勵與支持。

孩子是家長的寶貝，是一個家庭的重心。為了孩子能健康成長，很多家長三天兩頭不是補鋅就是補鈣，認為要想身體健康就應該多進補。事實上，家長們忽略了鍛鍊才是孩子獲得健康的重要來源。孩子只要養成勤於鍛鍊的習慣，就會有抵禦疾病的盔甲。即便有寒流襲擊、冷風刮來，孩子都能健康成長。

▌衛生習慣是個人素養的表現

虎爺爺有兩撮長長的鬍子，真帥！

一天晚上，虎奶奶煮了一鍋麵糊，撒上了蔥末、蒜泥和辣椒粉。

「呵，真香！」虎爺爺「呼嚕呼嚕」喝了三大碗麵糊，還把碗舔得乾乾淨淨。兩撮鬍子上沾滿了麵糊，他也不擦，上床就睡覺了。

「呼嚕，呼嚕！」虎爺爺打起了呼嚕，鬍子上的麵糊慢慢地乾了，變成一根根細麵條啦！

半夜裡，有隻小老鼠聞到了麵條的香味，悄悄地爬上了床，爬到虎爺爺的枕頭邊。

「唏嚓唏嚓……」小老鼠吃起鬍子麵條來。「嘻，這麵條又細又脆，真好吃！」小老鼠說。

小老鼠吃完了左邊的鬍子麵條，又蹦過去吃右邊的。一不小心，小老鼠的尾巴尖伸進了虎爺爺的鼻孔裡。

「啊——嚏！」虎爺爺睡夢中打了個噴嚏，嚇得小老鼠骨碌碌滾下了床，逃走了。

第二天早晨，虎爺爺醒來，捧起鏡子一照：「咦，怎麼一撮鬍子變成了麵條，另一撮鬍子沒有了？」

虎爺爺趕緊到床上去找，找來找去也沒找到一根鬍子：「奇怪，我的

第二章　好習慣是成功的助推器

鬍子到哪裡去了？」

　　還是虎奶奶細心，她對虎爺爺說：「你呀，大概是昨晚喝了麵糊沒擦嘴，鬍子變成麵條，被老鼠當了點心」。

　　虎奶奶端來一盆熱水，說：「來，快把這撮鬍子洗一洗，不然到夜裡又沒了。」

　　虎爺爺趕緊拿來毛巾，用力地洗呀洗，才把鬍子上的麵糊洗掉了。

　　直到現在，虎爺爺的嘴巴邊仍舊只有一撮鬍子，一點也不帥了。

　　有些孩子因缺乏衛生觀念，還不能完全理解「髒」和「乾淨」的含義。他們會把掉在地上的食物撿起來吃；用嘴咬玩具；不管是在廁所還是公共場所，手總是到處亂摸；還喜歡隨地跪坐⋯⋯遇到這些情況，媽媽不要斥責與打罵孩子，最好的辦法就是找個合適的機會，為孩子講《小豬變乾淨了》的故事。

　　有一隻小豬，長得很可愛，大大的耳朵，翹翹的鼻子，胖胖的身體，可就是不愛乾淨，牠常常到垃圾堆旁找東西吃，吃飽了就在泥坑裡滾來滾去，弄得滿身都是泥漿。

　　有一天，小豬想去找朋友玩。牠一面走，一面「哼哼哼，哼哼哼」地叫著。走著走著，牠看見前面有一隻小兔子，這隻小兔子長著一身雪白的毛，紅紅的眼睛長耳朵，真好看！

　　小豬高興地叫：「小白兔，我和你一起玩好嗎？」

　　小白兔一看是小豬，就說：「啊，是小豬呀！你好髒，趕快去洗乾淨，我再跟你玩。」

　　小豬不願意洗澡，只好走開了。

　　小豬繼續走著，在草地上碰到一隻小白鵝。小白鵝真美麗，紅紅的帽子，白白的羽毛。

小豬熱情地迎上去說：「小白鵝，我和你一起玩好嗎？」

小白鵝說：「啊，是小豬呀！你好髒，趕快去洗乾淨了，我再跟你玩。」

小豬看看自己，滿身泥漿，泥水還在「滴答，滴答」地往下滴呢！

小豬紅著臉難為情地說：「那我怎樣才能變得跟你們一樣乾淨呢？」

小白鵝回答道：「我帶你到河邊洗個澡吧！」

小豬跟著小白鵝來到河邊，小白鵝「撲通」跳進河裡，用清清的水潑呀潑，潑到小豬的臉上、身上。小豬用清清的水洗呀洗、搓呀搓，不一會兒就把自己洗得乾乾淨淨。

小白鵝高興地說：「小豬變乾淨了，我們一起玩吧！」小白兔看見小豬變乾淨了，也跑來找小豬玩。小豬和朋友們快樂地一起玩了。

媽媽為孩子講故事的同時，還應該告訴孩子：乾乾淨淨的孩子人人愛，不衛生的孩子沒人喜歡！要向小豬學習，變得乾乾淨淨，才能成為一個人人都喜愛的孩子。

要想讓孩子做到乾乾淨淨每一天，家長要特別注意以下幾個方面：

✧ **讓孩子意識到不衛生的危害**：只有讓孩子了解不衛生的危害，才能樹立起孩子衛生習慣的意識。因此，家長應從小給孩子灌輸衛生觀念。

✧ **讓孩子保持個人衛生**：家長要從小要求孩子勤洗手、勤洗澡、勤剪指甲，這不僅能保持個人衛生，而且還能夠促進血液循環，增進身體健康。

✧ **要求孩子保持儀表整潔**：家長應該教孩子注意衣服是否乾淨整齊，扣子是否扣上、鞋帶是否繫好、頭髮是否整齊。同時，還要讓孩子懂得，關心自己的儀表是素養高的表現。

◇ **保護好牙齒**：家長要督促孩子早晚刷牙、飯後漱口、睡覺前不吃糖果餅乾等，並且養成固定的良好習慣。

◇ **讓孩子養成保持周圍環境整潔的良好習慣**：無論在什麼場所，都要教育孩子：不亂扔果皮、紙屑，不隨地吐痰和擤鼻涕，不隨地大小便，不在牆壁上亂塗亂畫，不踩踏桌椅。

◇ **家長要多督促、多檢查**：孩子的自覺性、堅持性和自制力都比成人差，需要不斷地督促、提醒和檢查，這樣才能使孩子良好的衛生習慣得到不斷強化與鞏固，逐步形成自發行動。

良好的衛生習慣並不是一朝一夕就能養成的，這就需要家長有一定的耐心，做到用愛心督促孩子成長，用耐心關心孩子的健康。唯有如此，孩子才能慢慢養成良好的衛生習慣。

大多人會將衛生習慣作為衡量一個人是否有素養的基本條件之一。身為家長，培養孩子良好的生活衛生習慣尤其重要。因為它不僅展現出孩子的個人素養，還是孩子身體健康的重要觀念。

▌不要把孩子的任性視為個性

任性是當前許多獨生子女的通病，主要表現為固執、抗拒、不服從大人管教、不按照大人的要求去做等。任性的瑪拉就是這麼一個女孩子。如果你的孩子同樣有類似的習慣，就讓他聽聽瑪拉的故事。

從前，一對夫婦生下了一對聰明可愛的孩子。大孩子是個小女孩，名字叫瑪拉，她已經 10 歲了；小的孩子是個男孩，名字叫伊凡，剛滿 3 歲。夫婦倆十分溺愛孩子，對孩子百依百順，特別是對瑪拉，更是寵愛有加這樣，瑪拉就被嬌慣成一個任性、不聽話的女孩子。

不要把孩子的任性視為個性

有一天，這對夫婦有事要進城去，臨走前，他們對瑪拉說：「瑪拉，如果你好好在家照顧弟弟，我們就幫你買很多好吃的東西和漂亮的衣服。」瑪拉聽了不以為然。因為好吃的東西和漂亮的衣服家裡有的是，她才不在乎呢！

爸爸媽媽出去後，小朋友們來找瑪拉到草地上去玩樂。剛開始的時候，瑪拉還記著爸爸媽媽的囑咐，帶著弟弟坐在草地上，為他編花環。後來，因為玩得太開心了，瑪拉就把弟弟忘了。

等她想起弟弟趕緊回來找時，卻發現弟弟不見了，瑪拉急得哭了起來。

她跑到一座爐子跟前，問：「你看見我的弟弟伊凡了嗎？」

爐子說：「任性的女孩，你吃點我烤的黑麵包，我就告訴你？」

瑪拉說：「我吃白麵包還要加蜂蜜，誰吃你的黑麵包！」

她繼續往前找，遇到一隻小刺蝟。她問小刺蝟：「你看見我弟弟伊凡了嗎？」

小刺蝟說：「看見了，小女孩。有一群天鵝把一個穿紅衣服的小孩叼到樹林裡去了！樹林裡有一個凶惡的老妖婆，是她讓天鵝們做的」

瑪拉請求小刺蝟帶她去找弟弟。

他們一起來到一座草棚前，瑪拉看見老妖婆正躺在床上睡覺，伊凡坐在板凳上玩。瑪拉趕緊跑進去拉起弟弟就想跑，但不幸的是被天鵝發現了，天鵝們「嘎嘎」叫著報告了老妖婆。老妖婆憤怒地跳了起來，命令天鵝們去把他倆抓回來。

姐弟倆一直向前跑，天黑了，瑪拉看不見路，也沒處可藏。天鵝們追來了。瑪拉來到爐子前，請求爐子藏起他們

爐子說：「你得吃一點我烤的黑麵包，以後還要聽父母的話。」瑪拉

第二章　好習慣是成功的助推器

沒有辦法，就和弟弟都拿起黑麵包吃了起來。爐子讓他們鑽進爐膛，關好了爐門。天鵝們飛過來，怎麼也找不到他們，只好回去了。看見天鵝們都走遠了，瑪拉拉著弟弟趕緊往家跑。

這時，爸爸媽媽正到處找他們，可是誰也不知道他們去了哪裡。

有一個牧羊人說，孩子們曾在樹林裡玩樂過。爸爸媽媽趕快往樹林裡跑，在村口遇見了瑪拉和伊凡。瑪拉向父母承認了錯誤，講述了事情的經過，並保證以後要聽話，不再任性，別人吃什麼，自己就吃什麼。任性的瑪拉從此變得乖巧懂事了。

媽媽要告訴孩子：爸爸媽媽有事情，照顧年幼的弟弟是身為哥哥或者姐姐應盡的責任。如果因為自己一時任性貪玩，讓弟弟受到傷害，是非常不應該的。如果過於任性，還會帶來更嚴重的後果，下面的故事《吃了窩邊草的兔子》就是最好的例證。

兔子三瓣長大了，離家之前，兔媽媽反覆叮囑：「無論如何，都不要吃窩邊的草」。三瓣在山坡上建造了自己的家，為安全起見，牠的家有三個洞口。

三瓣牢記母親的叮嚀，總是到離洞口很遠的地方去吃草。秋天過去了，一切安然無恙。

這一天刮著很冷的西北風，三瓣走出洞口時不禁打了個冷顫，牠實在不想頂著大風到很遠的地方去覓食。「我只吃一點，明天天氣回溫了，我就出去覓食。」三瓣安慰著自己，就沿著洞口吃起草來，把肚子吃飽飽

過了幾天，下起了大雪，三瓣又在家門口填飽了肚子，不過這一次，牠換了一個洞口。牠想「我有三個洞口，每個洞口都有很多草。我不過是在天氣不好的時候，在每個洞口只吃一點草而已」於是，在每個惡劣的天氣，三瓣都找到了一個解決吃飯問題的捷徑。

不要把孩子的任性視為個性

一天，睡夢中的三瓣突然覺得有點異樣。牠睜開眼睛一看，發現一隻狼堵在牠的家門口，正試圖把洞口挖開。三瓣連忙跑向別的洞口，卻驚訝地發現，另兩個洞口已經被岩石牢牢地堵住了！

「從你第一次吃窩邊草，我就知道這裡有兔子，可是我知道狡兔有三窟，不清楚另外兩個洞口的位置，不好下手。」看著到可口的美食，狼得意地說直到這個時候，三瓣才明白母親的教誨是多麼正確！

這個故事告訴孩子們：媽媽的許多話都是經驗的累積和總結，有些事情，在自己不明白的情況下，學會聽大人的話是很有必要的。如果愛耍小聰明，自以為不聽媽媽的話也可以，最後受傷的還是自己。

最後，了解一下孩子的任性「指數」，有利於幫助糾正孩子的任性。

✧ **有點任性，但不嚴重**：一些孩子偶爾執拗、任性，這是為了表現自己有人「保護」，所以，滿足孩子合理的要求很重要，偶爾讓孩子小小的虛榮心得到滿足，縱容他一下，也能讓孩子更有信心。當然，只要稍加情緒疏導，孩子就能恢復正常。

✧ **比較任性，但能明白事理**：一些孩子比較自我與任性，希望得到別人的重視，但會選擇對象，如果知道對方不能滿足自己，自己撒賴也無用，就不會再任性了。而且，這些孩子相對比較懂得道理，家長多表揚、多調教，孩子還是能夠聽話的。

✧ **非常任性，經常無理取鬧**：一些孩子表現為占有欲強，想要什麼就必須給什麼，不達目的不會甘休。這樣的孩子不分場合哭鬧，嚴重影響到個人的「教養」與今後的生活，家長必須嚴加調教，千萬不要以為孩子小，長大了就能改變！

第二章　好習慣是成功的助推器

　　兒童的思維是以自我為中心的，他們常常根據自己的愛好、興趣，向家長提出這樣或那樣的要求。如果家長對孩子的要求總是無原財地滿足，孩子慢慢地就滋長出任性、專橫的壞習慣。這對孩子今後的學習、生活以及事業的發展都是不利的。

▌珍惜時間才能創造輝煌

　　貪玩、缺乏時間觀念、不珍惜時間是許多孩子的共性。讓孩子聽聽〈流浪漢和時光老人〉的故事，能讓孩子明白珍惜時間的重要性。

　　一個流浪漢嗚嗚地哭著。時光老人問：「你為什麼哭呀？」

　　流浪漢說：「我少年時代玩卡牌，青年時代玩手遊，中年時代賭博，家產都敗光啦！如今我一無所有，我真後悔呀！」

　　時光老人看他哭得可憐，便試探地問：「假如你能返老還童……」

　　「返老還童？」流浪漢驚訝地抬頭將老人打量了一番，「撲通」一聲跪下了，苦苦哀求：「假如再給我一個青春，我一定從頭學起，做一個勤奮好學的人！」

　　「好吧！」時光老人說完便消失了。

　　流浪漢頓時覺得像做了一場夢似的，他低頭一看，欣喜地發現：自己竟變成了一個十歲的孩子，肩上還背著書包呢。

　　流浪漢想起自己剛才說的話，便向熟悉的一所小學走去。

　　路上，他看到幾個小孩正在玩卡牌，不覺得手又癢了起來，他想，就玩幾把吧，以後肯定不玩了。想著，便也擠進去玩了起來。他仍然按老樣子生活，玩手遊，賭博……到了老年，他又懊悔地哭了起來。

　　當他再次碰到時光老人時，他又「撲通」一聲跪下了，請求時光老人再給他一個青春。

珍惜時間才能創造輝煌

「我做了一件蠢事！」時光老人冷笑著，「給你再多少次的青春，你也不會得到真正的生命。」

從此，時光老人再也沒有多給過誰 1 分鐘時間！

愛因斯坦（Einstein）認為，人與人之間的最大區別就在於怎樣利用時間。因為每個人對時間的處理態度、安排內容、使用方式不同，所以他們的收穫也就不同。花費同樣的時間，有人傑出、有人平庸、有人沉淪。仔細觀察那些有傑出成就的人，我們就會發現，無一例外，他們都珍惜時間，利用有限的時間刻苦鑽研，從而創造出輝煌的業績。

獲得哈佛大學榮譽學位的發明家、科學家富蘭克林（Franklin）是個非常珍惜時間的人。

有一次，他接到一個年輕人的求教電話，並與他約好了見面的時間和地點。當年輕人如約而至時，班傑明的房門大敞著，而眼前的房子裡卻亂七八糟、一片狼藉，年輕人很是意外。

沒等他開口，班傑明就招呼道：「你看我這房間，太不整潔了，請你在門外等候一分鐘，我收拾一下，你再進來吧。」說完，班傑明就輕輕地關上了房門。

不到一分鐘的時間，班傑明就又打開了房門，他熱情地把年輕人讓進客廳。這時，年輕人的眼前展現出另一番景象 —— 房間內的一切已變得井然有序，而且有兩杯倒好的紅酒，在淡淡的酒香中漾著微波。

年輕人還沒來得及把滿腹有關人生和事業的疑難問題向班傑明講出來，班傑明就非常客氣地說道：「乾杯！你可以走了。」

手持酒杯的年輕人一下子愣住了，他帶著一絲尷尬和遺憾說：「我還沒向您請教呢⋯⋯」

「這些⋯⋯難道還不夠嗎？」班傑明一邊微笑一邊掃視著自己的房間

第二章　好習慣是成功的助推器

說，「你進來又有一分鐘了。」

「一分鐘……」年輕人若有所思地說，「我懂了，您讓我明白用一分鐘的時間可以做許多事情、可以改變許多事情的深刻道理。」

一分鐘看似不起眼，卻可以做很多事情。這是班傑明要告訴孩子的道理！與其苦惱人生的路該怎麼走，不如從現在開始掌握好每一分鐘，就一定能夠獲得自己想要的成功與財富！

有些孩子總是感嘆：「我過去浪費了很多時間，現在才珍惜，還有什麼意義呢？」對於有這種心態的孩子，媽媽不妨透過下面的故事告訴他：「覺得為時已晚的時候，恰恰是最好的時候，晚做總比不做好。」

奧斯馬‧安曼（Othmar Ammann）曾經是紐約港務局的工程師，工作多年後按規定退休。開始的時候，他很是失落。但他很快就高興起來，因為他有了一個偉大的想法。他想創辦一家自己的工程公司，要把辦公大樓開設到全球各個角落

安曼開始一步一腳印地實施著自己的計畫，他設計的建築物遍布世界各地。在退休後的三十多年裡，他實踐著自己在工作中沒有機會嘗試的大膽和新奇的設計，不停地創造著一個又一個令世人矚目的經典：衣索比亞首都阿迪斯阿貝巴機場、華盛頓杜勒斯機場、伊朗高速公路系統、賓夕法尼亞州匹茲堡市中心建築群……這些作品被當做大學建築系和工程系教科書上常用的範例，也是安曼偉大夢想的見證。86 歲的時候，他完成最後一個作品 —— 當時世界上最長的懸體公路橋 —— 紐約韋拉札諾海峽大橋（Verrazzano-Narrows Bridge）。

總有一些人，想做一件事情時又擔心時間太晚了，其實，這樣的想法不過是在給自己的人生設置障礙。生活中，很多事情都是這樣，如果你願意開始，認清目標，打定主意去做一件事，是永遠不會晚的。

　　如果你的孩子不善於利用時間，那麼，一定要幫助孩子改正這個不良習慣。

　　第一，讓孩子遵循一定的作息規律。

　　第二，家長以身作則，且在生活中適時引導孩子，相信必能達到潛移默化的功效。如果家長的時間觀念強，將會給孩子留下深刻的印象，覺得時間確實很重要。這樣，孩子不自覺地就養成了珍惜時間的習慣。

　　第三，指導孩子按照任務的輕重緩急進行安排。

　　第四，給孩子玩的時間。許多家長認為孩子由於作業做得太慢而沒有了玩的時間，因此就不斷地催促孩子、埋怨孩子，甚至懲罰孩子，用更長的時間學習。其實，孩子是因為家長把自己的時間安排得滿滿的，完全沒有自己支配的時間，才會不珍惜時間、才會拖拖拉拉的。在這種沒有希望、沒完沒了的學習過程中，孩子的心態是消極的，沒有目標，沒有興趣，往往心煩意亂、錯誤百出，時間又拖得很長，結果造成了惡性循環。

　　從小培養孩子的時間觀念，讓孩子學會珍惜時間，能讓孩子養成雷厲風行的作風，做什麼事都會有責任感和緊迫感。同時，還能讓孩子學會合理安排時間、支配時間，使自己的生活過得充實而富有意義。從小讓孩子養成良好的珍惜時間的習慣，等於給予孩子知識、力量、美好的開端。

▍遵守時間可贏取他人尊重

　　守時是一種美德、一種素養、一種涵養，是待人有禮貌的表現。然而，讓人遺憾的是並不是每個人都懂得這一禮貌。在我們的生活中，不守時的現象比比皆是，如小時候上學遲到、長大後約會遲到、面試遲到、上班遲到等。這種不守時的行為不但會給他人留下不好的印象，還可能影響到孩子的生活以及今後的發展前途。

第二章　好習慣是成功的助推器

某國的大學考試第一天，同學們已經開始準備考試了。按照規定，考生必須在開考前 15 分鐘進入考場。否則，將被取消考試資格。在大家看來，這是一件非常重要的事情，必須守時。可是就在考生進入考場後兩分鐘，一對母女居然姍姍來遲。

校園門口的兩名工作人員把他們攔住了，那位考生痛哭流涕，孩子的母親也是苦苦相求，甚至跪地磕頭。

可是，這有什麼用呢？在制度面前，沒有感情可言。

面對考試這場沒有硝煙的戰爭，這位考生不戰而敗。她的失敗，不是因為技不如人，而是因為她遲到了幾分鐘。因為微不足道的幾分鐘卻付出了不能參加考試的代價，有可能會影響她的一生，這是多麼慘痛的教訓呀！

為此，媽媽一定要透過以下的故事教育孩子在平時要懂得守時。

漢高祖劉邦的重要謀臣張良是個非常尊重老人的人，有一天，張良閒暇時在橋上散步，這時，有一位身穿粗布短衣的老年人，走到張良待的地方，把鞋子扔到橋下，對張良說：「小子，下去給我撿鞋。」張良猛然一驚，但他見老人年紀這麼大，就忍耐住了，他想，老人嘛，有些怪脾氣也很自然他順從地到轎下給老人撿起了鞋子。不料，老年人得寸進尺，又「命令」道：「給我穿上！」張良心想，鞋子都撿了，給他穿上也無所謂了，便跪在地上給老人穿上鞋子。老人很享受地看著張良給自己穿好鞋子，然後揚長而去。

不一會兒，老人折而復返，告訴張良：「孺子可教矣。」然後要張良五天後的清晨在這裡與他會面。張良愕然地答應了。

五天之後，張良趕到小橋，老人卻已經等在那裡，對張良的遲到很是生氣，他說：「跟老人約好時間居然還遲到，這是什麼道理？」便要張良五天後再來。

又是五天過去了，這一天雞鳴時分張良便趕往小橋，不料再次遲到，惹得老人大發雷霆。於是，張良被要求再等五天。

這一次，張良半夜便趕往小橋。一會兒工夫，老人飄然而至，看見張良等在那裡，不禁高興地說：「就應該這樣。」然後交給張良一本書，告訴他讀完這本書便可以做帝王之師，十年之後他便大有用武之地。老人又說：「13年後，你會在濟北遇到我，穀城山下有塊黃石就是我。」隨後，老人又飄然而去。

天亮後，張良一看書名，原來是一本叫《太公兵法》的兵書。

張良得到這本書後，認真閱讀，終於學到了運籌帷幄，決勝千里的本領。據說，13年以後，張良跟隨高祖路過濟北時，果真在穀城山下看見一塊黃石，張良取回它，並把它當做珍寶供奉，張良死後，就和這塊黃石合葬在一起。

以上的故事告訴我們：守時不是一件小事，它能夠反映出一個人的生活作風與一貫的行事方式。如果你從小就有守時的觀念，一定能夠憑著意志與恆心做好生命裡許多非常重要的事情。

實際上，守時對孩子有很多好處：守時是贏得信譽的保障；守時的孩子心態更積極、更健康；守時的孩子更容易形成不畏難的情緒，不論颱風下雨，他們都不找任何藉口，總是依時守信，這樣的孩子更有意志，在今後也更容易戰勝生活中的困難，這將有益於孩子一生。

守時既是守信用的表現，也是做人最基本的要求。它不僅展現出一個人對人、對事的態度，更展現出這個人的道德修養。對於不守時的人來說，浪費的不僅僅是自己的時間和生命，同時也是在浪費著別人的時間和生命。

第二章　好習慣是成功的助推器

▎讓孩子學會遵守規則

　　規則是指社會團體為實現某種目標，規定出由全體或參與者共同遵守的制度和章程。社會是一個整體，規則意識將影響一個人終生適應社會的程度，沒有規則意識的孩子無法在社會上立足。因此，從小對孩子進行規則意識及執行規則能力的培養不可缺少。

　　一個在日本留學的學生，課餘時間為日本餐館洗盤子以賺取學費。

　　日本的餐飲業有一個不成文的行規：盤子必須用水洗 7 遍，這樣才算是合格的。如果不洗 7 遍，就算是沒有洗乾淨。

　　洗盤子的工作是按件計酬的，這個留學生為了能洗得更快多賺錢，每次洗盤子都少洗了一兩遍，結果，勞動的效率大大地提升了，他自以為這樣做得很漂亮，不禁非常得意。

　　日本的同學向他請教經驗，他毫不忌諱地說：「這太容易了，少洗兩遍就行了，反正都已經洗乾淨了，誰會知道呢？」這個同學聽了搖了搖頭，默默地走開了。從此，跟他的關係疏遠了，他非常不理解，心想自己好心幫助別人，為什麼這個同學還不領情呢？真是死腦筋。

　　有一次，餐館的老闆來抽查盤子清洗的情況。在抽查的過程中，老闆用專用的試紙測出盤子的清潔程度不夠，就責問這位留學生。這位留學生以為沒有什麼大不了的，他申辯說：「洗 5 遍與洗 7 遍的差別並不大，都洗乾淨了，為什麼一定要洗 7 遍呢？」

　　老闆淡淡地說：「在你看來差別不大的事情，問題其實很大，這可以看出你是一個不守規則的人，所以，請你離開吧！」

　　這件事讓這位青年印象深刻，他終於嘗到了不守規則的苦果。從此，做什麼事情都按規則去辦，終於又贏得了他人的信任！

　　如果每個人都不按照「規則」做事，那我們吃的、穿的、用的物品必然都會讓人覺得沒有安全感，這些將影響我們正常生活的進展。

　　規則面前，人人平等，沒有誰可以搞特殊。媽媽可以透過以下故事告訴孩子這個道理。

　　東漢初期，光武帝劉秀和他的姐姐湖陽公主感情很深，賞賜她很多財物，對她也特別寬容。

　　一次，湖陽公主的一個家奴竟然在光天化日之下殺人，犯罪後逃到湖陽公主的家裡躲了起來。地方官不敢到湖陽公主家裡抓人，此案便成為懸案。

　　洛陽令董宣秉性正直，一心想抓住這個罪犯，將他繩之以法。但他也不能闖進湖陽公主家裡去抓人，就用了個笨辦法，一直守候在湖陽公主的家門口，等待那個殺人的家奴出來。

　　果然，過了些日子，那家奴替湖陽公主駕車，趾高氣揚地隨公主出來閒逛董宣立刻上前截住公主的馬車，不讓前行，並要公主交出殺人的凶犯。湖陽公主大罵董宣，董宣毫不畏懼，拔出佩劍，說：「公主藏匿罪犯，按律應該連坐。」

　　然後，董宣當場揮劍，解決了這個惡奴，然後向公主謝罪。

　　公主一怒之下，氣衝衝地進入宮中，向劉秀哭訴了一番。

　　劉秀也大怒，立即召董宣入宮，責備他衝撞公主一事，並命左右用木棒擊打董宣。董宣向劉秀叩頭說：「願陛下容我說一句話，然後死而無怨。」他接著說：「陛下聖德，中興漢朝，卻讓湖陽公主縱容家奴殺人，陛下將如何治理天下呢？我不讓陛下木棒相加，就讓我自殺吧！」說畢，便以頭撞柱，血流滿面。

　　劉秀覺得董宣說的有道理，便讓左右扶住董宣，不讓他再撞，然後讓

第二章　好習慣是成功的助推器

他向公主叩頭謝罪但董宣認為自己沒有罪過，不肯叩頭謝罪，劉秀就命令左右揪住董宣的頭往下按。但董宣兩隻手撐在地上，強梗著脖子就是不低頭。

湖陽公主見此情景，對劉秀說：「你為布衣平民的時候，家裡藏了罪犯，官吏都不敢去搜捕。現在當了天子，難道連一個洛陽令都管不了嗎？」

「天子和平民不一樣。」劉秀笑著回答了姐姐之後，見董宣始終不肯就範，也覺得沒有辦法，只好對董宣說：「你的脖子可真硬啊！強項令，出去吧！」

從此，董宣便有了「強項令」的美稱。

規則面前人人平等，即便是貴為公主，也不能例外。所以，我們不僅要遵守規則，也應該有做事情的原則。不能因為害怕別人的權勢，就連原則都不講了，這樣的人，是不會受到別人敬重的。

那麼，有哪些規則是與日常生活密切相關的呢？身為家長，我們應該讓孩子了解哪些規則呢？

✧ 遵守交通規則。教育孩子不騎車三貼，橫越馬路要走斑馬線；乘車要購買車票，按秩序排隊上車。

✧ 在校學習期間，遵守學校的各項規章制度，上課認真聽講，遵守課堂紀律；尊敬老師；關心群體，團結同學；愛護公物，損壞公物要賠償；課間不在教室及通道內打鬧，不大聲喧嘩；保持教室衛生，不亂扔紙屑雜物。

✧ 在購物時，自覺遵守超市、商場等公共場所的規定，購物排隊。

✧ 當家長帶孩子參觀展覽或公園、名勝古蹟時，要讓孩子明白應該自覺

維持公共秩序，參觀、遊玩要排隊；自覺保護展覽設施，保持展覽、名勝古蹟的環境衛生，不亂寫亂畫，不亂扔雜物，不踐踏草坪，不毀壞花草樹木等。

✧ 在觀看戲劇表演時，要注意劇場秩序，不大聲喧嘩，不起鬨吹口哨等。

✧ 不管在什麼地方，都不隨地吐痰、吐檳榔、丟菸蒂，保持衛生；上廁所應沖馬桶；飯前洗手、飯後漱口等。

✧ 如果有事情需要出門，要和家長打招呼，這不僅僅是禮貌，更是一種起碼的尊重，就像不能到校時要請假一樣。

孩子規則意識的形成是一個循序漸進的過程，要經歷一個從被動到主動的過程，需要成人管理、約束與引導，最終達到孩子的自我管理，並形成習慣。

做事毛毛躁躁不可取

一位心理專家指出：「做事心浮氣躁、不踏實是成功、幸福和快樂的最大敵人。」是的，如果孩子受這種習慣的左右，將很難做好一件事情，今後更不可能有所建樹。

豬媽媽有三個孩子，老大、老二和老三。牠們的性格截然相反，老大比較外向，老二屬於中間的內外向兼之，老三則比較內向

一天，豬媽媽說：「孩子們，你們已經長大了，每個人去蓋一間房子，看誰的本領大！」

老大用稻草很快就蓋了一座漂亮的稻草房，然後在裡面睡起覺來。

老二一看哥哥的房子都蓋好了，牠聽說木頭房既結實又好看。於是就撿來一些木棍，蓋起了一間房子，老二開心地在木房子裡睡起午覺。

第二章　好習慣是成功的助推器

只有老三想好好建一座結結實實的磚頭房。老大、老二睡醒了來找老三玩，但老三還在認真地蓋房子，沒有時間理牠們。到了傍晚，老三終於蓋好了一座又結實又漂亮的磚頭房。

有一天，來了一隻大野狼。這只大野狼已經很久沒有吃東西了，它餓得嗷嗷直叫。

大野狼看見老大的稻草房，就「呼」地吹了一口氣，草房子被吹散了。

老大急忙跑到老二的木頭房裡，大野狼追來了，惡狠狠地說：「別以為躲進木頭房我就吃不了你們，我照吃不誤！」說著，大野狼又用力地吹了幾口氣，很快，木頭房也被吹散了。

老大、老二連忙跑到老三的磚頭房裡躲了起來。大野狼追過來，用盡全身的力氣，呼呼地吹起來，可是磚頭房卻紋絲不動。

大野狼又氣又累，牠看見屋頂上有一個煙囪，便想從上面爬進老三的房子裡。

聰明的老三早已在煙囪下燒開了一大鍋滾燙的開水。大野狼爬進來時正好掉進了大鍋裡，一下子就被燙死了。

老大、老二覺得很慚愧，都是因為求快才建造了不結實的房子，導致自己差點被大野狼吃掉。牠們決心向老三學習，做什麼事情都踏踏實實、不求快了。

這則故事告訴孩子，求快的心理要不得，一個人要想把事情做好，需要認真、踏實的態度。因為認真踏實，小豬才能建造出大野狼也沒有辦法吹倒的房子；因為認真踏實，小豬才免去了被大野狼吃掉的命運。

除了心浮氣躁，粗心大意、丟三落四同樣也是做事情不認真、不踏實的表現。如果你的孩子經常丟三落四，就有必要讓他們了解其害處，以避

免犯更大的錯誤。以下《馬虎的胖嫂》故事告訴孩子的就是這樣的道理。

從前有個胖嫂，馬馬虎虎的，做什麼事情都丟三落四，因此鬧了不少笑話。

有一天晚上，她把寶寶哄睡了，然後拿起一件外衣想往睡著的寶寶身上蓋，這時有人叫她：「胖嫂，你媽寄信來了！」

胖嫂連忙把外衣往枕頭上一扔，就慌慌張張地跑出去取信了。她拿到信沒看兩行，就叫起來：「哎呀，不好了，我媽媽病重，躺在床上了！我得趕快回家去看媽媽！」

說罷，胖嫂就扔下信，用外衣把「寶寶」一裹，抱起來就跑出屋外了。胖嫂出門後，慌慌張張地也不看路，結果跑進了冬瓜田裡，一不留神被冬瓜絆倒在地，懷裡的「寶寶」也不知被扔到哪去了。

天太黑，胖嫂看不見「寶寶」，她趴在地上摸呀，找呀，摸到了自己的外衣，而那件外衣正好落在了一個冬瓜上。胖嫂還以為冬瓜就是「寶寶」，看都不看，抱起冬瓜就接著往媽媽家裡跑。

費盡周折，胖嫂終於到了媽媽家，出來開門的正巧是媽媽。胖嫂一臉疑惑地問：「媽，您不是生病了嗎？」

媽媽搖搖頭，笑著說：「我不是在信上寫了嗎？雖然生病了，吃了醫生開的藥，很快就好啦！你沒看完信就跑出來了吧？」

胖嫂的媽媽說著，伸手就去接胖嫂懷裡的寶寶。可是她一接過來就大聲驚叫：「哎呀，寶寶呢？你怎麼抱了個冬瓜？」

胖嫂心想，糟糕了！寶寶肯定丟在冬瓜地裡了。母女倆急忙去冬瓜地裡找寶寶，然而，沒找見寶寶卻找到了胖嫂家的大枕頭。胖嫂這才明白過來：「哎呀，又錯了！寶寶肯定還在家裡呢，我著急跑出門，肯定把枕頭當寶寶了！」

第二章　好習慣是成功的助推器

　　這是一則充滿趣味的笑話故事，你的孩子在聽了這個小故事後，會有什麼反應呢？或許，他在捧腹大笑之餘已經敏感地察覺到了你真正想要說的意思。如果是這樣的話，你的故事教育法就達到效果了。或許，他只是懵懂地理解了這個笑話，但並不能完全理解其中的意思，這時家長可以直接告訴孩子你對他的期望和想法。因為有這個小故事做鋪墊，孩子一定能夠樂意接受你的建議與要求。

　　在日常生活中，家長還可以透過怎樣的方式培養孩子做事情踏實、嚴謹認真的習慣呢？

✧ **教育孩子立長志**：家長只有幫助孩子樹立遠大的理想，才能使孩子明確生活的目的和對崇高理想的追求，具有對生活和學習的高度責任感，這對防止孩子浮躁心理的滋生和蔓延，培養孩子踏實、認真做事的習慣十分有利。

✧ **重視孩子的行為習慣**：培養孩子的行為習慣包括要求孩子做事情先思考後行動、做事情要有始有終等。

✧ **放手讓孩子獨立**：經過家長的教育和引導以後，家長還應該放手讓孩子去完成自己的事情。孩子沒有做好，就只能自己去承擔沒有做好事情的不良後果，讓孩子從中吸取經驗教訓。

　　在當今的社會裡，越來越多的人無法靜下心來踏實做事，每個人都匆匆忙忙，每個人都迫切地希望用最快的方式獲得成功。孩子也一樣，因為過於急功近利，導致很多事情不能做好。但是，越是心浮氣躁，離成功就會越遠。

▌告別拖拖拉拉的惡習

很多孩子做事情磨磨蹭蹭，早上慢吞吞起床，然後緩慢地穿衣服、吃飯；好不容易到了學校，又是慢吞吞地取書本，拿鉛筆盒，絲毫沒有時間觀念；到了上課時，人家的作業都寫完了，而他還有一半沒有完成。又到了下課時間，於是，別人到操場玩，他也跟著玩，絲毫不著急。終於放學了，學校的作業沒有完成，要帶回家去寫了，這下可好，除了課堂作業外還有回家作業……

如果你的孩子也這樣，那可要留意了，最好盡快透過故事的形式改變他的行為。

一個小女孩叫埃米。她有一個壞習慣，總是把時間浪費在準備工作上。

在她住的村子裡，索頓先生開了一間水果店，賣一些水果。一天，索頓先生對家境貧苦的埃米說：「你想賺點錢嗎？」

「是的，」她回答，「我想買雙新鞋，可是家裡沒有錢。」

「好的，埃米。」索頓先生說，「我今天在格林家的牧場裡看到有許多漂亮的黑莓，允許任何人去採摘、你可以去採摘，然後把摘的黑莓全賣給我，一斤付你 13 美分。」

埃米想到能賺到錢，高興極了。於是她飛快地跑回家，拿了一個籃子，打算立刻去摘黑莓。

這時，她下意識地想到最好先算一下摘 5 斤莓子能賺多少錢。於是她拿出筆和紙，算出是 65 美分。

「如果能摘 12 斤呢？」她盤算著，「我可以賺多少錢呢？」

「天哪！」她算了一下，「我可以賺 1 美元 56 美分呢！」

埃米又算了下去，如果她摘 50 斤、100 斤、200 斤時，索頓先生會付

第二章　好習慣是成功的助推器

給她多少錢，為了計算這些錢，埃米花了不少時間，很快就到了中午吃飯的時間，她不得不下午再去了。

吃過飯，她匆匆忙忙地拿起籃子趕往牧場。許多男孩子在午餐前就已經在那裡採摘了，好的黑莓幾乎被摘光了，可憐的埃米最後只摘到了 1 斤黑莓。

在回家的路上，埃米想起了老師常和她講的話：「做事情要提早進行，因為一個務實者勝過一百個幻想家。」

「不要遲疑，立即行動，做你現在應該做的事。故事中的埃米，總是把時間用在計算可以賺多少錢上而遲遲不去行動，最後，她自然不會賺到錢了。」媽媽不妨這樣教育孩子，「在學習與寫作業時，同樣也應該積極行動起來。不能總想明天再開始努力學習、明天再寫作業，我再玩一下等。這樣是難以把事情做好的。」

如果孩子對拖拖拉拉的壞習慣有所反思了，那媽媽一定要「趁勝前進」，再為他講一則《烏龜搬家》的故事。

烏龜住在一個陰暗的池塘裡，那裡沒有水草，陽光也照不到，朋友也很少。

一天，小金魚剛好來到這裡，問道：「小烏龜，你為什麼還住在這裡啊？大家都搬到旁邊的池塘了，那裡水質純淨，有荷花還有蓮藕，漂亮極了。小蝦妹妹、泥鰍哥哥、螃蟹弟弟，還有青蛙先生都搬到那裡去了。大家一起勞動，一起遊戲，可開心啦！」

小烏龜聽了，高興極了，牠從殼裡探出腦袋說：「好啊！好啊！我也要搬過去。」小金魚聽了，高興地說：「我回去告訴大家，明天就來幫你搬家。」

小烏龜打定主意，決心搬到另一個小池塘做一番大事業。

第二天，小金魚、小蝦、泥鰍、螃蟹和青蛙都來幫小烏龜搬家，大家快活地叫道：「小烏龜，小烏龜，收拾好了嗎？大家都來幫你搬家啦！」

小烏龜探出腦袋，說：「今天我不想搬家了」大家奇怪地問：「為什麼？」小烏龜說道：「東西我是都整理好了，可是，今天太熱了，我最怕熱了，會熱出病的。明天你們再幫我搬好嗎？」朋友們聽了，只好回去。

第三天，小金魚、小蝦、泥鰍和螃蟹又來幫他搬家了，青蛙先生要忙著去稻田捉蟲子沒有來。小烏龜探出腦袋，看看陰霾的天空，又縮了回去，說：「東西都整理好了，可是今天要下雨，天太冷了，我可不想出門。我明天再搬吧！」朋友聽了，有些生氣地走了。

第四天，大家覺得受騙了，而且也都忙得很，所以沒有人來幫助小烏龜搬家。小烏龜探出腦袋，想：「東西都整理好了，可是沒有人來幫我，會累壞我的，今天還是不搬了吧！」

日子一天天過去了，小烏龜每天都憧憬著旁邊的池塘，可是，每天都是縮著腦袋，躲在自己的殼裡睡大覺。估計，牠這一輩子也只能靠著憧憬過日子了。

千萬不能做只會幻想卻缺乏行動的拖拖拉拉的烏龜哦！這樣不但對自己不好，還會因此失去別人的信任、失去關心自己的朋友。

為了改變孩子的拖拖拉拉的壞習慣，家長還應這樣做：

◇ **幫助孩子制訂每日計畫**：為孩子制訂每日計畫，能有效地規範孩子的行為，幫助孩子有目的地完成當天的事情。如果孩子完成了當天的任務以後，一定要讓他去玩、去鬧，使孩子感受到完成任務的好處。同時，幫助孩子養成在規定時間內完成任務的良好習慣。要有意識地培養和訓練孩子的意志，以增強孩子的自我控制能力，學會排除干擾，不為無關的外界刺激而分心，以致影響做事效率，妨礙正常工作。

第二章　好習慣是成功的助推器

✧ **家長要做好榜樣**：身教大於言教，父母的一言一行直接關係到孩子良好行為與觀念的養成，所以，家長如果做事情不拖拉，孩子也一定能從家長的行為與言行中受到教育、得到啟發。

拖拖拉拉不僅僅是態度問題，更是一種病態，做事拖拖拉拉的人通常非要等到最後一刻才拼命抱佛腳。這樣的做事習慣往往使工作效果大打折扣，甚至因為無法在最後期限完成指定的任務而一次次失去成功的機會。所以，拖拖拉拉是阻礙個人成長的絆腳石。培養孩子做事情不拖拖拉拉的習慣，能讓孩子充分利用時間，獲得更多成功的機遇。

▌說謊只會自嘗苦果

說謊是作弊與欺騙在言語方面的表現。這種行為習慣不僅影響到孩子健全人格的發展，還影響到孩子的人際社交與今後的生活；嚴重的甚至還可能導致犯罪行為的發生。

在某種情況下，孩子會為了達到自己的某種目的而說謊騙家長，也許這時候孩子的謊言造成的危害並不大，但家長依然要注意正確引導。如果孩子已經開始出現說謊的苗頭，不妨為他講講《兔子的短尾巴》這則故事。

在很久以前，兔子的尾巴其實是長的，但後來是怎麼變短的呢？

一天，有隻兔子到小河邊玩樂。牠看到河對面有一片綠油油的青草，就特別想到河那邊去吃個痛快、可是，兔子是不會游泳的，這該怎麼辦呢？

就在兔子發愁煩惱的時候，一隻老鱉游到了水面上來。兔子的紅眼珠滴溜溜一轉，心裡有了主意牠對老鱉說：「鱉大媽，聽說在這條河裡，你的孩子有很多是嗎？」

老鱉聽了心裡欣喜若狂，牠說：「是啊，在這條河裡，我的孩子數也數不清，要是讓牠們排成隊，在這河面上，可以架起兩座橋呢」

小兔子說：「你的孩子有我的孩子多嗎？我可不信，不會是逗我吧？」

老鱉一聽，著急了：「我才沒有逗你呢，你的孩子有多少？我怎麼沒有見到呢？」

兔子說：「我的孩子要是都到河邊來，可能擠不下呢。」

老鱉有些不相信：「你在吹牛吧？有誰見過那麼多的兔子啊？」

兔子笑著說：「你如果不信，我們就來比一比，看看誰的孩子多！」

老鱉聽了，急不可待地說：「好啊，那怎麼比呢？」

兔子說：「你先把孩子們都叫過來，然後讓牠們浮在水面上，從河的這邊一直排到河的那邊，我從這邊數過去，數完之後，我也把孩子叫過來，在河邊上排成隊，讓你來數。」

老鱉爽快地答應了：「好！」

說著，老鱉就鑽到水裡，把孩子們都叫了出來，讓牠們浮在水面上，整整齊齊地排成了一行，從河這邊一直排到了河那邊，真像河面上架起了一座橋。

小兔子一跳，就跳到靠岸邊的小鱉背上，再一跳，跳到第二隻小鱉背上，牠就這麼一邊跳一邊數：「一、二、三、四、五、六、七、八……」數著數著，就數到了河的對岸。

這隻小兔子可得意了，牠一邊往岸上跳，一邊說：「哈哈，我沒有孩子呀！老鱉你可上了我的當嘍！」

可惜牠高興得太早，就在牠往岸上跳時，那條長長的尾巴還拖在河裡呢，岸邊的那隻鱉發現上當了，就伸出嘴去用力一咬，就把牠的尾巴咬住了。

第二章　好習慣是成功的助推器

　　兔子害怕了，牠慌慌張張用力一拉，結果就把尾巴扯斷了，只留下了短短的一截。

　　後來，兔子擁有了很多的孩子。可是，這些小兔子也和自己的祖先一樣，只有短短的一截尾巴，牠們並不知道自己的祖先曾經有過長尾巴呢！

　　原來短尾巴的兔子還有這樣的故事呀！都是「謊話」惹的禍！一個愛說謊話，利用別人的善良與信任來達到自己目的的人是非常可恥的。我們不能做這樣的人。所以，一個好孩子從小就應該養成誠實、不說謊話的好習慣。只有這樣，才不會騙人又害己而得不償失。

　　有個年輕人大學畢業後，到一家外資企業競爭職位，主持面試的是該企業的總經理克利遜先生走進面試室時，克利遜經理站了起來，他一臉驚喜地握著年輕人的手，向在座的其他面試官說道：「先生們，我向你們介紹一下，這就是救我女兒的那個年輕人。」

　　年輕人的心狂跳起來，還未容他說話，克利遜經理一把將他拉到身邊的沙發上坐下，說道：「那次車禍，要不是你及時採取措施救我女兒，我女兒也許早已命喪黃泉了。」

　　年輕人聽了莫名其妙，便老老實實地答道：「克利遜先生，我以前從未見過您，更沒救過您的女兒。」

　　克利遜經理又一把拉住年輕人說：「你不要不好意思，我記得你臉上的這顆痣，只不過當時只顧女兒沒來得及請你留下姓名和地址。」

　　年輕人站起來說道：「克利遜經理，我想您肯定搞錯了，我真的沒有救過您的女兒。」

　　克利遜經理突然站起來，笑著對青年說：「年輕人，我很欣賞你的誠實，我決定錄用你了！」

　　誠實，幫助這位年輕人打敗了許多強勁的對手，找到了一份理想的工

作。因為只有誠實、不說謊的人，才是值得讓人信任的人。

孩子說謊與他們本質的品行問題無關，只是每個孩子在成長過程中常出現的問題罷了，關鍵是如何進行引導。家長要及時發現問題，教育好，引導好，孩子自然能夠糾正說謊的壞習慣。

第一，以身作則，言傳身教。家長是孩子最早的老師，一言一行都會影響孩子的成長。所以，身為家長，不要把一些無關緊要的謊言當玩笑，或為哄孩子亂許諾卻不兌現。平時，有錯誤要大膽承認，為孩子樹立正確的榜樣，不要認為向

孩子認錯有損自己的威信。

第二，多與孩子交流溝通。無論什麼時候，都要多與孩子交談，透過交談了解孩子的心理希望、要求，同時，對孩子提出的問題，在孩子能夠理解的程度下，細心解答，並肯定孩子的求知欲。另外，可透過與孩子的交談，告訴孩子家長對他的希望和要求。

第三，信任孩子。應該對孩子的行為給予充分的信任，家長尊重、信任孩子，孩子才會反過來更加尊重、信任家長。信任家長的孩子是不會說謊的，因此，和孩子相互信任，孩子就沒有說謊的必要了。

第四，從小對孩子進行誠實教育。多向孩子講一些誠實的故事，從小對孩子正確地引導和教育，使孩子在潛移默化中認知到「人人都喜歡誠實的孩子」。

謊言好比一劑毒藥，開始的時候能讓孩子嘗到甜頭，但最終卻會給孩子帶來苦果。當說謊成為一種習慣時，可愛的孩子便會失去純真、善良的本性，變得讓家長和社會為之擔憂。為了能讓孩子「誠實」的花兒開得更加璀璨，更加長久，我們一定要從小培養孩子誠實、不說謊的習慣。

第二章　好習慣是成功的助推器

▌樹大易招風

　　愛出風頭是一種虛榮的表現。每個人或多或少都有虛榮心，這是正常的，因為大多數人都渴望自己被人尊重、被人敬仰，都希望自己能做得更好、更完美。所以，適度的虛榮是可以理解的，它不但沒有害處，還有一定的促進作用。但是，如果虛榮心太重，就會影響到心理健康，影響正常的學習和生活。

　　媽媽可以為孩子講講《愛出風頭的鳥》這則故事。

　　這是一隻愛出風頭的鳥，牠飛到哪裡就把清脆的叫聲帶到哪裡，於是附近的居民紛紛抬起頭來尋找牠，當大家看清牠的樣子時總是發出讚嘆：「真好聽，真響亮，想不到這麼小的鳥可以發出這樣好聽的叫聲呢！」

　　然而，牠卻在天馬小鎮碰了釘子，可能是因為這裡的居民見多識廣，對於區區鳥叫已經見怪不怪了，總之，當牠像以前那樣在人多的地方大聲鳴叫時，沒有人將目光集中到牠身上，人們充其量也只是抬起頭來瞥牠一眼而已。

　　這讓牠感覺受到了很大的傷害。

　　愛出風頭的鳥是不能容忍沒有風頭可出的。這隻鳥下定決心一定要獲得此地居民的認同。而聲音就是牠唯一的武器。為此，牠不厭其煩地出沒在居民的生活之中，觀察他們，隨時鳴叫，牠想知道，究竟怎麼做才能引起他們的關心？

　　那場突如其來的鬥毆事件給了牠靈感因為在事情逐漸擴大之前，一輛警車呼嘯著警笛趕來維持治安了。那一刻牠發現所有居民的注意力都被吸引了，他們全神貫注地聽著警笛的聲音。原來，警笛這種東西竟然有這樣的魔力。

樹大易招風

　　人們甚至為這種帶有標誌性的「警笛聲」讓路，啊！「警笛聲」是多麼了不起啊！愛出風頭的鳥終於找到了努力的方向。牠開始夜以繼日地鍛鍊自己的嗓子，直至可以準確無誤地發出與警笛相似的聲音為止。

　　學有所成的那一天，正好是天馬小鎮上的一個節日，男女老少帶著興奮的心情聚集在廣場上，他們唱歌跳舞，歡笑不斷。愛出風頭的鳥覺得這個場合最適合自己亮相了。於是，牠飛到一棵高高的樹上，扯起嗓子高聲鳴叫。

　　人潮霎時湧動起來，無數人驚慌地環顧四周，他們分不清警笛聲的具體性質，紛紛猜測是不是哪裡起火了，或者是哪裡出現了歹徒，又或者是有人生命垂危正等待救助？節日的歡樂氣氛蕩然無存，所有的人都被這警笛聲攪亂了心思。

　　愛出風頭的鳥是多麼高興啊。牠覺得自己的聲音有這麼大的魔力，影響了這麼多的人！牠搧動著翅膀，叫聲更大了。

　　人們終於發現，沒有消防車，沒有救護車，也沒有警車，這聲音原來是那隻討人厭的鳥製造出來的！人們憤怒了，他們將手中所有可以扔的東西都朝那隻鳥扔去，嚇得牠落荒而逃。

　　愛出風頭的鳥非常沮喪，牠怎麼也想不明白，人們為什麼要這樣對待牠？是因為牠的聲音不夠好聽嗎？

　　這隻愛出風頭的鳥為什麼讓人討厭呢？是因為牠為了出風頭不惜製造騷亂，擾亂了人們的正常生活。同樣，在我們的生活中，如果一個人愛出風頭，不僅會惹怒他人，還可能危害到自己，甚至把自己置於危險的處境。楊修之死告訴我們的就是這樣一個道理。

　　東漢末年，楊彪的兒子楊修是個文學家，他才思敏捷，靈巧機智，後來成為曹操的謀士，官居主簿，替曹操典領丈書，辦理事務。

第二章　好習慣是成功的助推器

　　有一次，曹操造了一所後花園。落成時，曹操去觀看，他在園中轉了一圈，臨走時什麼話也沒有說，只在園門上寫了一個「活」字。工匠們不解其意，就去請教楊修。楊修對工匠們說：「門內添活字，就是闊字，丞相嫌你們把園門造得太寬大了。」工匠們恍然大悟，於是重新建造園門。完工後再請曹操驗收。曹操大喜，問道：「誰領會了我的意思？」左右回答：「多虧楊主簿賜教！」曹操雖表面上稱好，心底卻很嫉妒。

　　有一天，塞北有人給曹操送酥一盒曹操嘗了一口，突然靈機一動，想考考周圍文臣武將的才智，就在酥盒上豎寫了「一合酥」三個字，讓使臣送給文武大臣大臣們面對這盒酥，百思不得其解，就向楊修求教，楊修看到盒子上的字，竟然拿起來要分給大家吃。

　　大臣們問他：「我們怎麼敢吃魏王的東西啊？」楊修說：「是魏王讓我們一人一口酥嘛！」在場的文臣武將都為楊修的聰敏而拍案叫絕。事後，曹操問他分酥的原因，楊修從容回答說：「盒上明明寫著『一人一口酥』，我們豈敢違背丞相的命令啊！」曹操臉上雖然笑著，但心裡卻更加嫉妒楊修。

　　曹操多猜疑，生怕有人暗中謀害自己，他常常吩咐左右說：「我夢中好殺人，凡我睡著的時候，你們切勿近前！」有一天，曹操在帳中睡覺，故意落被於地，一個近旁的侍衛慌忙拿起被子覆蓋在他身上。曹操馬上跳起來拔劍把他殺死，接著又上床睡覺。睡到半夜起來，他假裝驚訝地問：「什麼人殺了我的貼身侍衛？」大家告訴了他情況。於是，曹操假裝痛哭，讓人厚葬了那個侍衛。人們都以為曹操果真是夢中殺人，只有楊修識破了他的意圖，在葬禮上，楊修指著那名侍衛的屍體嘆惜道：「丞相不是在做夢，而是你進入了丞相的夢而已。」曹操聽到後更加厭惡楊修。

　　曹操出兵漢中進攻劉備，被困在斜谷界口，想要起兵，又被馬超拒

守，想收兵回朝，又怕被蜀兵恥笑，他心中正猶豫不決，恰碰上廚師進獻雞湯。曹操見碗中有雞肋，因而心裡非常感慨。正想著心事，夏侯惇入帳，稟請夜間口號。曹操隨口答道：「雞肋！雞肋！」夏侯惇傳令眾官，都稱「雞肋」。行軍主簿楊修見傳「雞肋」二字，就叫隨行軍士收拾行裝，準備歸程。有人把這一情況報給夏侯惇，夏侯惇大驚，就問楊修：「你為什麼要收拾行裝呢？」

楊修說：「雞肋者，食之無肉，棄之可惜。現在我們進攻不能取勝，退兵又怕別人取笑，在此耗著，不如早些回去，過幾天魏王一定要班師回朝的，所以我就先收拾行裝，免得臨行慌亂。」

夏侯惇說：「你真知魏王肺腑呀！」也馬上收拾行裝於是寨中的將士，都做好了回去的心理準備。曹操得知此事，問楊修是什麼意思，楊修表明了自己的想法。曹操生氣地說道：「你怎敢製造謠言，亂我軍心！」於是就讓刀斧手將楊修推出去斬首了。

如果發現自己的孩子愛出風頭、虛榮心太強，千萬不要過於急躁，更不要用說教或命令的方式制止。這樣做不但不能解決問題，反而會嚴重傷害孩子的自尊。講故事給他聽！讓他在別人的行為中收穫感悟，從而糾正壞習慣。

生活中，有很多孩子什麼都想爭第一，什麼事情都要自己搶先，他們以自我為中心，從來不替別人著想，所以人際關係不好。長大以後，也容易因為愛出風頭、虛榮心太強而影響自己的發展。更有甚者，過度愛出風頭還可能影響心理健康。

第二章　好習慣是成功的助推器

第三章　優秀素養締造優秀孩子

　　對於孩子來說，優秀素養的養成遠比知識和技能更重要。孩子的素養一旦形成，就很難改變，而知識和技能卻可以隨時隨地學習、吸收與更新。有位教育家認為：「沒有優秀的素養，教育只是完成了一半。」可見，優秀的素養是一個人成功的基礎和必要因素。當前，世界變化的速度越來越快，孩子面臨的競爭與挑戰也越來越嚴峻。為了孩子的前途，家長有必要把孩子的優秀素養作為生活中的重中之重來進行培養。

第三章　優秀素養締造優秀孩子

▋擁有健康的自尊好處多

媽媽透過給孩子講下面這則故事可以進入自尊的話題。

春秋時期，齊國和楚國都是大國。

有一次，齊王派大夫晏子出使楚國。楚王仗著自己國勢強盛，想乘機侮辱晏子，顯顯楚國的威風。他知道晏子身材矮小，就叫人在城門旁邊開了一個五尺高的洞。

晏子來到楚國，楚王叫人把城門關了，讓晏子從這個洞鑽進去。晏子看了看這個洞，對接待的人說：「這是個狗洞，不是城門。只有訪問『狗國』，才從狗洞進去。我在這裡等一會兒，你們先去問個明白，楚國到底是個什麼樣的國家？」接待的人立刻把晏子的話傳給了楚王。楚王只好吩咐打開城門，把晏子迎接進去。

自尊是一種具有積極意義的素養，能夠讓他人關心自己、尊重自己的感受。幫助孩子在生活中學會正確地了解自己、愛護自己，有利於促進孩子心靈的健康成長。

1930 年代，美國加州的沃爾遜小鎮來了一群飢餓的難民。

當鎮長傑克森先生發放食品時，他發現許多難民都狼吞虎嚥地吃了起來，只有一個年輕人例外。年輕人對鎮長說：「先生，您送給我這麼多好吃的，有什麼工作可以讓我做嗎？」傑克森笑著說：「我只不過想給你們提供些幫助而已，哪裡來的工作讓你做呢？」但那個年輕人沒有領情，他誠懇地說：「不，先生，如果沒有工作做的話，我是不會接受食物的。真的，先生，我總得為您做點什麼呀！」傑克森實在想不出有什麼工作可以讓這位年輕人做，他急中生智，蹲下身子，讓年輕人幫他捶背。

這件事情以後，這個年輕的年輕人被留下來了，因為傑克森鎮長非常欣賞他自尊自愛的品行，替他安排了一份工作，並把自己的女兒嫁給他。

擁有健康的自尊好處多

傑克森鎮長相信：一個活得有尊嚴的人，一定可以獲得美好的生活。

二十年後，這位年輕人成了世界石油大王 —— 他就是阿曼德‧哈默（Armand Hammer）！

媽媽要開導孩子，向哈默學習，不隨便接受別人的「施捨」，做一個有自尊心的人。只要一個人不缺乏自尊心，就一定會讓人刮目相看！下面的故事，說的也是這個道理。

1920 年代，挪威的一位青年男子漂洋過海來到法國報考著名的巴黎音樂學院。然而，考試的時候，儘管他竭力將自己的水準發揮到了最佳狀態，主考官還是沒有看中他。

身無分文的年輕人只好來到學院外不遠處的一條繁華大街上賣藝。

他勒緊自己的褲腰帶在一棵榕樹下專注地拉起小提琴。他拉了一曲又一曲，吸引了無數人駐足聆聽飢餓的年輕人最終捧起自己的琴盒，祈求圍觀者的幫助。

一個無賴鄙夷地將錢扔在年輕人的腳下。年輕人看了看無賴，彎下腰拾起地上的錢要給無賴，說：「先生，你的錢掉在地上了。」

無賴接過錢，重新扔在年輕人的腳下，傲慢地說：「這錢已經是你的了，你必須收下！」

年輕人再次看了看無賴，深深地對他鞠了個躬說：「先生，謝謝你的資助！剛才你掉了錢，我彎腰為你撿起，現在我的錢掉在了地上，麻煩你也為我撿起！」

無賴被年輕人出乎意料的舉動震撼了，只好撿起地上的錢放入琴盒，然後自討沒趣地走了。

圍觀音中有雙眼睛一直默默地關心著這個年輕人，他就是那位主考官。主考官同樣被年輕人自尊、自愛的行為打動了，最終錄取了他。

這位午輕人叫比爾撒丁（Bill Sardin），後來成為挪威有名的音樂家，他的代表作是《挺起你的胸膛》（*Brace up your chest*）。

整體說來，擁有健康自尊的孩子一般都有下列特徵：

✧ 他們感到自身很有價值、值得別人喜歡，所以，總表現得很自信，在許多場合中能夠做到不卑不亢。

✧ 他們相信自己很能幹，且得到任務的時候能夠盡全力去完成它。

✧ 他們在學習中很有開拓精神，遇到難題的時候會積極求解。

✧ 他們情緒積極、樂觀，即使失敗了，也能很快就走出失敗的陰影，心態比較豁達。

是的，自尊的人總是自強不息，他們習慣於用行動來證明自己！

擁有健康自尊心的人，不會在小事情上斤斤計較、悲觀失望，而是在尊嚴受到侵犯的時候，適當地去維護它。一個有自尊自信的人，不但自己會受到他人的尊重，所有和你有關係的人也同樣會因你的自尊自信而感到無比榮耀。

每個人都有維護尊嚴的需求，都希望得到他人的尊重與愛護，孩子也不例外。一個能了解到自己的優缺點並能愉快地接納自己，相信自己的能力和才幹的孩子是自信的，更是自尊的。孩子一旦擁有了自尊、自信的素養，他便能變得更加強大，對自己的人生也更有信心。

▌孝心是所有美德的基礎

歷史上最著名的思想家、教育家孔子說：「孝悌者，為人之本也。『孝』為百德之首，百善之先。」這句話明確指出：只有懂得自己身為「人子」應盡的孝道，那才談得上是一個真正的人。當然，與其給孩子講

大道理，不如用故事點醒他們，讓他們從故事中得到教育與啟發 ——

　　古代，有一個叫黃香的人，他非常善良、有孝心。

　　黃香小的時候，家中生活很艱苦。媽媽身體不好，長年生病。在媽媽生病期間，小黃香一直不離媽媽左右，守護在媽媽的病床前，在他 9 歲時，媽媽去世了，黃香非常悲傷。從此以後，他對父親更加關心、照顧，盡量讓父親少操心。

　　冬夜裡，天氣特別寒冷、一天晚上，黃香在燈下認真讀著書，不一會兒，捧著書卷的手就變得冷冰冰的了。黃香想：「天氣這麼冷，爸爸一定很冷吧！他白天做了一天的工作，晚上還不能好好地睡覺。」想到這裡，小黃香心裡很不安，為了能讓父親少挨冷受凍，黃香讀完書就悄悄走進父親的房裡，幫他鋪好棉被，然後脫了衣服，鑽進父親的被窩裡，用自己的體溫，溫暖了冰冷的被窩後，才請父親入睡。黃香用自己的孝敬之心，溫暖了父親的心。父親感動極了！

　　黃香為爸爸溫席的事情傳開後，街坊鄰居人人誇獎黃香是個孝順懂事的好孩子。

　　夏天到了，黃香家低矮的房子顯得格外悶熱，而且蚊子很多。到了晚上，大家都在院子裡乘涼，就是沒看到黃香的影子

　　「黃香，黃香！」父親提高嗓門喊他。

　　「父親，我在這裡呢」。說著，黃香從父親的房中走出來只見他滿頭大汗，手裡還拿著一把大蒲扇

　　「你在做什麼呢？」爸爸奇怪地問。

　　小黃香回答：「屋裡太熱，蚊子又多，我在搧蚊子呢？這樣，蚊子跑了，屋子也涼快些，你也好睡覺呀！」聽了這話，黃香的爸爸感動得眼淚都流下來了。

第三章　優秀素養締造優秀孩子

　　黃香長大以後，當上了魏郡太守，為老百姓做了很多好事，老百姓都非常敬重他。

　　當然，培養孩子的孝心要從小事做起。不同的故事，給孩子帶來的心靈震撼是不同的！

　　卡繆（Camus）是一個偉大的文學家，他還是一個非常孝順母親的人。

　　卡繆出生在一個貧苦的家庭。在他還不懂事的時候，父親就在戰場上犧牲了，只剩下母親與他相依為命。因為家裡沒有什麼積蓄，小卡繆和媽媽的生活特別艱難。但是，為了不讓兒子在同伴中感到自卑，在小卡繆到了上學年齡以後，媽媽還是毫不猶豫地把他送到了學校。可是，懂事的小卡繆很快就發現，因為自己上學又增加了學費和其他一些開銷，媽媽肩上的擔子更重了。媽媽每天都努力地工作著，由於經常熬夜，剛三十幾歲的人，臉上就已經早早地長滿了皺紋。小卡繆看在眼裡，疼在心裡。

　　一天晚上，卡繆又伏在那盞小煤油燈下複習功課。寫完作業之後，他看見媽媽還在忙碌，自己又幫不上忙，就早早地上床睡覺。半夜裡，卡繆忽然被一陣咳嗽聲驚醒了，睜開眼睛一看，原來媽媽還沒有睡，她正借著微弱的燈光縫補衣服。小卡繆再也忍不住了，他從被子裡爬起來說：「媽媽，我以後再也不能讓你這麼辛苦了。你看，我已經長大了，是個小男子漢了，我想出去找工作，幫忙減輕一點家裡的負擔。」

　　兒子善解人意的話，讓媽媽的眼睛溼潤了。她把小卡繆緊緊地摟在懷裡，淚水順著臉頰流了下來。

　　看見媽媽流下眼淚，小卡繆有些不知所措：「媽媽，難道我說錯了嗎？你為什麼哭了？」

　　「好孩子，你沒有說錯。可是你現在還太小，媽媽怎麼捨得讓你去工作呢？你現在需要的是好好念書學習，只有等你長大了，才能幫助媽媽減

輕負擔呀。」媽媽撫摸著卡繆的頭輕輕說

聽了媽媽的話，小卡繆認真地點了點頭，從那以後，他學習更加認真了，但是無論媽媽怎麼努力，他們的生活還是越來越困難。讀完小學以後，在小卡繆的一再央求下，媽媽終於同意了他的要求，讓他去做些事情，幫助家裡減輕負擔，但前提條件是不能耽誤自己的課業。從那以後，小卡繆一邊讀書，一邊工作，一開始他找到了一份掃大街的工作。對小卡繆來說，這份工作無疑是份苦差事。因為他每天不僅需要很早起床，還要拿著幾乎跟他一樣高的掃帚去掃大街，人小，掃的地方又大，小卡繆常常累得滿頭大汗。

為了讓媽媽減輕負擔，小卡繆努力堅持過來了。後來，小卡繆又到一個餐館去洗碗。這個工作和掃大街的工作比起來更辛苦，卡繆和幾個小夥計每天都拚命工作，還常常不能按時洗完那些山一樣高的碗盤。

艱難的生活使卡繆經受了磨練，也養成了他刻苦勤奮的優良素養。後來，他透過自己的不懈努力，考取了大學，並最終獲得了諾貝爾文學獎，成為舉世矚目的大文學家。

成就卡繆的是什麼？答案可以找出很多，但毫無疑問，卡繆對媽媽的孝順、對家庭的責任感是幫助他走過那段灰暗日子的精神支柱，也是卡繆最具光彩的人生財富。

孝順是傳統美德，更是各種品德形成的前提。

孝心是一個人善心和良心的綜合表現：孝敬父母，尊敬長輩，這是做人的本分，是天經地義的美德，也是各種品德形成的前提。一個人如果連孝敬自己的父母這基本素養都不具備，又有誰願意和他打交道呢？「孝心」的培養，對孩子而言，必不可少。

第三章　優秀素養締造優秀孩子

▍善良是開在心中的花朵

　　每一個孩子都是降落人間的天使，他們的內心都善良而強大。如果你想讓孩子解讀同儕的善舉，不妨為他們講《強者》這則故事。

　　五歲的漢克和爸爸、媽媽、哥哥一起到森林裡工作，突然間下起雨來，可是他們只帶了一件雨衣。

　　爸爸將雨衣給了媽媽，媽媽給了哥哥，哥哥又給了漢克。

　　漢克問道：「為什麼爸爸給了媽媽，媽媽給了哥哥，哥哥又給了我呢？」

　　爸爸回答道：「因為爸爸比媽媽強大，媽媽比哥哥強大，哥哥又比你強大呀！我們都會保護比較弱小的人。」

　　漢克左右看了看，跑過去將雨衣撐開來擋住了一朵在風雨中飄搖的嬌弱小花。

　　這個故事告訴我們，真正的強者不一定多有力、多有錢，而是他對別人有多少幫助。責任可以讓我們將事情做完整，愛可以讓我們將事情做得更好，而善良則能讓責任與愛完滿。

　　培養孩子善良的素養，讓孩子感受「美」的真諦，媽媽還可以講一則《善良的花仙子》的故事。

　　很久很久以前，天上住著一位非常美麗、善良的花仙子，她那迷人的長髮金光閃閃，柔順地垂到腰間，頭上還戴著一個五彩繽紛的花環；她身穿一件綠色的衣裳，披著一件雪白的天鵝羽衣。

　　有一年冬天，下了一場大雪。陸地、山川、河流都變成白茫茫的一片。一股強風把美麗的花仙子從天上帶到了人間。花仙子拍了拍身上的雪花，正準備往前走。突然，一位滿面愁容的樹爺爺顫抖著凍裂的手，對花仙子說：「美麗的花仙子，請你救救小樹們吧！大雪快把它們壓死了。」

善良是開在心中的花朵

花仙子毫不猶豫地脫下身上的天鵝羽衣，把它變成了一把很大的扇子，花仙子搧呀搧，一下子就把樹上的積雪全部搧下去了，小樹們高興地挺起了腰，花仙子剛要走，又聽見呼喊聲：「善良的花仙子呀！快救救我的孩子們吧！大雪快要把它們全凍死了。」花仙子回頭一看，原來是山花媽媽。

花仙子二話不說，取下頭上的花環，把花環上的花瓣兒撒在了大地上。不一會兒，大地又長出了一叢叢鮮花。花仙子高興極了，在花叢中跳起舞來這時候，野草媽媽開口了：「親愛的花仙子，請您也救救我的孩子們吧！大風快要把它們吹死了。」

花仙子想了想，脫下了身上的綠衣裳蓋在大地上。不一會兒，枯黃的小草又變綠了！

花仙子唱著愉快的歌，向一條小河走去。這時候，魚媽媽急忙迎上來求救：「聖潔的花仙子呀，您的善良全世界都讚頌，我可憐的孩子快要被冰凍死了，您能救救牠們嗎？」花仙子難過極了，因為她再也沒有什麼東西可以送給魚媽媽了。花仙子沉思了片刻，終於又開心地笑了。她輕快地跳上冰面，臥倒在冰面上，用自己的體溫將冰雪融化。一會兒工夫，冰化了，凍僵了的花仙子卻沉到了水底。慈愛的龜爺爺和小魚們一起把花仙子拖到了岸上，和藹可親的太陽公公轉動火輪，溫暖著花仙子。

過了很長一段時間，花仙子終於甦醒了過來。這時候，天上的九色鹿來了，花仙子坐在九色鹿的背上要離開人間了，大家都依依不捨地送花仙子。人們感謝花仙子，都稱花仙子是「天使」。

花仙子幫助別人，卻不要求回報。她用自己的身體溫暖了大地，給大地帶來了生機和希望。花仙子擁有的不僅僅是美麗的外表，還有那純潔美好、樂於奉獻的心靈！你的孩子聽了這個故事，對「美」的概念一定更加清晰了！

第三章　優秀素養締造優秀孩子

善良，是風雨中撐開的一把傘，是黑暗中點亮的一盞燈，是危難時一雙幫扶的手，是走投無路時坦然敞開的門。

要想培養孩子擁有一顆善良的心，就應該給孩子一個溫馨的愛的環境。孩子只有在愛的環境中，才能享受到他人給予自己的關懷，從而孕育出一顆善良的心。

子女之愛：孩子對父母的愛，是孩子對所感受到的父母之愛的回應。孩子們自尊、自愛、孝順、負責任等素養都是從父母的行為中效仿來的。所以，身為家長，我們要給孩子正確的愛，達到正確的榜樣作用。

同伴之愛：看到家長愛他們的同伴，孩子也會學著愛自己的朋友。家長要多創造機會讓孩子和他的同伴在一起。因為，與人相處本身就是一種教育，孩子能從與人交往中學會理解、分享、團結、幫助。

夫妻之愛：夫妻關係的和諧美滿，對孩子也是一種教育，孩子可以在父母相互關心和愛護中學會理解、接納、欣賞、真誠和肯定等美好的素養。夫妻之愛給孩子傳遞著忠誠的觀念，也是培養孩子「善良」心靈的關鍵。

父母之愛：當孩子在接受了以上三種愛的教育以後，他們就會成為一個善良、有健康素養的人，當他們成為父母時，他們才能把正確的愛、善良的心傳遞給自己的孩子。所以說，善良教育生生不息。

多一顆善良的心，生活就會多一些溫暖，人生就會多一些溫馨，世界就會多一些希望，人性就會多一些高尚。所以，培養孩子具有一顆善良的心，就等於給了孩子一雙善良的眼睛，孩子就會更多地關心世界上那些善良的事情，同樣他就會生活在一個充滿愛的環境中。

法國大作家雨果（Hugo）說：「人一生最重要的素養是善良。」有了善良，人類才能區別於動物；有了善良，人們才會同情弱者；有了善良，

社會才會扶危濟困。善良是人生的雨露甘霖，善良使世界充滿仁愛，讓歲月溢滿溫馨。善良對孩子的成長具有不可忽視的積極作用。可以說，缺乏善良素養的人，同時也是個遵德上有缺陷的人，最終很難有所作為。

讓孩子肩負起人生責任

有關責任感的故事很多，以下這則故事就很具有啟迪意義。

1920 年的一天，美國一位 12 歲的小男孩正與他的朋友玩足球，一不小心，小男孩將足球踢到了鄰近一戶人家的窗戶上，一塊玻璃被打碎了。

一位老人立刻從屋裡跑出來，勃然大怒，大聲責罵是誰做的，夥伴們紛紛逃跑了，小男孩卻走到老人面前，低著頭向老人認錯，並請求老人寬恕。然而老人卻十分固執，小男孩委屈得哭了，最後老人同意小男孩回家拿錢賠償。

回到家，闖禍的小男孩怯生生地將事情的經過告訴了父親，父親並沒有因為他年齡小而開恩，而是板著臉沉思著一言不發。坐在一旁的母親總是為兒子說情，勸說父親不知過了多久，父親才冷冰冰地說道：「家裡雖然有錢，但是他闖的禍，就應該由他自己對過失行為負責。」停了一下，父親還是掏出了錢，嚴肅地對小男孩說：「這 15 美元我暫時借給你賠人家，不過，你必須想辦法還給我。」小男孩從父親手中接過錢，飛快地跑去賠給了老人。

接下來，小男孩一邊刻苦讀書，一邊用閒置時間打工賺錢。由於人還小，不能做粗活，他就到餐館幫別人洗碗盤，有時還撿破爛。經過幾個月的努力，他終於賺到了 15 美元，並自豪地交給了他的父親，父親欣然拍著他的肩膀說：「一個能為自己過失行為負責的人，將來一定會有出息的。」

第三章　優秀素養締造優秀孩子

許多年以後，這位男孩成為美利堅合眾國的總統，他就是雷根。

有的家長認為：孩子畢竟是孩子，還小，樹大自然直，長大了自然就行了。殊不知，孩子的責任感是應該從小培養的。平時對孩子嬌生慣養，百依百順，不捨得放手，事無鉅細都替孩子想到做到，很難想像他們長大後會體諒父母、關心他人、有強烈的責任感。

有一群大雁飛了一整天，這天晚上，牠們在小河邊的草叢裡休息。領頭的老雁親自安排了守夜的小雁，因為還不放心，臨睡前領頭雁還特別囑咐了守夜的小雁說：「從現在到天亮，你千萬不能打瞌睡呀！要靜靜地聽，仔細地看一有動靜，就趕快搧動翅膀叫醒大家，不然，獵人就會傷害我們的。」

守夜的小雁不耐煩地說：「爺爺您去睡吧，這些我都知道了！」

老雁還是不放心，又嘮叨了幾句：「你年紀輕，沒有經歷過受害的事，一定要多加小心呀！」

「我會小心的，您怎麼說不停啊，真囉嗦！」小雁回答。

老雁沒再說什麼，就跟大家一起去睡了。

這時，正值秋末冬初，夜裡風一刮，下起雪來。

守夜的小雁又冷又睏，牠看看睡在草叢裡的兄弟姐妹們，真想和牠們一樣，把脖子彎在翅膀底下舒服地睡一覺。牠再看看天，發現天已經快亮了。心想：「遇到這樣的鬼天氣，打雁的人肯定是不會來了，我守了那麼多次夜，從來沒有遇到過打雁的獵人，今天不會那麼倒楣就遇上他們的啦！我還是去睡一會吧！」

守夜的小雁這樣想著，就鑽進草叢裡睡覺去了。

有經驗的獵人們都知道，守夜的雁在天快亮的時候最愛打瞌睡，遇到不好的天氣更大意，趁著這一時機，獵人們帶著槍來了。

讓孩子肩負起人生責任

獵人找到了雁群，架起槍，一陣煙火騰起，雁群中只飛走了一隻大雁，其餘的全都被打死了。

飛走的是那隻領頭的老雁，因為睡覺時牠也在惦記大家的安全，所以，聽到動靜後立刻就醒了，但是，牠還沒來得及叫醒大家，槍聲就響了……老雁飛走以後，把這件事告訴了所有的大雁，告誡大家千萬不要忘記這慘痛的教訓！

媽媽透過故事教育孩子：責任不是一個人的事情，它通常關係到很多人的共同利益，在集群體生活中，我們要盡職盡責，圓滿地完成自己的本職工作，否則就會像這隻「守夜的小雁」一樣，給別人帶來麻煩，甚至危及生命。

一群老鼠吃盡了貓的苦頭，於是牠們召開全體會議，大會的口號是「集思廣益、解除貓害」，會議上，大家踴躍發言，大會氣氛異常熱烈。

眾鼠冥思苦想，有的建議培養貓吃魚、吃雞的習慣，有的建議加緊研發貓毒藥……最後，還是一隻老奸巨猾的老鼠想出了一個令大家都贊成的主意，就是在貓脖子上掛一個鈴鐺，這樣，貓一動就會有響聲，大家就可以事先得到報警，躲藏起來。

牠的建議全票透過。可是新的問題又接踵而來，誰去往貓脖子上掛鈴鐺呢？為了激發眾鼠的熱情和勇於冒險的精神，無論拿出什麼獎勵，始終一不見一隻老鼠挺身而出。至今，老鼠們還為誰去往貓脖子上掛鈴鐺的事爭論不休呢！

現實生活中，面對各種困難，許多孩子就像故事中的老鼠一樣，要麼擺出一副運籌帷幄、決勝千里的架勢；要麼高談闊論，似乎所有問題在他們面前都可以輕易解決。然而，在具體執行中，就開始瞻前顧後、焦慮不安，不敢承擔責任，甚至退避三舍。

第三章　優秀素養締造優秀孩子

世界上最愚蠢的事情就是推卸眼前的責任，認為等到以後準備好了、條件成熟了再去做也不遲。其實，在需要有人承擔重大責任的時候，應該馬上站出來承擔，這才是最好的準備。如果平時不鍛鍊這樣去做，即使等到條件成熟了，也很難承擔起重任，很難做好重要的事情。

那麼，家長如何培養孩子的責任感呢？

✧ 以肯定的方式來樹立孩子的責任感。

✧ 父母在家中要為孩子樹立好的榜樣。

✧ 要求孩子做事有始有終。

✧ 讓孩子自己記下要做的事情，學會對自己的事情負責。

✧ 讓孩子對自己某些行為造成的不良後果設法補救。

✧ 讓孩子在挫折中學會承擔。

責任感是一個人日後能夠立足於社會、獲得事業成功與家庭幸福的至關重要的人格特質。托爾斯泰（Tolstoy）認為：「一個人若是沒有熱情，他將一事無成，而熱情的基點正是責任感。」不少研究表明，兒童階段是責任感形成和發展的關鍵時期。所以，家長應重視對孩子進行責任意識的培養。

▌恆心可以把困難嚇倒

做事有恆心是意志堅定的表現，有恆心的孩子往往容易獲得成功。相反，缺乏恆心的孩子常常會因為沒有堅持到底而錯過很多機會。

這是一片乾涸的土地，火辣辣的太陽炙烤著大地，大地上寸草不生。有一個年輕的旅客在這片土地上走了很久很久，他已經很長時間滴水未進了！這時，他發現地上居然還有一把鐵鍬，他欣喜若狂地停了下來，準

備挖一口水井。他挖呀挖，挖了很久很久，還是見不到一滴水，於是，他想：也許這個地方沒有水吧，我再這麼堅持只是在浪費時間！為了盡快找到水源，他又換了一個地方重新挖井找水……

就這樣，他挖了一個又一個坑，最終也沒有找到水源，他又渴又累，昏倒在地上。這時候，從遠處來了一位騎著駱駝的老人，老人在那個年輕人的身邊停下來，他拿起那把鐵鍬，在年輕人第一次挖掘的坑裡，又挖了起來，不一會兒，晶瑩的泉水就汩汩地冒了出來，老人用水壺裝上水，給年輕人餵了幾口水，年輕人慢慢甦醒了過來他驚異地望著那口冒水的井說：「為什麼我挖了很久就是不見水出來呢？」老人笑著說：「其實，只要再多堅持那麼一會，就會成功的！」

在我們的生活中，有很多人就像那個年輕人一樣，他們勇於嘗試，可卻因為不能堅持，所以一次又一次與成功失之交臂。

媽媽還可以為孩子講一則《農夫兒子學藝》的故事。

從前，有一位農夫，他一輩子吃了很多苦頭，卻沒有存下一分錢。有一天，農夫時兒子說：「孩子，為了你今後能少吃一點苦，你出去學一門手藝吧！」

兒子經過兩天的準備，帶著簡單的行李出門了。但是學習什麼手藝好呢？農夫的兒子拿不定主意，他想來想去，想到雨傘每個人都有用，於是就去跟師傅學習製作雨傘。等到他學成回家以後，他就開始賣起雨傘！農夫非常高興，以為自己的孩子總算是有出息了！可是，不巧的是，那段時間天總是不下雨，幾個月過去了，農夫兒子的傘也沒有賣出幾把，一氣之下，他就把製作傘的工具扔了，關了鋪子又重新學藝去了！

農夫兒子來到了街上，他看到很多人都在問水車在哪裡買，於是又開始去學習做水車，沒想到，等他學會以後，老天卻不停地下起雨來，一下

就是幾個星期。他只好重新購買了製作雨傘的工具，可是，等他剛做好幾把雨傘，天氣又放晴了！

農夫的兒子想，這些手藝都受天氣的影響，學點什麼手藝才能不受天氣影響呢？他總是舉棋不定，到最後，他什麼也沒有學會。這時候，農夫已經去世了，再也沒有人供他學藝，農夫的兒子只好回到田裡種起了莊稼！

農夫的兒子做什麼事情都只是淺嘗輒止，這山望著那山高，以至最終什麼也沒有得到！所以，我們無論做什麼事情都不能三心二意，下定決心做的事情，就應該堅持不懈地去努力，堅持到最後，才能獲得成功！

很久很久以前，地球上只有一個很大很大的坑，並沒有大海！後來，在最接近天空的高山上下起了一場非常非常大的雨，雨下了很長一段時間，雨水慢慢地匯成了小溪。小溪流呀流，遇到了大石頭，大石頭說：「小溪，小溪，你停下來歇歇吧！你這麼忙碌，這是準備流到哪裡去呢？」小溪說：「不能歇息，不能歇息，大地上還有一個大坑呢！我們準備去填滿那個大坑！」大石頭笑了：「你的水流這麼小，怎麼能填滿大坑呢？你別白忙了！」小溪太忙了，來不及回答大石頭的話，就頭也不回地走了！

小溪一路奔跑，它遇到了另外的一些小溪，於是就匯成了一條河流！河水流呀流，流到了一個沙漠裡，沙子說：「你們這些笨蛋，準備從我身上跑過去嗎？我會吸乾你們的！」河水說：「你吸不乾我們的，因為我們準備流到大坑去！」河水說著匆匆忙忙地走了，把吸飽水的沙子留在了沙漠裡！

河水嘩嘩地唱起歌，因為它終於看到了其他的河兄弟，它們緊緊地擁抱在一起，沖出了峽谷，一路飛奔而去，人們叫它「江」，江水多麼勇猛呀！它們帶了很多很多沙土，很多很多垃圾，一起沖進了那個世界上最大

的坑裡！最後，終於把那個坑填滿了！從此，世界上就有了海洋！

海洋的形成，歷盡了千辛萬苦！如果我們想成為一個有能耐的人，那麼就應該從小樹立一個堅定的目標，朝著這個目標勇往直前，就可以像小溪一樣，總有一天能變成大海！

要鍛鍊孩子的意志，增強孩子做事情的恆心，家長需要做到以下幾方面：

✧ 幫助孩子樹立正確的目標。恆心是建立在崇高的目標之上的，有遠大的理想，有明確的目標，才能立志勤勉，持之以恆，直至取得輝煌的成就。

✧ 幫孩子培養興趣，激發孩子堅持的動力。

✧ 教孩子做事情要由易入難。對毅力不太強的孩子來說，家長一定要讓孩子學會做事情從實際出發，由易入難。孩子不斷地體會到成功的滿足感，就更能培養做事的恆心！

✧ 與孩子共同經歷困苦。要堅持的事情，大多是枯燥無趣或困難的，因此，在孩子堅持的過程中，家長應該有意識地多關心孩子的想法和情緒波動，對症疏導，給予鼓勵。家長的信任是催化劑，能讓孩子有信心地去面對困難。

有恆心是一種積極的精神狀態！俗話說：「恆心是穿石的水滴，是礪劍的磨石、是登高的雲梯。而惰性和自卑則是恆心的腐蝕劑，它們能使恆心漸漸減弱直至蕩然無存。」愛迪生（Edison）說過「如果你希望成功，應該以恆心為朋友。」這些都深刻地說明了恆心的重要性！因此，如果希望孩子成功，恆心的培養是必不可少的。

第三章 優秀素養締造優秀孩子

▎勇敢的孩子最了不起

美國一家鐵路公司，有一位調車員叫尼克，他工作認真負責，不過有一個缺點，就是他對自己的人生很悲觀，常以否定的眼光去看世界。

有一天，同事們為了趕著去幫老闆過生日，都提早急急忙忙地走了。不巧的是，尼克不小心被關在了一輛冰櫃車裡，無法把門打開。

於是，他在冰櫃裡拚命地敲打著、叫喊著，可是除了他之外全公司的人都離開了，沒有一個人來幫他開門。

尼克的手敲得紅腫，喉嚨喊得沙啞，也沒有人理睬，最後他只得絕望地坐在地上喘息。他想，冰櫃裡的溫度在零下 20 度以下，如果再不出去肯定會被凍死的。他越想越可怕，最後只好用發抖的手，找來紙和筆，寫下了遺書。在遺書裡，他寫道：「我知道在這麼冷的冰櫃裡，我肯定會被凍死的，所以……」

當第二天公司職員打開冰櫃時，發現了尼克的屍體同事們感到十分驚訝，因為冰櫃裡的冷凍開關並沒有啟動，而這巨大的冰櫃裡也有足夠的氧氣，尼克竟然被「凍」死了！

其實，尼克並非真的死於冰櫃裡的低溫，驗屍報告也顯示其沒有被謀殺或急病猝死的可能。那麼，他是死於什麼原因呢？他是被自己的恐懼嚇死的！

可以說，很多孩子都崇拜勇敢，喜歡英雄。那麼，如何讓孩子真正告別膽小，受到勇敢氣息的薰陶，培養勇敢的素養呢？下面這則小山羊的故事就是最好的教材。

一隻小山羊在山坡上玩樂，牠手裡拿著一個漂亮的小風車。陣陣微風吹過，小風車就嘩啦啦地轉動著，好像在唱歌。這是小山羊最喜歡的玩具，小山羊看到周圍的草又青又嫩，就津津有味地吃起來，偶爾抬頭欣賞

勇敢的孩子最了不起

一下美麗的風景：藍天、白雲、綠草、清亮的小溪、在花叢中飛舞的蝴蝶……

小山羊追著蝴蝶，跑了很遠很遠。

牠跑著跑著，一不小心被地上的石頭絆了一跤，「啊！」牠趴在了地上，而那可愛的花蝴蝶已經飛到草叢裡了。

小山羊爬起來一看：哎呀！不好了！原來牠正好跌倒在草地上休息的野狼身邊。

野狼本來睡得正香，突然被小山羊的叫聲吵醒了。牠抬起頭一看，發現是隻小山羊。不過啊，牠睡覺之前才吃了一隻肥肥的野山雞，到現在肚子還是鼓鼓的。要不然，牠早就一口把小山羊吞下去了。

野狼悶聲悶氣地說：「是你呀，怎麼跑到我這裡來了，是來找死的嗎？」

小山羊嚇得臉都白了，哆哆嗦嗦地說：「對不起，把你吵醒了！」

「對不起？難道你不知道我的厲害嗎？」野狼凶狠地說。

小山羊更加緊張了，但牠不想讓野狼看出來。於是故作輕鬆地說：「我並不怕你」野狼吃驚地說：「你不怕我？如果你能說說對我的看法，我就不吃掉你，並且放你回家。」

「好吧，你聽好了！」小山羊說，「我知道你是最可恨、最凶惡的壞人，因為你總是傷害小動物。神一定會懲罰你的！」

野狼吃了一驚，很佩服小山羊的大膽和直言不諱。牠心裡有些害怕，就放了小山羊。小山羊拿著小風車，高高興興地走了，而野狼坐在那裡，愁眉苦臉的，正擔心自己是不是真的會遭到神的懲罰呢！

正是小山羊的勇敢，把野狼嚇退了。這就是勇敢的力量！

值得一提的是，孩子往往容易把勇敢和魯莽混淆。勇敢、魯莽，乍看

相似，卻本質不同：為了完成有益的事，不怕困難和危險，是勇敢；為表現自己，不顧後果地去做無益的事，是魯莽。勇敢過度，即成蠻勇。要教育孩子不要成為魯莽的人，媽媽可以為孩子講一則小松鼠的故事。

在一片茂密的森林裡，生活著許多無憂無慮的小動物。有一天，天空中突然劃過一道閃電，刺眼的電光擊中了森林中最大的一棵大樹，立即燃起了熊熊大火。這場森林大火一發不可收拾，火苗四處飛竄，席捲了森林中無數的樹木，威脅到所有小動物的生命安全

驚慌的動物們拚命向森林的外緣奔逃，希望能逃過這場劫難。只有一隻小松鼠非但不選擇逃跑，反倒不顧身地向著大火衝了過去。小松鼠在森林中一個即將被烈火烤乾的水塘中，將自己瘦小的身子完全沾溼，然後再衝進火場，拚命抖灑著身上沾附的水珠，希望能緩解正在毀滅森林的火勢。

這時，小松鼠的媽媽焦急地呼喊著小松鼠快快逃離，小松鼠勇敢地說：「媽媽，你不是說過要做一個勇敢的孩子嗎？我一定要憑著自己的努力，撲滅這場大火呀！」這時，一陣火焰撲來，小松鼠被熊熊的火焰吞沒了！松鼠媽媽難過地哭了！

「孩子，你要立志成為一個勇敢的人，而不是做一個不知天高地厚的人。魯莽地表現自己的勇敢行為是錯誤的，真正的勇敢在於面臨困難的時候，能夠勇於挑戰，戰勝困難，只有這樣的勇敢才是真正的勇敢。」媽媽一邊和孩子講故事一邊進行開導。

培養孩子的膽量，家長還需要做到：

✧ 創造一個溫馨祥和的家庭氣氛，讓孩子產生心理上的安全感。

✧ 在日常生活中，家長要處處注意培養孩子的獨立性、堅強的毅力和良好的生活習慣，鼓勵孩子去做力所能及的事情，讓他們學會自己照顧自己。

✧ 家長應該帶孩子到大自然中去，豐富孩子的視野，要讓孩子多接觸外界的事物，多認識世界，鼓勵孩子去探索與嘗試，從實踐中培養孩子的勇敢精神。

✧ 鼓勵孩子與人接觸交往。

✧ 當孩子對某件事物表現出恐懼時，家長應該針對事情的本質，有區別地教育和引導孩子了解並消除恐懼。

「勇敢減輕了命運的打擊」，這是古希臘哲學家德謨克利特（Demokritos）的名言。勇敢的孩子通常比較外向、健談、善於適應新環境、有探索精神，他們比膽小、內向、退縮的孩子更容易在社會上取得成就，也更容易在千變萬化、競爭激烈的社會中為自己爭得一席之地。

謙虛有助於孩子走得更遠

虛心使人進步，驕傲使人落後。孩子如果擁有了謙虛的素養，就能取得更大的成功與更多的輝煌。

媽媽不妨為孩子講著名科學家愛因斯坦的故事。

愛因斯坦是 20 世紀世界上最偉大的科學家之一，他的相對論以及他在物理學界其他方面的研究成果，留給世人一筆取之不盡、用之不竭的財富。然而，像他這樣偉大的人，在有生之年，依然在不斷地學習、研究，活到老，學到老。

有人去問愛因斯坦，說：「您在物理學界的成就已經是空前絕後了，何必還要孜孜不倦地學習呢？為何不舒舒服服地休息呢？」

愛因斯坦並沒有立即回答這個問題，他找來一枝筆、一張紙，在紙上畫上一個大圓和一個小圓，對那位年輕人說：「目前情況下，在物理學這個領域裡，我可能是懂得比你略多一些。正如你所知的是這個小圓，我所

知的是這個大圓一樣。然而，整個物理學知識是無邊無際的，對於小圓，它的周長較小，即與未知領域的接觸面小，他感受到自己的未知少；而大圓與外界接觸的這一周長較大，所以更感到自己的未知的東西很多，會更加努力地去探索。」那個人聽了，慚愧地低下了頭。

像愛因斯坦這樣有成就的人都覺得自己沒有「驕傲」的資本，我們又怎麼能自我滿足呢？懂得越少的人才會越驕傲，而懂得越多的人，越知道自己的不足，就會越努力、越謙虛。

張倍源是一家木材公司的推銷員，他多年與那些冷酷無情的木材審查員打交道，常常發生口舌，雖然最後的結果往往是他贏，但公司卻總是賠錢，為此，他決定改變策略，不再和別人發生口角。

有天早上，他辦公室的電話鈴響了，一個人急躁不安地在電話裡通知他說，木材公司給他的工廠運去的一車木材都不合格，他們已停止卸貨，要求張倍源立即把貨從他們的貨場運回去。原來在木材卸下四分之一時，他們的木材審查員報告說這批木材低於標準 50%，鑑於這種情況，他們拒絕接受木材。張倍源立刻動身向那家工廠趕去，一路上想著怎樣才能最妥當地應付這種局面。通常，在這種情況下，他一定會找來判別木材等級的標準規格據理力爭，根據自己作了多年木材審查員的經驗與知識，力圖使對方相信這些木材達到了標準，錯的是對方。然而，這次他決定改變做法，打算用最近學會的「謙遜」原則去處理問題。張倍源趕到現場，看見對方的採購員和審查員一副準備吵架的架勢。張倍源陪他們一起走到卸了一部分的貨車旁，詢問他們是否可以繼續卸貨，這樣張倍源可以看一下情況到底怎樣。張倍源還讓審查員像剛才那樣把要退的木材堆在一邊，把好的堆在另一邊。

看了一會兒，張倍源就發現，對方審查得過度嚴格，判錯了標準。因

為這種木材是白松。而審查員對硬木雖很內行，但卻不懂白松木。白松木恰好是張倍源的專長，不過，張倍源一點也沒有表示出反對對方的木材分類方式。相反，他一邊觀察一邊詢問問題，他在提問時顯得非常友好、合作，並說他們完全有權把不合格的木材挑出來。這樣一來，審查員變得客氣起來，他們之間的緊張開始消除。漸漸地，審查員整個態度都變了，他終於承認自己對白松木毫無經驗，開始對每一塊木料重新審查並虛心徵求張倍源的意見。

結果是他們接受了全部木材，張倍源拿到了全額的支票。

這個故事告訴我們：一個懂得謙虛的人是一個真正懂得積蓄力量的人，謙虛能夠避免給別人造成太張揚的印象，這樣的印象恰好能夠使一個人在生活、工作中不斷累積經驗與能力，最後達到成功的彼岸。

現在，讓我們透過一則寓言故事來看一看不謙虛、驕傲的後果吧！

鷹王和鷹后從遙遠的地方飛到遠離人類的森林裡。牠們打算在密林深處定居下來，於是就挑選了一棵又高又大、枝繁葉茂的橡樹，在最高的一根樹枝上開始築巢，準備夏天在這裡孵養後代。

鼴鼠聽到這個消息，大著膽子向鷹王提出警告：「這棵橡樹不是安全的住所，它的根幾乎爛光了，隨時都有倒掉的危險。你們最好不要在這裡築巢。」

「嘿，這真是怪事！老鷹還需要鼴鼠來提醒嗎？你們這些躲在洞裡的傢伙，難道敢否認老鷹的眼睛是銳利的嗎？鼴鼠是什麼東西，竟然膽敢跑出來干涉鷹王的事情！」鷹王根本聽不進鼴鼠的勸告，立刻動手築巢，當天全家就搬了進去。

不久，鷹后孵出了一窩可愛的小鷹。

一天早晨，太陽升起的時候，外出打獵的鷹王帶著豐盛的早餐飛回家

來。然而，那棵橡樹已經倒掉了，牠的鷹后和子女全部摔死了。

看見眼前的情景，鷹王悲痛不已，牠放聲大哭道：「我多麼不幸啊！我把最好的忠告當成了耳邊風，所以，命運就給予我這樣嚴厲的懲罰。我從來不曾料到，一隻鼴鼠的警告竟會是這樣準確，真是怪事！」

「輕視從下面來的忠告是愚蠢的，」謙恭的鼴鼠答道，「你想一想，我就在地底下打洞，和樹根十分接近，樹根是好是壞，有誰會比我知道得更清楚呢？」

一個人一定要學會聽從別人的勸告，不要因為自己比別人強，就看不起別人，否則，往往會落個可悲的下場。切記，一個人只有謙虛、不驕傲，才會在人生的道路上不斷取得突破。

性格豪放者心胸必然豁達，壯志無邊者思想必然激烈，思想激烈者必然容易觸怒世俗和所謂的權威。所以，社會往往要求成大事者能夠隱忍不發，謙虛做人。同樣，一個孩子的潛能無論有多大，如果一旦滿足於現狀，就會容易目中無人，滯步不前。身為家長，一定要培養孩子謙遜的素養。

▎懶惰是成功最大的敵人

某個靈魂問上帝：「你能把我變成世間最好的東西嗎？」

上帝慈祥地說：「去做人吧！人是世間最好的了！」

「做人？要做事情嗎？痛苦嗎？有危險嗎？」靈魂擔心地問。

「人間充滿了真情與溫暖」上帝說，「不過也免不了要受一些苦，當然，更需要付出勞動。就像人類說的，一分付出才有一分收穫！」

「天哪，那也太辛苦、太可怕了！有比做人更好的選擇嗎？」

「那就做馬吧！」上帝盡量滿足他。

懶惰是成功最大的敵人

「做馬需要像做人一樣有危險和痛苦嗎？」

「沒有，」上帝解釋道，「但是牠要受人驅使、被人鞭笞甚至宰割，還要幫助人做事！」

「上帝呀！」靈魂大聲叫道，「這更糟糕，還是換個沒有生命的物品吧！」

「搓板如何？」

「有痛苦嗎？」

「為洗盡別人，要磨平自己！」

「那太倒楣了，能再換一個嗎？」

「做傘吧！」上帝始終耐著性子，「它為人們擋雨遮陽，進了屋就收於一旁，默默無聞是最好的！」

「我要榮譽，能不能讓我既不需要勞動又不需要忍受痛苦，當然，還能夠得到榮耀呢……」

「別說了！」上帝終於忍無可忍了，他說：「那你從哪裡來就回到哪裡去吧！我無法滿足你的要求！」

有些家庭的物質條件變好了，所以家長總以為吃苦我這一代吃夠了，該讓孩子少受一點苦。在家中，家長把孩子的生活照顧的無微不至，小到穿衣、穿襪，大到幫忙寫作業。這樣的結果導致許多孩子生活難以自理，養成了懶惰、依賴他人、不喜歡動腦等不良的習慣，這對孩子的成長是非常不好的。

下面這則《勤勞哥哥和懶惰弟弟》的故事就是最好的例證。

從前，在一個偏僻的小山村裡，住著一對兄弟，哥哥叫勤勞，弟弟叫懶惰。他們的父母很早就去世了，只留下兄弟倆相依為命過日子，不知不覺，已過去了十年，兄弟倆都已長大成人。

第三章　優秀素養締造優秀孩子

　　有一天，他們商量說：「我們整天待在這個山上，不會有多大出息，還是出去闖蕩吧！」於是，兄弟倆就分頭出發了，勤勞來到了一個大城市裡，顧不上疲勞，就開始找工作，他來到了一個染布坊裡，當起了學徒。每天，天剛亮，他就起床，裡裡外外打掃得乾乾淨淨，為主人燒好茶水，然後開始做起了染布的工作。

　　這樣持續了三年，主人見他勤勞淳樸，就把自己這門祖傳的染布絕技傳授給了他。但是，勤勞並沒有滿足，而是繼續苦心鑽研，對染布的技藝做了改良。皇天不負苦心人，他所染的布不僅色彩搭配得當，而且不會褪色。深受顧客歡迎，暢銷各地。可是勤勞並沒有驕傲自滿，依舊謙虛誠懇地對待別人，勤勤懇懇地工作。主人對他非常滿意，就把自己美麗的獨生女兒許配給他，並把染布坊也交給了他去管理。由於勤勞對外以誠信經商，對內善待下屬，沒幾年，就成了一位成功的商人。

　　而弟弟懶惰就不同了。他來到了京城，開始也像哥哥一樣，先在一個雜貨店裡當上了學徒。可是好景不常，主人因為他懶惰散漫而把他開除了。他流浪在街頭，心灰意冷。正在這時，他看到前面有一家賭場，裡面熱鬧非凡他摸了摸口袋裡的幾百錢，心想：「做學徒這麼吃力，還不如去碰運氣，或許能贏些錢，這樣既省力又能過上好日子。」於是，他就走了進去。他的運氣特別好，一下子就贏了幾十兩銀子，他嘗到了甜頭，從此一發不可收，整天沉醉在賭博之中，老天爺似乎對他特別好，他幾乎逢賭必贏，靠賭博贏了許多錢，成了一個遠近聞名的賭王。他開起了賭場，整天花天酒地。但是，運氣也不可能永遠垂青於他，終於，有一天他輸得很慘，不僅輸光了自己所有的家產，而且還欠了許多債，他又重新流落街頭，過起了流浪生活。

　　「冰凍三尺，非一日之寒」，孩子懶惰的習慣是逐漸累積而成的，如

懶惰是成功最大的敵人

果想讓自己的孩子變得不再懶惰，就應該重新調整自己的教育方式，讓孩子在正確的教育下變得勤快起來。

有一位農夫，他只有很小的一塊田地，但是他卻非常珍惜，一直都很認真地耕種。有一年，他的收成很不好，到了春耕的時候只剩下一小袋種子，他視如珍寶，播種的當天，天剛一亮，他就從床上爬起來，來到了他那塊田裡，他十分小心，生怕遺失了每一粒種子。到了正午時分，太陽毒辣辣地烘烤著他的脊背，他感到很疲乏，便停下來在樹旁休息。當他坐下的時候，一把種子突然從袋子裡灑了出來，掉到了樹幹下的一棵樹洞裡。雖然只是一點種子，但對這個農夫來講，每一粒種子都是寶貴的，遺失了都是損失。

農夫心疼不已，他拿著鏟子，開始挖這棵樹的樹根。天氣越來越熱，汗水沿著他的脊背和眉毛滴了下來，但他還是不停地挖。當他終於挖到種子時，他發現它們掉在了一個被埋著的盒子上面。他撿起了種子，又順便打開了那個盒子，在打開的那一刻，他驚呆了，原來盒子裡裝滿了黃金，那些寶貝足夠讓他過完下半輩子。

從此以後，這個原本貧窮的農夫成了一個富有的人，當人們對他說：「你真是世界上最幸運的人。」

他卻笑著說：「不錯，我是很幸運，但這些都源於我的辛勤勞作和對種子的珍惜。」

這則故事蘊涵了一個簡單的道理：意外的報酬源於辛勤的勞作！

俗話說：「業精於勤而荒於嬉。」勤奮自古以來便被人們推崇和讚美，它能給人們帶來累累碩果；而懶惰則只會遭到他人的鄙視，最終使人一事無成。身為家長，一定要引導孩子克服懶惰的不良習性，培養孩子勤勞的品格。孩子擁有了勤勞的素養，就等於掌握了打開成功大門的鑰匙。

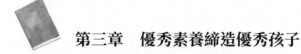

再富也要「窮養」孩子

　　越來越多的家長對「節儉」的概念開始淡漠了，以為「節儉」不過是過時的語詞。事實上，美德是永遠不會過時的。如果你的孩子養成了節儉的美德，那麼就意味著孩子具有自制欲望的能力，意味著他們已經懂得主宰自己的人生。反之，孩子今後的生活能力就會令人擔憂了。

　　從前，在一座城堡裡住著一位美麗的公主，她雖然很漂亮，卻非常懶散，每當要她紡線的時候，公主總是很不耐煩，她總是毛毛躁躁地做事情，心裡想的卻是玩的時候。放線時，只要麻線裡有一個疙瘩，她立刻就會把整團麻線扯出來，往地下一扔就不要了。

　　公主有一個勤勞節約的侍女，這位侍女每次都會把公主扔掉的亂麻撿起來，洗乾淨，搓成細細的麻線，然後用它們織出了一件漂亮的裙子⋯⋯

　　有一天，侍女穿著那件用公主扔掉的亂麻織成的裙子在花園裡採花的時候，一個年輕的王子出現在她面前，王子說：「你一定是這個王國的公主吧，請你嫁給我吧！」

　　侍女嚇了一大跳，連忙否認：「不，不，我不是公主，我們的公主在她的臥室裡待著呢。」

　　王子說：「不是公主也沒有關係，我愛上的是你，你看你的衣服織得多漂亮呀！一個勤勞的侍女比一個懶惰的公主好上一千倍。」

　　於是，侍女跟著這個王子來到了他的國家，跟王子過上了幸福、美好的日子。待在臥室裡的公主可能始終都不會知道，自己扔掉的「亂麻」竟是「幸福」。

　　一個明智和懂得勤儉節約的人，往往會有意想不到的收穫。

　　石油大王洛克斐勒（Rockefeller）一生至少賺了數十億美元，他是當時全球範圍內絕無僅有的富翁，但洛克斐勒卻是一個非常節約的人。

再富也要「窮養」孩子

　　洛克斐勒常到一家熟識的餐廳用餐，每次餐後，他總會給服務生 15 分的錢作為小費。

　　有一次，不知什麼緣故，洛克斐勒只給了服務生 5 分錢的小費，服務生早就對這位小氣的大富豪不滿了，見這次小費比以前更少了，不禁埋怨道：「如果我像你那麼有錢的話，我絕不會吝惜那一毛錢」洛克斐勒聽後並沒有生氣，他笑了笑說：「這就是你為何一輩子都要當服務生的緣故。」

　　洛克斐勒不僅自己節儉，而且從小就對他的兒女們灌輸自己的價值觀。洛克斐勒從不讓孩子們知道自己是個大富翁，他的幾個孩子在長大成人之前，從沒去過他的辦公室和工廠。

　　有意思的是，洛克斐勒還在家裡做了一套虛擬的「市場經濟」運行法則，稱他的妻子為「總經理」，要求孩子們認真記帳。孩子們靠做家事來賺零用錢：打蒼蠅 2 分錢，削鉛筆 1 角錢，練琴每小時 5 分錢，修復花瓶則能賺 1 元，一天不吃糖可得 2 分錢，第二天還不吃獎勵 1 角錢，每拔出菜地裡 10 根雜草可以賺到 1 分錢，唯一的男孩小約翰劈柴的報酬是每小時 1 角 5 分錢，保持院裡小路乾淨每天是 1 角錢。

　　洛克斐勒為自己能把孩子培養成小小的家事勞動力感到很得意，他曾指著 13 歲的女兒對別人說：「這個小女孩已經開始賺錢了，你根本想像不到她是怎麼賺的，我聽說煤氣用得仔細，費用就可以降下來，便告訴她每月從目前的帳單上節約下來的錢都歸她。於是她每天晚上四處巡視，看到沒人用的煤氣燈，就去把它關小一點。」

　　洛克斐勒不厭其煩地教育孩子們勤儉節約，每當家裡收到包裹，他總是把包裹紙和繩子保存起來以備日後使用。為了讓孩子們學會相互謙讓，洛克斐勒只買一輛自行車給 4 個孩子。小約翰長大後曾不好意思地承認

說，自己在 8 歲以前穿的全是裙子，因為他在家裡最小，而前面三個都是女孩子。

小處不節約，大處必浪費。如果沒有如此節儉的精神，就沒有今天世界 500 強的美孚（Mobil）石油集團。洛克斐勒以身作則，帶頭樹立節儉的好習慣，影響了一代又一代的企業員工，也正是有了企業全體員工的共同節約行為，才成就了美孚公司這個財力雄厚的全球石油巨頭。

透過以上的故事可知，節儉是多麼重要。除此外，家長還應這樣做：

第一，家長要給孩子樹立榜樣。家長自身要保持儉樸的美德和艱苦奮鬥的精神，注重自己的一言一行對孩子潛移默化的影響。家長不要以為現在生活條件好了，不必向孩子進行什麼艱苦樸素的教育了，其實，在孩子吃的用的穿的上，重要的是及時保證孩子健康成長的需要就行了，不必揮霍無度。有的家長跟著電視廣告走，在孩子吃的用的穿的上追求名牌、高檔，這樣不利於培養孩子的艱苦奮鬥的精神。

第二，讓孩子懂得糧食來之不易。現在許多孩子都不知道糧食如何來之不易，只知道有錢就可以買到很多糧食。建議家長有機會帶孩子去農村看看，體驗一下農夫是怎樣播種、鋤草、施肥、澆水的，讓孩子懂得「粒粒皆辛苦」的道理。

第三，多給孩子講賺錢的艱辛。這樣可以讓孩子懂得生活的苦澀，培養孩子的儉樸素養。

總之，「成由儉，敗由奢」，如果孩子從小沒有養成勤儉節約的好習慣，將來長大了就會更鋪張浪費，後果將不堪設想。節約是傳統美德，也是歷代崇尚的觀念。千年古訓「侈而惰者貧，力而儉者富」家喻戶曉，根植於每個人的心田。孩子是未來和希望，社會要發展，國家要強大，就要有一批接著一批一代繼承一代的艱苦奮鬥、勤儉創業者。

▌守信的孩子才享有盛譽

　　守信的意思是說一個人要遵守諾言、不虛偽欺詐。「言必信，行必果」、「一言既出，駟馬難追」這些流傳了千百年的古話，都形象地表達了誠實守信的素養。幾千年的文明史中，人們不但為誠實守信的美德大唱頌歌，而且努力地身體力行。

　　有個「自食其言」的故事：

　　春秋戰國時期，魯哀公的身邊有一個重臣叫孟武伯，他有一個最大的毛病，就是說話不算數。因此，魯哀公對他很不滿。一天，哀公舉行宴會招待群臣，孟武伯和哀公的寵臣鄭重也參加這次宴會。孟武伯向來不喜歡鄭重，在宴會上藉機出鄭重的洋相，便問道：「鄭先生怎麼長得越來越胖了？」哀公聽到後，便插嘴道：「一個人常常吃掉自己的諾言，當然會長肥呀！」在座的大臣一聽就知道哀公並不是批評鄭重，是在暗中指責孟武伯說話不算數。

　　由此可見，一個人誠實有信，自然得道多助，能獲得大家的尊重和友誼。反過來，如果貪圖一時的安逸或小便宜，信口開河，毫不在乎別人的感受，表面上是省了事，但為了省事，也會毀了自己的聲譽甚至生命。不信，請看下面的故事。

　　一個波斯商人要外出經商，一天，他把一百斤鐵寄存在他的鄰居家裡，回來之後他問鄰居：「我的鐵呢？」

　　「你的鐵？很抱歉，我要告訴你，沒有了。一隻老鼠把它都吃光了。我責備我的僕人，但又有什麼辦法呢？倉庫總是會有洞的。」

　　這一奇蹟使得商人驚嘆不止，不過他還是裝作很相信的樣子。

　　過了幾天，他把這個不守信用的鄰居的兒子騙去藏了起來，之後又去

請當父親的來吃飯。父親謝絕了。他哭著說：「我請你別請我吃飯，我什麼好心情也沒有了，我愛兒子勝於愛我的生命，我只有這麼一個兒子。我說什麼呢？唉，我失去了他！有人把他從我這裡拐走了。你可憐可憐我的苦命吧！」

商人馬上回答說：「昨晚黃昏時分，夜色朦朧，一隻貓頭鷹來把你的兒子劫到一所破房子裡去了。我看見牠馱著他。」

父親說：「你怎麼能夠使我相信一隻貓頭鷹能馱走這樣沉的獵物？必要的時候，倒是我兒子可以逮住貓頭鷹。」

「我不用對你說這是為什麼。」商人接著說，「不過，總之我是看到了。我親眼看到的，我就這樣告訴你。至於我說了之後你是否相信，那我就管不著了。要是一隻老鼠能夠吃光一百公斤的鐵，那麼貓頭鷹能夠劫走一個重達五十公斤的孩子，你又何必覺得奇怪呢？」

於是鄰居這才明白了這次孩子假失蹤的真正原因，就把鐵歸還給商人，而商人也把孩子還給了他。

一個不守信用的人，無疑是搬起石頭砸自己的腳。如果不守信用，欺騙他人，他人也可以用同樣的方式來對待你，這就是不守信用的後果。

此外，家長還應教會孩子以下這些細節：

答應別人的事要兌現，如果經過再三努力仍沒有做到，應誠懇地說明原因，表示歉意。

同時，在答應別人之前，要慎重考慮自己有沒有能力和把握做到，對不能做到的，就不要輕易答應；對比較有把握可以做到的，也應留有餘地，不要全包。

「言必有信，一諾千金。」當今社會是一個合作的社會，與人合作，最重要的是信譽。一個恪守信用，對自己的話能承擔責任的人不但能贏得

他人的信任，還能為自己贏得更多的機遇。相反，一個不守信用的人，遲早會失去他人的信任，從而導致信譽危機，這樣的人是很難在社會上立足的。

第三章　優秀素養締造優秀孩子

第四章　成也性梏，敗也性格

　　一位哲人說：「一個人的命運就在他的性格中，一個人的一生是否有所作為，是否幸福，起決定性作用的還是他的性格。」事實正是如此，在工作和生活中，好的性格成就一個人，而壞的性格則可能毀掉一個人。對於孩子來說，性格是可優化、可培養的。因為孩子的心靈就是一塊神奇的土地，播種一種思想，就會收穫一種行為；播種一種行為，就會收穫一種習慣；播種一種習慣，就會收穫一種性格；播種一種性格，就會收穫一種命運。

第四章　成也性格，敗也性格

▌良好性格成就孩子一生

美國前總統尼克森（Nixon）說：「對一個人來說，真正重要的不是他的背景、他的膚色、他的種族或是他的宗教信仰，而是他的性格。」

投資銀行一代宗師 J‧P‧摩根（John Pierpont Morgan）用他自身的實例證實了性格對於個人的成功與發展的重要意義。他說：「資本比資金重要，但最重要的還是性格。」事實正是如此，翻開摩根的奮鬥史，我們會發現，無論他慧眼識別無名小卒的建議大辦鋼鐵托拉斯計畫，還是力排眾議，冒著生命危險推行全國鐵路聯合，都是由於他倔強和勇於創新的性格。排除這一條，恐怕有再多的資本也無法開創投資銀行這一偉大的開創性的事業。

性格真的可以主宰一個人的命運嗎？讓我們來看看美國著名的心理學家愛德華‧托爾曼（Edward Chace Tolman）做的實驗：

20 世紀初，托爾曼和助手在 25 萬兒童中挑選了 1,528 位智力較高的孩子，測定這些孩子的智商和素養，一一記錄在案。然後對這些孩子進行長期的觀察和追蹤研究。他想證實，是不是聰明的孩子都能在今後的人生中取得卓越的成就，幾十年過去了，托爾曼發現當初挑選的這 1,528 個人中，有大多數的人在事業上取得了不同程度的成功，但也有一些人窮困潦倒、一事無成，更有一些人成了流浪漢甚至罪犯……

托爾曼百思不知其解：為什麼同樣是聰明的孩子，幾十年後竟產生如此之大的區別呢？

經過進一步的調查研究，托爾曼了解到，排除機遇等社會因素外，這些失敗者有著共同的特點，就是他們都具有某些不良的性格特質，如：有的意志薄弱，有的驕傲自滿，有的孤僻，不善處理人際關係，還有的缺乏

進取精神……毫無疑問，正是這些無形的殺手，極大地損害了這些「聰明人」的前途，影響了他們的人生。

放眼當今政壇或商界的風雲人物，無一不擁有與人為善、溫和、勇於進取、百折不撓、堅毅頑強的性格。我們無法想像，巴拉克‧歐巴馬（Barack Obama）如果沒有堅毅頑強的性格，他如何能夠戰勝約翰‧麥凱恩（John Mccain）登上總統的寶座；李嘉誠如果沒有溫和、吃苦耐勞、自強不息的性格，他何以能夠叱吒商場，成為商界令人仰慕的對象……

春夏秋冬，四季輪換交替，這是千古不變的規律。儘管如此，四季之間的紛爭和糾葛也從不停息。

春天到了，冬天不情願退讓，它還在吹鬍子瞪眼睛，耍威風，擺架子，它時而鼓動風，颼颼地吹散回暖的溫度；時而唆使雲，密密地遮擋和煦的陽光。冬天的個性就這麼固執，不讓人們輕易忘記它的嚴寒：

春天不跟冬天較勁，因為，春天知道，萬物復甦的力量勢不可擋，冬天再怎麼堅持，也只能苟延幾天，所以，任憑冬天大發淫威，春天依然微笑著和它相處，在相安無事中與它道別。

夏天個性霸道，儘管還不到輪換的時間，它就早早地登場了。春天也不跟夏天較勁。因為春天知道，夏天一向不守四季的規矩。夏天不但搶占春季的時間，也侵占秋季的地盤。

春季個性隨和，因為它最自信。在廣袤的大地，表面上冬天嚴寒肆虐，夏天酷暑橫行，可是春天知道，人們在心裡總是嚮往春天，並且採取很多辦法對付冬天和夏天。在嚴寒的冬日，用爐火、暖氣可以烘托出春天的溫柔。到了夏天，人們又搭起涼棚，使用空調，把春天的愜意留在家家戶戶。

春天隨和，與世無爭因此，春天備受歡迎和呵護，春天無時不在，無處不在。

第四章　成也性格，敗也性格

從長遠的角度來看，孩子溫和的性格是好的，但是卻也不能過於溫和，要像春天一樣，隨和而自信，能給周圍的人帶來溫暖，更要能盛開自信之花，只有萬紫千紅才算是春天。

對於孩子來說，性格是他們成就一切的基礎。良好的性格，不僅能給孩子帶來自信與融洽的人際關係，更能引領孩子在逆境中坦然地積極面對，並且不懈努力，取得成功；不良的性格只會讓孩子多走彎路，受盡挫折，甚至在關鍵時刻毀掉自己的一生，導致悲劇性的結局。

現實生活中，就有這麼一個故事：

有兩個男孩，他們有著同樣的社會背景和家庭環境，有著同樣的聰明才智。上學以後，他們也都不可避免地在生活和學習中經歷了各種挫折與失敗。每當在學習中遇到困難、學業成績不理想或者遭遇到老師的誤解時，第一個孩子總會嘗試著靜下心來，尋找癥結，找到解決問題的方法；而第二個孩子恰恰相反，他會逃避失敗，抑或狠狠地詛咒老師，認為是老師的不公平造成了他成績的不理想。

積極與消極的性格特質也給這兩個看似相同的孩子帶來了不同的命運，一次，發生了地震，兩個孩子都被埋在廢墟下他們周圍沒有人，沒有食物，只能等外面的救援第一個孩子表現得很冷靜，他盡量減少活動，保持體力和足夠的氧氣，然後用磚頭不斷地敲擊樓板，發出救援的訊號；而第二個孩子當時就嚇壞了，他絕望地哭了起來。等救援隊找到他們時，第一個孩子仍然頑強地活著，第二個孩子卻已離開了這個世界，事實上，這樣的例子並不鮮見。性格決定行為，而行為則成就人生。因此，要想讓孩子擁有一個精彩的人生、獲得幸福、美滿的生活，家長應該從小幫助孩子克服自身的性格弱點，發揮性格中的優勢，運用性格的力量，改變自己的人生。

　　一個擁有良好性格的孩子能在人群裡做到談笑自如，幽默得體，贏得他人的喜愛，能在困境面前百折不撓、毫不屈服。這樣的孩子，不但能夠迅速走進別人的心靈，為自己贏得更多的友誼與喝采，更能用自身的人格魅力打動別人，保證使自己立於不敗之地。

　　時下，更多的家長關心的是孩子的智慧開發與培養。可家長們似乎忽視了一點：人的智慧開發是否全面，是否適合，只決定智力的高低，並不能決定孩子在今後的人生中的成就。相反，人的性格素養如何，卻決定了孩子未來的命運。優良的性格素養是孩子成長道路上的最積極因素，而不良的性格乃至惡習對孩子的成長則是破壞性的。因此，要想使孩子擁有美好的人生，家長應從小幫助孩子培養良好的性格。

▋找把鑰匙打開孤僻心鎖

　　孤僻是一個無聲陰暗的世界，每個人都會出現孤僻的狀態，或短或長，短時間的孤僻是正常的，而長時間的孤僻就會讓孩子的心靈世界變得陰冷、淡漠，缺乏熱情，充滿猜疑戒備進而失去活力。

　　有一隻叫「孤僻」的狗，無意中闖進了一間舞蹈教室。教室的四壁都鑲嵌著玻璃鏡子，照映出狗的無數個影子。

　　看到這麼多狗突然同時出現，這隻孤僻狗大吃一驚，牠本能地退縮了一下，齜牙咧嘴，發出陣陣低沉的吼聲。鏡子裡所有狗也不約而同地退縮了一下，一個個齜牙咧嘴，而舞蹈教室裡也響起了狗吠的回聲。

　　這隻孤僻的狗開始驚慌失措起來，牠抗拒著、掙扎著……在屋子裡亂蹦亂跳，越來越瘋狂、越來越混亂……直到牠因為體力透支和絕望而昏迷了過去。

　　我們或許以為孤僻最後只會導致孩子過於自我，但是沒有想到孤僻會

第四章 成也性格，敗也性格

使孩子失去自我，連自己都看不清楚自己是誰，最後被自己擊敗。

對於孤僻孩子的媽媽來說，和孩子講一則《貓咪不再孤僻》的故事，一定會獲得不錯的效果。

貓爸爸和貓媽媽有個可愛的女兒小貓咪，可是小貓咪的性格很孤僻，而貓爸爸，貓媽媽都是熱情的人，家裡經常有客人來，可是小貓咪見有客人來了，只是打個招呼，就又自己獨自玩去了。

一天，猴爸爸，猴媽媽和小猴藍藍來到小貓咪家做客。貓爸爸和貓媽媽都熱情招待，牠們聊得很熱絡，而小貓咪只過去說了聲：「猴大伯，猴大媽，你們好！」就獨自一個人玩牠的玩具了，連小猴藍藍都不理。這時，小猴藍藍過來對小貓咪說：「我可以跟你一起玩嗎？」小貓咪想，拒絕也不好，只好很不情願地將牠的兩個玩具遞給小猴藍藍，並說：「你要小心點，這些是媽媽幫我買的，如果弄壞了，你要賠我。」這時貓媽媽走過來溫和地說：「沒關係！盡情玩吧！玩壞了也沒關係。」

不一會兒，只聽見小貓咪哭了起來，貓媽媽、貓爸爸、猴媽媽、猴爸爸聞聲趕來，只見小貓咪告狀，說小猴藍藍欺負牠，還搶了牠的小汽車在地上玩。「嗚嗚……」小猴藍藍忙說：「不是這樣的，是我見小貓咪的小汽車很漂亮，想借玩一下，從小貓咪手裡拿起小汽車，小貓咪不開心，就自己在地上哭了起來。」貓媽媽急忙說：「你看你，還是那麼小氣，以後還有誰會跟你一起玩呢？」

每次小貓咪在家玩膩了，就跑到貓奶奶家裡，聽奶奶講故事，玩奶奶為牠縫製的布娃娃，由於奶奶行走不方便，只能待在家裡為小貓咪講故事，每次有小朋友來約牠出去玩時，牠都說：「我正在聽奶奶講故事，我不去了！」久而久之，小朋友們也不想約牠玩了。一次，在去奶奶家的路上看到一隻孤單的小蝸牛在石頭上休息，牠見到了，想到很像自己，急得

大哭起來，還哭著要找媽媽。

晚上，牠躺在床上翻來覆去，怎麼也睡不著，牠忽然感到自己很孤獨，連一起玩的朋友都沒有，就傷心地哭泣起來。

第二天早上起來，牠匆忙地和爸爸媽媽打過招呼後，就出去想找朋友們玩了，走了好久，都沒有看到一個朋友，正打算失望回家時，突然，看到不遠處小白兔正在玩球，牠可樂了，就跑過去對小白兔說：「兔妹妹，我可以跟你一起玩嗎？」

小白兔高興地說：「可以啊！」正當牠們玩得高興的時候，小豬黑黑也過來說：「我可以玩嗎？」而小貓咪卻帶著懷疑的眼光看著小豬黑黑說：「你這麼笨手笨腳的，能傳球嗎？」小豬黑黑每次傳球都由於太用力，以至於小貓咪連一個球也接不到，這時牠就更氣了，便說道：「你這豬腦袋，用這麼大的力氣，是不是故意針對我呀？」

小豬為難地說：「不是的！不是的！」小白兔忙解釋說：「既然小豬的力氣大，就讓牠退後一點，不就可以接到球了嗎？」小豬黑黑也說：「是啊！是啊！這樣你就可以接住我的球了。」於是，牠們又玩了起來，這時，小熊灰灰也走過來，也說想和牠們一起玩，可是每次都是小貓咪嫌這嫌那的，一會說小熊大手大腳的，一會又說大夥們故意針對牠，讓牠接不到球，於是大夥說：「既然你要求這麼多，那你自己玩吧！」說完大家就都走了，草坪上只剩下小貓咪一個人了，這時候，牠意識到了自己的錯誤，於是下決心，明天一早向大家道歉，請牠們原諒自己，想到這，牠心裡舒暢了許多。

第三天，小貓咪正打算對昨天的事向朋友道歉，而朋友們也早已不記得此事，原諒了牠，這時，小貓咪主動對大家提議說：「我們一起玩遊戲吧！」這時，小猴藍藍、小狗花花也都跑了過來，於是大家建議玩捉迷

藏。大家也一致推薦小貓咪找牠們，小貓咪也很樂意，不一會兒，大家藏好了，小貓咪也信心十足地向草叢走去，因為牠已經看見小狗的尾巴在草叢裡擺呀擺，牠心裡樂著想，小狗藏起來也會露出尾巴，哈哈，牠跑過去一下抓住了小狗的尾巴，這時，小花狗從不遠處跑了過來，說：「我在這裡呢！」小貓咪手裡抓住的只不過是一根狗尾草，這也難怪，牠出來玩得少，連狗尾草跟狗尾巴都分不清。

從那以後，小貓咪再也不孤單了，越來越快樂，因為牠展開了心扉，也交到了許多朋友，漸漸地牠明白了一個道理，朋友之間要互相包容，彼此忍讓，以真誠的心待人。

面對孤僻的孩子，媽媽不要慌，用故事來開導孩子，一定會讓他變得開朗、活潑起來。

有作家說過：「世界上沒有一朵鮮花不美麗，也沒有一個孩子不可愛。在任何一個孩子的心靈深處，都有著一個無限豐富而美好的世界在等待著我們去開發。」我們應精心地培育、呵護、開發身邊的每一朵花。如果發現孩子的心裡有一把鎖，把活潑開朗鎖在裡面，不管我們怎麼樣去培育、呵護、開發，可孩子還是緊閉心扉，那要怎樣去開啟孩子孤單的心門呢？一個字——愛！

▎急於求成只會事與願違

急於求成，恨不能一日千里，往往事與願違，沒有人不知道這個道理，我們也屢次告知孩子，但是很多孩子卻總是在事情發生時卻不能放慢腳步。歷史上的很多名人都曾犯過這樣的錯誤，但在錯誤之後便悟出了成功的真諦。

宋朝的朱熹非常聰明，他十五六歲就開始研究禪學，然而到了中年時

才感覺到，速成不是創作良方，必須經過一番苦功後才能有所成就，最後他便以十六字真言對「欲速則不達」作了一番精彩的詮釋：「寧詳毋略，寧近毋遠，寧下毋高，寧拙毋巧。」這也是我們養兒育女放諸四海皆準的金玉良言。

有一個性格急躁的年輕人，因為每次急於求成反倒屢試屢敗，最後他向天哭訴道：「上帝呀！為什麼要這樣折磨我呢？生出我這樣性格的人，上帝呀！你救救我吧！」

上帝果然出現了，告訴他只要他能完成一個任務，他的性格就可以改變，那就是牽著蝸牛的手，出去散步。

年輕人哭訴道：「你就別折磨我了，我要是能牽著蝸牛的手散步，我也不用來求你了！」

上帝嘆了一口氣，說：「既然你不想做，那我也救不了你，回去吧，孩子！」

他似乎感覺到上帝不是在騙他，如果真能牽著蝸牛的手散步，上帝就能改變自己的性格，於是他便問：「如果我真牽著蝸牛的手散步了，你能答應我把我急躁的性格改變嗎？」

上帝笑了起來，說：「君子一言，駟馬難追，要不然和你打勾勾。」上帝伸出小拇指示意著。

「那我就相信你一次，那我要跟蝸牛散步多長時間？」

上帝見年輕人還是那樣急躁，於是便搖了搖頭，說：「你只要牽著牠的手，在這個花園裡繞一圈，你的性格就可以改變。」

「君子一言。」那人看了看這個小花園，於是便立志要牽著蝸牛的手走完牠。

「駟馬難追。」上帝說完便把蝸牛放到他的身邊，笑著離開了。

第四章　成也性格，敗也性格

他拉著蝸牛的手，想快點，可是蝸牛總是一小步一小步地慢慢挪動，他對蝸牛說：「老兄，麻煩你走快點，幫幫我好嗎？」

蝸牛用抱歉的眼光看著他，說：「我已經盡全力了，我也想幫你，我也想走快點，因為上帝也答應了我，只要我跟上你的節奏，我就能成為蝸牛國的國王。」

他拉著蝸牛，扯著牠，甚至想抱著牠，他看到蝸牛流著汗，喘著氣，往前爬。嘆了口氣，說：「真奇怪，為什麼上帝要我牽著一隻蝸牛去散步？」

「上帝啊！你為什麼要我牽著一隻蝸牛散步呢？」

上帝早已經離開了，沒有回答他。

算了吧，上帝都已經走了，即便我走完一圈也不會兌現他的承諾。他想著便想放手，蝸牛卻緊緊握住他的手，示意他去看著花園的風景。「如果你嫌我走得慢，為什麼你不懂得放慢你的腳步，欣賞花園的美景呢？」

他被蝸牛的話打動了，蝸牛一直努力地爬著，他便跟在蝸牛後邊看著花園的美景，他從來就沒有看過這麼美麗的花園，像珍珠一樣的露珠晶瑩剔透，吸引著他駐足停留，沁人心脾的花香讓他久久不願離去……他想，為什麼我以前從來沒有看過這樣的美景呢？是因為自己從來就沒有停下來慢慢地欣賞過，原來美是急不得的，需要慢慢欣賞才會感受到，他頓悟了……

「老兄，你怎麼走得比我還慢呢？快點，還有幾步就走完一圈了，我就可以成為國王了，你幫幫我吧。」蝸牛在一旁拉扯著他的手，他在認真地看著蜜蜂是怎麼採蜜的，聽到蝸牛的話，才知道已經快走完一圈了，便帶著眷戀陪蝸牛走了下去。

走到終點的時候，蝸牛消失了，他於是喊著上帝說：「上帝，為什麼

蝸牛成為了國王，我還是我呢？」

「你已經不是原來的你了，你現在是需要蝸牛拉著你走的人了。去尋找你的成功，尋找屬於你的美麗人生吧！年輕人，祝福你！」在這一刻他徹底頓悟了，原來並不是上帝改變了自己，而是自己改變了自己，而自己改變自己的方法就是放慢腳步欣賞身邊的美麗，自己卻一直都沒有發現。

糾正孩子急躁的個性不是一朝一夕就可取得成效的，需要家長耐心而不斷地努力。

同時，家長應該注意形成孩子性格急躁的原因，在平時教育的時候做到防微杜漸，以身作則：

✧ **家長喜歡「慣」孩子**：家長的溺愛使孩子缺乏獨立性，養成了依賴心理，而依賴心理是急躁個性形成的土壤。有的家長事無大小都要代替孩子去做，並且事事姑息遷就，使孩子養成依賴家長的不良習慣。孩子一旦離開家長的懷抱，就不知所措，進而常常在學習和生活方面不盡如人意，不稱己心，急躁個性則由此產生。

✧ **孩子缺乏認知和對待困難與挫折的能力**：孩子的興趣愛好容易更換，當他對一件事情感興趣時，常常賦予極大的熱情，可是，由於知識的欠缺或是其他原因，結果往往因為不得要領而導致失敗，興趣隨之減弱。如果孩子一而再再而三這樣，再加上得不到家長的及時幫助與正確引導，天長日久，急躁個性就會形成。

✧ **長期不安靜的學習及生活環境導致孩子急躁**：如果孩子的學習環境常常處在嘮叨、酗酒、賭博、吵架、打鬧或是勁歌狂舞等環境之中，那麼，孩子是難以學習的。長此以往，惡性循環，使孩子看見書本就煩躁不安，在焦躁中度過學習時光，急躁個性怎能不形成並且加重呢？

第四章　成也性格，敗也性格

「冬天來了，春天還會遠嗎？」其實雪萊（Shelley）的這句詩是我們優化孩子急躁性格的關鍵。這句詩告訴我們，春天馬上就要來了，我們切莫急躁，只有歷經了冬天的酷寒，才能迎來一個萬紫千紅的春天。

▌摘下孩子粗心大意的帽子

粗心大意是非常不好的，如果不能及時將這種性格優化，孩子將會像下面故事中的小豬苗苗一樣使自己陷入尷尬。

小豬苗苗要當護士了，可是牠以前總是粗心大意，不知道，這次能不能改掉這個壞毛病。

小豬苗苗上班第一天，鹿先生來看病了

「鹿先生，你怎麼了？」

「我感冒了，幫我開點感冒藥」

「好！」

小豬苗苗看看放藥品的櫃檯，治感冒、頭痛藥的外包裝有些類似，牠看也沒看，就隨手把頭痛藥遞給了鹿先生。

「謝謝！」鹿先生拿著藥走了。

白兔妹妹來了。

「怎麼了？白兔妹妹。」

「我頭痛，幫我開點頭痛藥。」

結果，小豬苗苗遞給了白兔妹妹感冒藥。

一天過了，小豬苗苗一大早就看見鹿先生和白兔妹妹跑過來，小豬苗苗還以為鹿先生和白兔妹妹的病好了，前來感謝牠，結果經過牠們倆一說，小豬苗苗的臉紅了，忙說：「對不起！是我不好，不應該做事太粗心，如果我不粗心的話，也不會耽誤你們的病情了，真對不起！下回我一

定注意，改掉這個壞毛病。」

是不是感覺孩子跟小豬苗苗一樣，每次粗心大意犯錯後，總會說「下次我一定注意，改掉這壞毛病。」可是下次還是一樣重蹈覆轍，家長也常常會對孩子產生失望情緒，覺得沒有辦法了，孩子的性格本來就是這樣，改也改不了。但是家長必須清楚，如果孩子染上了粗心大意的毛病，不及時根治，將禍害終身。

說起德國我們並不陌生，你不會不知道愛因斯坦，不會不知道康德、黑格爾、馬克思、叔本華、尼采、巴哈、海頓、莫札特、華格納、貝多芬，不會沒聽說過保時捷、奧迪、BMW、賓士。這些家喻戶曉的名人、品牌都來自於德國，一個占地面積只有 36 萬平方公里、卻創造出世界濟實力排名世界第三的德國。很多人都會問為什麼德國人這麼優秀呢？

答案僅僅是很簡單的四個字「認真、執著」。有人曾經說過：「世界上最可怕的兩個詞，一個叫認真，一個叫執著，認真的人改變自己，執著的人改變命運。」德國人將世界上最可怕的兩個詞都做到了，怎麼會不優秀呢？

如果孩子還不信服德國的人認真，你還可以再給他講一個故事。

1984 年，一家柴油機廠聘請德國退休企業家格里希任廠長。

格里希上任後開的第一次會議，有關部門主管也列席參加了。沒有任何客套，格里希便單刀直入：「如果說品質是產品的生命，那麼，清潔度就是氣缸的品質及壽命的關鍵。」說著，他當著有關主管的面，從擺放在會議桌上的氣缸裡抓出一大把鐵砂，臉色鐵青地說：「這個氣缸是我在開會前到生產生產線隨機抽撿的樣品請大家看看，我都從它裡面抓出來了些什麼？在我們德國，氣缸雜質不能高於 50 毫克，而我所了解的資料是，貴廠生產的氣缸正均雜質竟然在 500 毫克左右。試想，能夠隨手抓得出一

把鐵砂的氣缸，怎麼可能雜質不超標？我認為這絕不是工藝技術方面的問題，而是生產者和管理者的責任感問題，是工作極不認真的結果。」一番話，把坐在會議室裡的有關管理人員說得坐立不安，尷尬至極。

認真是一種力量，它大能使一個國家強盛，小能使一個人無往而不利。告訴孩子一旦「認真」二字也深入到自己的骨髓，融化進自己的血液，他也會煥發出一種克服一切困難的力量。

那麼，家長怎樣才能讓孩子摘下粗心大意的帽子呢？

✧ **運用目標的力量**：給孩子設定一個目標，讓孩子在限定的時間內，專注地去做好一件事，集中精力去完成一個目標。在目標完成後，孩子就會感覺到只要認真去做，事情就一定能成功，給孩子認真的自信。

✧ **培養孩子對認真的興趣**：可以透過一些孩子感興趣的科目加以訓練，比如在規定的時間內「找不同」，或者是陪同孩子玩「連連看」的小遊戲，一次次地實驗以後，孩子就會品嘗到認真帶給自己的快樂，從而對認真產生興趣。

✧ **培養孩子認真起來的自信心**：只要孩子有了認真的自信，孩子才能去認真，而這種自信是需要孩子看到認真換來的成果去建立的，所以為孩子制定一些小目標，讓孩子認真去完成，這樣孩子就會建立起信心。

✧ **讓孩子學會排除外界干擾**：只要孩子學會排除外界的干擾，無論在怎麼喧鬧、嘈雜的環境下都能認真地進入學習的狀態。可以讓孩子嘗試著一邊聽輕音樂一邊讀書，這樣如果孩子能靜下心來把書看好，自然就能排除外界干擾。

✧ **讓孩子學會排除內心干擾**：在很安靜的環境下，孩子也總是很容易分心，這主要來自於孩子內心的干擾，所以要讓孩子學會排除內心的干

擾，可以嘗試讓孩子在心情很糟糕的時候，大聲朗讀課本，讓孩子慢慢走進書中，這樣便能慢慢變得專注。

任何事情最怕「認真」二字，一定要告誡孩子：做事不認真，往往會使人一事無成。

帶著堅強與執著上路

有關堅強的故事很多，下面比爾的故事就很具有代表性。

比爾大學畢業後，應徵入伍，被派遣到海軍特遣隊。

就在比爾興沖沖地前去報到一週後，還沒等他充分欣賞和享受加州迷人的海灘、和煦的陽光，他所在的部隊便奉命開赴沙漠地區，進行野外生存訓練。

對比爾來說，這次訓練既令他興奮又令他緊張。興奮的是可以領略沙漠美麗的風光，緊張的是他不知道即將開始的生活是什麼樣。

然而，初見廣袤沙漠的喜悅和興奮，也就在他的內心停留了那麼兩三天，便被嚴酷的生存訓練課所吞噬了。

比爾躺在自己挖的沙窩裡，一分一秒地忍受著耐力訓練給他帶來的孤寂與焦躁。他想找個人聊一聊，可是他離最近的士兵約翰也有 30 米遠，他們無法交談；他想睡一會兒，又怕毒蛇和沙暴的突然襲擊，他感覺眼前漫天的黃沙彷彿是一臺榨油機，正一點一點將他內心的那份堅強與自信榨乾。

然而，這一切只是他們這次訓練的開始。

就在他來到沙漠的第 15 天後，他給他的父親——一位陸軍將軍寫了封信，希望父親能利用他在軍界的關係將他調離特遣隊。

之後，等待便成了他每日軍營生活中唯一的希望。

第四章　成也性格，敗也性格

一週後，他接到了父親的來信，父親在信中只給他講了這樣一個故事：

那是在第二次世界大戰時，在納粹的奧斯維辛集中營的一間狹窄的囚室裡關著兩個人，他們唯一能了解世界的地方，是囚室裡那扇一尺見方的窗口。冬天早上，他倆都要輪流去視窗眺望外面的世界。

一個人總愛看窗外的天空，看藍色天空中的小鳥自由地翱翔，另一個人卻總是關心高牆和鐵絲網。前者的內心豁達而高遠，後者的心裡卻充滿了焦躁與恐懼。

半年後，後者因憂鬱死在獄中；前者卻堅強地活了下來，直到獲救。

同樣的環境為什麼孕育了兩種不同的人生態度？還有什麼事情比一個人每天努力地活下去更了不起呢？還有什麼能夠比一個人每天早上醒來，看見陽光、藍天，更令人愉快呢？如此一想，比爾的心窗敞亮了。

在接下來的訓練中比爾的內心彷彿又充滿了活力，他沒有辜負父親的期望，在那次艱苦的訓練中，他因表現出色而獲得了嘉獎。

在講完故事後，媽媽不妨這樣開導孩子，「人生中，確實會有許多問題困擾著你，不同的是，在同樣的困境中，有的人失敗了，有的人成功了。之所以會出現這樣不同的結果，問題就在於有的人用堅強的心態去守望希望，有的人卻被希望拖著前行。所以，無論你在途中遇到什麼樣的麻煩都要記得，用一種堅強的心態去呵護希望，只要你夠堅強、夠執著，就沒有走不出去的困境。」

下面的故事同樣鼓舞人心。

在美國紐約附近的一個小鎮上，住著一個 13 歲的少年，他的意志使他短暫的生命顯得有幾分悲壯。他很有運動天賦，足球、籃球樣樣精通，而且在中學時他就成為學校足球隊的主力隊員。不幸的是，沒多久他就大病一場，他的腿瘸了，並迅速惡化成為癌症。之後不得不接受截肢手術。

帶著堅強與執著上路

所有的朋友都為他感到難過，但他並沒有因為再也不能踢球而變得鬱鬱寡歡。當他拄著拐杖回到學校時，他高興地告訴他的朋友們，他會裝上一條木頭做的腿，到時候，他可以把襪子用圖釘固定在腿上。朋友們為他的開朗和樂觀感動，大家圍繞在他的身旁，說說笑笑。生活並沒有因為他失去了一條腿而變得不同。

時間又進入了足球賽季。他找到了教練，儘管他不能夠踢球了，但他希望能夠不離開校隊。他申請擔任校隊的經理，幫隊友們準備飲料、收衣服，為教練準備訓練用的沙盤推演，他的請求獲得了教練的批准。接下來的日子裡，他每天準時到達球場，將一切準備活動打理得井井有條，所有的隊員都被他的毅力感染了。可是，有一天，當隊員們到達訓練場的時候，他沒有來。隊員們都十分著急，不知道他發生了什麼事，後來聽說，那一天，他的癌細胞再次擴散，而他只有不到兩個月的生命了。

他的父母決定對他隱瞞這件事。而這個堅強的男孩，也像父母希望的那樣，仍然樂觀地生活著。他又回到了球場上，用笑容激勵每一位隊友。在他的鼓勵下，隊友們發揮良好，保持著全勝的記錄。他們舉行了慶功餐會，準備了一個由全體隊員簽名的足球想要送給他，可是他卻再次入院。

幾週後，他出院了，臉色蒼白憔悴，可是笑容依舊。他來到了教練的辦公室，看到了所有的隊友。教練輕聲責怪他不該缺席餐會。他笑笑說：「對不起，教練，我正在節食。」他接過了隊友送給他的那個代表著勝利的足球，和大家分享著勝利的喜悅。和隊友們道別時，他堅定地說：「別擔心我，我永遠和你們在一起。」

一週後，他去世了。其實他早就知道自己的病情，但是他並沒有被病魔打敗。他坦然地面對疾病，在最壞的處境中保持著自己令人振奮的精神。

「我們的生命總是短暫的，但是任何時候，我們都需要保持自己內心的堅定和勇氣。因為對於不可逆轉的命運，我們無可奈何，而怎樣選擇自己的生活態度才是我們真正可以把握的。只有牢牢把握住自己的心靈，用一顆堅強勇敢的心去回報父母朋友的愛，這樣無論最後的結果如何，我們都會感覺到幸福的所在。」這就是故事帶給孩子的啟發。

改變不了環境，但可以改變你自己，只要你夠堅強、夠執著，你就會成為一種環境；改變不了事實，但可以改變態度，只要你夠堅強、夠執著，你就會成為一種事實：改變不了過去，但可以改變現在，只要你夠堅強、夠執著，你就會成為別人的未來：預知不了明天，但可以掌握今天，只要你夠堅強、夠執著，你就會成為別人的明天。讓孩子拍掉身上懦弱善變的塵土，帶著堅強執著即日起程。

▌自私會讓孩子吃大虧

生活中，有這樣一些孩子，他們習慣了家長的「謙讓」，有好吃的自己吃，有好玩的自己玩，從來不懂得關心他人，不懂得把自己的東西拿出來和他人一起分享。如果孩子也是這樣一個總想著自己的「小自私鬼」，不妨讓他聽聽以下的故事。

相傳，遠古時候有一年，天上出現了十個太陽，直烤得大地冒煙，海水枯乾，老百姓眼看無法再生活下去。

這件事驚動了一個名叫后羿的英雄，他登上崑崙山頂，運足神力；拉開神弓，一口氣射下九個太陽。

后羿立下蓋世神功，受到百姓的尊敬和愛戴。

不久，后羿娶了個美麗的妻子，名叫嫦娥。后羿除了傳藝狩獵外，終日和妻子在一起，人們都羨慕這對郎才女貌的恩愛夫妻。

自私會讓孩子吃大虧

一天，后羿到崑崙山訪友求道，巧遇由此經過的王母娘娘，便向王母求得一包長生不死藥。王母告訴后羿，如果一個人服下此藥，能即刻升天成仙；如果是兩個人服下此藥，就能讓兩人都長生不老。后羿把這件事告訴了嫦娥，嫦娥想升天成仙，於是，趁后羿不在家的時候，偷吃了全部的長生不死藥，奔逃到月亮裡去了。

從此，她孤苦伶仃地生活在廣寒宮裡，過著寂寞的生活。據說，那是王母娘娘對她自私自利的懲罰呢！

嫦娥因為自私，所以她過著孤獨的生活，她即便成仙了，也感受不到幸福。與嫦娥一樣，自私也讓鵜鶘很苦惱。

兩隻小熊捕完魚回家，半路上碰見了鵜鶘。

「小鵜鶘，你看，我們捕到了這麼多的魚，中午的時候有空就到我們家吃午餐吧！午餐豐盛極了。」

鵜鶘說：「我一定去。」

午餐時間還沒到，小鵜鶘就來了，牠在餐桌旁坐下等著吃午餐。

「別客氣，小鵜鶘！你隨便吃！」兩隻小熊招待著客人，「有很多魚，我們吃不完！」

聽到這話，小鵜鶘一點也不客氣地吃了起來，很快，魚都沒了，牠們全跑到鵜鶘的肚子裡去了。

小熊們舔著嘴巴。

「你吃得可真香啊！要不要再來一點呢？」一隻小熊問鵜鶘。

「好啊！」鵜鶘張開了自己的大嘴，就在這時，一條魚從牠嘴裡蹦了出來。

「都吃成這樣了還要再吃呀？」小熊們嘲笑地說，「這不是還有一條魚嗎？」

第四章　成也性格，敗也性格

從那以後小熊再也沒邀請過鵜鶘去吃飯。而鵜鶘直到現在也不明白這是為什麼？

媽媽可以問孩子：你知道小熊為什麼再也不邀請小鵜鶘去吃飯了嗎？

那是因為小鵜鶘太自私了，只想著自己填飽肚子，卻沒有考慮過小熊牠們也還沒吃飯。我們不能像小鵜鶘那樣自私自利，只顧自己。一個只想到自己利益的人是不會擁有真正的朋友的。相反，凡事多想想別人，考慮一下別人的需要和感受，才能獲得他人的真情。下面的故事說的正是這個道理。

夏天的早晨，火熱的太陽炙烤著大地，螞蟻們已經在準備過冬的糧食了。蝴蝶飛過去，對小螞蟻說：「你們這麼辛苦做什麼？現在離冬天還很久呢！」

「不久了！」小螞蟻說，「冬天很快就到了，蝴蝶姐姐，你能不能幫忙，幫我把這食物帶到家門口，我陪你做棉衣和棉被吧！」

蝴蝶不以為然地說：「算了，我還要去玩呢，我可沒有時間幫你了，你自己忙吧！」說完，蝴蝶就到處玩樂去了。

冬天很快就到了。一個寒風呼嘯的下午，蝴蝶又冷又餓，甚至連飛的氣力也沒有了，牠爬到了螞蟻的家門口，有氣無力地說：「螞蟻妹妹，給我點吃的吧！」螞蟻聽到動靜，開門一看，是蝴蝶，便生氣地說：「誰叫你自己不認真工作。」說完「咣」的一聲關上了門。

晚上，風越來越大了，「呼呼」，的風聲把小螞蟻從夢中驚醒，小螞蟻揉揉眼睛，望望外面，一片漆黑。小螞蟻突然想起了蝴蝶，牠再也睡不著了，心想：這麼冷的天，蝴蝶姐姐怎麼樣了呢？小螞蟻想起了媽媽平時的教導：要做一個關心別人，幫助別人的好孩子啊！

想到這裡，小螞蟻便起身起來，拿起一些食物和衣服跑了出去。

在一棵光禿禿的樹幹下，小螞蟻看到了蝴蝶，只見牠臉色發紫，身子蜷縮著抱成一團，已經被凍昏了過去。小螞蟻馬上把衣服幫牠披上，攙起牠，讓牠靠在自己懷裡，拿出食物，一口口地餵牠。過了一會兒，蝴蝶漸漸地醒了過來，牠睜開眼，看到了小螞蟻，慚愧地說：「螞蟻妹妹……我知道錯了……以後我要向你學習……」小螞蟻說：「其實剛剛我也不該那樣對你，我們本該互相幫助啊！」

後來，螞蟻和蝴蝶成了最好最好的朋友。

要想孩子遠離自私自利，家長應做到以下幾點：

✧ **對待孩子不要溺愛**：在日常生活中，家長要滿足孩子的合理需求，但不要對孩子溺愛，讓孩子明白自己在家庭中的地位與其他成員是平等的，徹底消除孩子那種「唯我獨尊」的思想。

✧ **家長不應給孩子過度的關心**：教育學家認為如果孩子從小在家庭中處於中心地位，家長給予過度的關心，那麼，這個孩子在長大以後並不能意識到自己已經是大人了，而依然會對家長表現出很強的依賴性。

✧ **讓孩子學會給予**：真心給予的禮物，無論價格高低貴賤，無論有效期是長還是短，它都是世界上最永恆、最珍貴的寶物。讓孩子學會「給」，比教會他「拿」更能促進他的自尊，更能使他愉快地與人相處。

✧ **讓孩子做力所能及的事**：不要讓孩子養成茶來伸手、飯來張口的壞習慣，只有勤快的孩子才會懂事、關心、體貼別人。

✧ **不要太過偏袒自己的孩子**：當孩子在交往中遇到矛盾和糾紛時，家長千萬不要偏袒自己的孩子，這樣做會讓孩子錯誤地認為自己的地位是特殊的天之驕子，別人都比不上自己，都要讓著自己。

第四章　成也性格，敗也性格

　　每個人生活在這世界上，都與他人有著千絲萬縷的連繫，沒有誰能夠離開他人而生活。如果一個人只想到自己，只為了自己的利益行事，那他是很難在這社會中立足的。

▍培養果敢決斷的魄力

　　有一個 6 歲的小男孩，一天在外面玩樂時，發現一個鳥巢被風從樹上吹落了下來，從裡面滾出一個嗷嗷待哺的小麻雀，小男孩決定把牠帶回家餵養。

　　當他帶著鳥巢走到家門口的時候，他突然想到媽媽不允許在家養小動物。於是，他輕輕地把小麻雀放到門口，匆忙走進屋去請求媽媽。在他的哀求下，媽媽終於答應他的要求。

　　小男孩興奮地跑到門口，不料小麻雀已經不見了，他看見一隻黑貓正在意猶未盡地舔著嘴巴，小男孩為此傷心了很久，但他從此記住了一個教訓：只要是自己認為正確的事情，絕不能優柔寡斷：

　　這個小男孩長大後，成就了一番事業，他就是華裔電腦名人 —— 王安博士。

　　這個故事告訴孩子們，三思而後行固然沒有錯，但是當自己認為自己做得對的時候一定要果斷地踏出第一步，否則成功就會與我們擦肩而過。

　　荀子在《勸學》中曾告訴我們「君子博學而日參省乎己，則知明而行無過矣」，卻也反覆強調「吾嘗終日而思矣，不如須臾之所學也」。所以我們要告訴孩子在選擇面前要懂得到深思熟慮後，揮動快刀斬亂麻，然後告訴孩子「選擇了就義無反顧」。

　　1944 年，艾森豪（Eisenhower）指揮的英美聯軍正準備橫渡英吉利海峽，在法國諾曼第登陸，展開對德戰爭的另一個階段。

培養果敢決斷的魄力

這次的登陸事關重大，英國和美國合作無間，為這場戰役投入了巨大的人力物力。然而，人算不如天算，就在一切準備就緒、蓄勢待發的時候，英吉利海峽卻突然風雲變色、巨浪濤天，數千艘船艦只好退回海灣，等待海上恢復平靜。

這麼一等，足足等了四天，天空像是被閃電劈開了一條裂縫，傾盆大雨連綿不絕，數十萬軍人被困在岸上，進退兩難，每日所消耗的經費、物資，實在不容小覷。

正當艾森豪總司令苦思對策時，氣象專家送來了最新的報告，資料中顯示天氣即將好轉，狂風暴雨將在三個小時後停止。

艾森豪明白這是千載難逢的好機會，可以攻敵人於不備，只是這當中也暗藏危機，萬一氣候不如預報中這麼快好轉，很可能就全軍覆沒了。

艾森豪經過了慎重的考慮之後，在日誌中寫下：「我決定在此時此地發動進攻，是根據所得到最好的情報做出的決定……如果事後有人譴責這次的行動或追究責任，那麼，一切責任應該由我一個人承擔。」然後，他斬釘截鐵地向海、陸、空三軍下達了橫渡英吉利海峽的命令。

艾森豪受到了幸運之神的眷顧，傾盆大雨果然在三個小時後停止，海上恢復一片風平浪靜，英美聯軍終於順利地登上諾曼第，掌握了這場戰爭得勝的關鍵。

與果敢決斷相反的是猶豫不決，猶豫不決的孩子總是在等待，卻把最好的時機等過去了。如果孩子還是不確信，那好吧，媽媽就為他講講《落網之魚》的故事。

遼闊的南海裡，生活著許多魚。這天，南海突然漲起了大潮，風浪凶猛，大魚們在浪濤中掙扎著。大浪層層漫向海岸，三條大魚，不幸被潮水沖到了岸邊的淺水裡。

第四章　成也性格，敗也性格

　　大魚在淺水裡，不像在深深的海洋中那樣自由，隨時都有擱淺在沙灘的危險，拚命往大海裡游吧，又有漁船攔路，難以逾越。怎麼辦？三條大魚互相商量起來。

　　黑色的大魚說：「這裡實在危險，不如趁海潮沒退，我們逆潮而上，游回大海去。」銀色的大魚贊同牠的意見，說：「絕不能在這裡等死，只有拚了！」金色的大魚前後左右看了看，為難地說：「我們怎麼通過漁船呀？我真害怕！」

　　是呀！水淺，已給魚兒們造成很大的危險了，漁船更如一道難以逾越的屏障，橫在魚兒與深海之間，怎麼通過呢？

　　銀色的魚首先說：「我豁出去了！」說著，牠用盡全身力氣，縱身從船上跳了過去，一會兒工夫，便游回了大海，黑色的魚看了看漁船，發現打魚人已經注意到有條魚從船上跳過去了，正密切監視著船的上方，再跳很難過去了，就趁著漁民不注意，潛到水草下邊，冒著被水草纏住身體的危險，小心翼翼地從船下游了過去，很快，也回到了大海。

　　只剩下金色的大魚了牠更害怕了，身體不停地哆嗦著，哆嗦著牠不敢像銀色的魚那樣跳過船去，也不敢像黑色的魚那樣從船下的水草中穿過去，牠猶豫著，不知如何是好。

　　潮水開始退去，金色的大魚更驚慌了，牠急忙跟著退去的潮水往大海裡游，但漁民發現了牠，大網無情地向牠扣過來，牠被漁民捉到了，變成漁民口中的美餐。

　　媽媽不妨這樣告訴孩子：銀色的大魚在困難和危險之中，能夠勇敢地與命運搏鬥，因為牠知道，奮鬥求生存，才有可能生存，牠靠自己的勇敢贏得了生存。黑色的大魚在困難和危險面前，能夠憑著自己的智慧，戰勝困難，走出危險之境，牠也為自己找到了生路。金色的大魚在困難和危險

面前，膽怯、猶豫，不肯努力奮鬥，也不願動腦筋，牠只想僥倖逃離困難和危險，結果丟掉了自己的性命。也許，當牠被漁民捉到時，牠會悔恨自己的懦弱和優柔寡斷，會悔恨自己沒有像銀色的大魚那樣去奮鬥，沒有像黑色的大魚那樣去努力，然而，此時的悔恨又有什麼用呢？

讓孩子擁有果敢決斷的氣魄，家長應該幫助孩子做到以下幾點：

✧ 做一個有所作為的人，這樣孩子就會有人生的目標，也會因為目標而變得謹慎行事。

✧ 做一個思想穩定、情感集中的人。這樣孩子就有足夠的力量去擺脫矛盾的思想和情感，並將自己的行動引導到正確的軌道上，掌握好機會行事。

✧ 做一個充滿自信而不剛愎自用的人。這一點在孩子遇到挫折時，或因為自負導致失敗時，家長可以做適當的引導。

「人」字一撇一捺，多麼簡單，但人們常常埋怨做人很難。就是因為這一撇一捺的選擇，不知遂是選擇一撇還是一捺，而這一撇一捺走出來的卻是兩種人生，一種是成功的人生，一種是失敗的人生。失敗者之所以失敗，是因為他們優柔寡斷的做事風格。所以告訴孩子做事要當機立斷，要麼認定一撇，要麼認定一捺，不要猶豫不前、縮手縮腳。

▌釋然地接受殘缺

金無足赤，人無完人。一些常常被我們視為已經夠完美的人，卻也常常感到苦惱，進而變得憂鬱。為什麼人們明知道完美很累，卻執著地苦苦追求呢？還是先來看看下面這個故事吧，故事裡映射著很多孩子的身影。

一位美國小女孩瑪麗·班尼對自己的遭遇困惑不已，於是，她寫信給

第四章 成也性格，敗也性格

《芝加哥論壇報》（*Chicago Tribune*），向無所不知的西勒‧庫斯特先生詢問，為什麼她幫助媽媽把烤好的麵包擺上餐桌，只得到了一句「好孩子」的稱讚，而她那個什麼都沒做，只會調皮搗蛋的弟弟卻獲得了一個香噴噴的甜餅，她認為上帝對像她這樣善良的小女孩來說，實在是太不公平了。她覺得無論是在家還是在學校，像她這樣的好孩子總是會被上帝遺忘，那些表現不佳的孩子反而能得到上帝的垂青。

身為《芝加哥論壇報》兒童版「你說我說」節目的主持人，西勒‧庫斯特先生收到過無數封這樣的來信。有千千萬萬個孩子向他詢問為什麼上帝不獎賞好人。可是，他總是無法回答這些心情難以平靜的孩子們。西勒‧庫斯特先生為此心情沉重，他總是為這些感到不平的孩子們擔心，卻沒有好辦法來應對這個問題

正在他為無法回覆瑪麗小女孩的來信而不知如何是好時，他應一位朋友的邀請參加了一場婚禮，這場婚禮讓他醍醐灌頂，他不但找到了答案，而且因此名揚天下。

婚禮很普通，新娘和新郎走進教堂，接受了牧師的祝福但在互贈戒指時，也許是心情太激動了，也許是過度的幸福讓他們有些緊張，兩人陰差陽錯地都把戒指戴在了對方的右手上看到這一幕，那個幽默的牧師微微一笑說：「右手已經夠完美了，我想你們最好還是用它來裝扮左手吧」西勒‧庫斯特聽到這句話，茅塞頓開，他得出結論：右手本身就完美了，所以無須戒指的點綴，而善人之善，也就是上帝給予的最高獎賞了。這一發現讓西勒‧庫斯特興奮不已，他立即給瑪麗‧班尼小女孩回了信，信中寫道：「上帝讓你成為一個好孩子，這就是對你的最高獎賞。」這封信不僅寄給了那個困惑的小女孩，而且被刊登在《芝加哥論壇報》上，被美國及歐洲1,000多家報紙轉載，讓所有和瑪麗‧班尼小女孩有著同樣困惑的孩子們

不再感到不平。

是不是孩子總是向我們埋怨，為自己的善良和付出沒有得到相對的回報，而感到苦惱，感到不公呢？你不妨用這個故事告訴孩子：其實完美是無需再點綴的，只需優化，優化我們的心態，真正去認知完美。這樣我們才能做到完美而不苦惱、不埋怨。

朋友之間，常常會聽到有人這樣羨慕別人：「看你妻子又賢慧，女兒又聽話，不像我天天都有各式各樣的煩惱。」而對方卻說：「家家都有本難念的經呀！」即便在我們看似美好幸福的家庭裡，也會發出各式各樣的感慨，就像我們說孩子「身在福中不知福」一樣。看看這個故事吧：

一個越國人為了捕鼠，特地弄來一隻善於捕老鼠的貓，這隻貓雖然擅於捕鼠，但也喜歡吃雞，結果越國人家中的老鼠雖被捕光了，但雞也所剩無幾，他的兒子吃不到雞，就想把吃雞的貓趕走。

父親卻說：「禍害我們家的是老鼠而不是雞，老鼠偷我們的食物，咬壞我們的衣物，挖穿我們的牆壁，損害我們的家具，不除掉牠們，我們必將挨餓受凍，所以必須靠貓來除掉牠們！沒有雞大不了不吃罷了，但離挨餓受凍卻還遠著呢！」

這就是孩子身在福中不知福，他們總是想魚和熊掌兼得，但這是不可能的，所以當孩子在溫飽中失去「雞」的美味時，他們便覺得生活少了什麼？特別是過於追求完美的孩子表現得尤為突出。看看下面這個小和尚是不是也有孩子的身影：

已經是冬至了，廟裡的草地上仍然是一片枯黃。

小和尚說：「師父，快撒點草籽吧，這草地多難看哪！」

師父讚許地看著小和尚說：「好啊！等天暖了，隨時吧！」

初春時節，師父買了包草籽叫小和尚去種。

第四章　成也性格，敗也性格

在陣陣春風吹動下，草籽邊撒邊飛，小和尚急得喊了起來：「師父，不好了！許多草籽都讓風吹走了！」

師父不動聲色地說：「嗯，沒關係，吹走的多半是空的，撒下去也發不了芽，隨性吧！」

種子剛撒完，就引來了一群麻雀。小和尚急得直跺腳說：「壞了，壞了！草籽都讓麻雀給吃了。這下怎麼辦呢？」

師父和顏悅色地說：「別急，種子多，吃不完，隨遇吧！」

播種的那天夜裡，忽然下了一陣暴雨。清晨，小和尚到院裡一看，就三步並作兩步地衝進禪房：「師父，這下可完了，草籽都讓雨水沖走了！」

師父毫不介意地說：「沖到哪裡就會在哪裡發芽，隨緣吧！」

七八天過去了，枯黃的草地上居然長出一片青翠可人的綠色小苗！原來沒有播種的地方也泛出了綠意。

小和尚高興得直拍手：「好看，太好了！」

師父瞇著眼笑了，慢慢點著頭，說：「隨喜！隨喜！」

當孩子過於追求完美的時候，告訴孩子要根據實際隨緣隨性。

當然，並不是說追求完美是一件壞事，完美型的性格有好的一面也有不好的一面。

好的一面：

✧ 目光長遠，思維縝密。

✧ 變現力出眾，社交能力強。

✧ 注重細節，道德高尚。

✧ 勇於為真理而奮鬥。

✧ 執著進取，有藝術才華。

✧ 行事認真，很有號召力。

不好的一面：

✧ 過於追求完美，容易苦惱。

✧ 對自己過於苛刻，有自虐的傾向。

✧ 行事有時會優柔寡斷。

✧ 容易輕信流言。

✧ 對他人的要求太嚴格，容易得罪人。

✧ 自我意識太強，不願聽取他人意見。

任何性格都要一分為二去看待，優化性格是取其精華，去其糟粕，將孩子的性格優化至最佳狀態。而對於追求完美的孩子，家長也不必太過於著急，只需適當引導就可以了。

知道太陽系中美麗的金星還有什麼叫法嗎？它有一個很美的名字，而且這個名字也是古希臘神話中的美神，它以美麗而著稱，但是它如今呈現在我們面前的確實一尊雙臂殘缺的雕像，它就是維納斯（Venus）。維納新的斷臂，一種人為造成的殘缺美，卻也成就了她真正的完美。

第四章　成也性格，敗也性格

第五章　努力綻放 EQ 的亮點

　　許多家長都知道 EQ 的重要性，它被認為是通往成功的必備素養。研究證明：一個人的成功，智商 IQ 的優劣占 20%，EQ 的優劣占 80%。可見，EQ 在更大程度上決定著一個人的成功與幸福。EQ 高，則意味著善於調節自己的情感，善於保持良好的人際關係，善於敏銳地察覺他人內心微妙的變化。EQ 較高的人更容易得到周圍人的幫助。因此，一個有責任感的家長，在關心孩子智商教育的同時，更要培養孩子的 EQ。

第五章　努力綻放 EQ 的亮點

▎自信是成才的關鍵

自信心是一種積極的心理素養，是人們開拓進取、向上奮進的動力，是一個人取得成功的重要心態。自信心在個人成長和事業成就中具有顯著的作用。這種心理素養應該從小培養，從家庭起步。

有一個女孩從小沒了父親，和母親住在一個小鎮上相依為命她們的生活貧寒，小女孩從來就沒有穿過漂亮的新衣服，她穿的都是鄰居送來的舊衣服，她的母親甚至沒有為她好好綁過一次頭髮，更別說為她買髮夾和其他首飾了。

小女孩很自卑，總覺得自己長得難看、寒酸，走路時總是低著頭，害怕別人的眼光。她喜歡畫畫，一直希望鎮上最有聲望的畫家能教自己畫畫。看著畫家帶著那些衣著光鮮、神清氣爽的孩子外出寫生，小女孩鼓不起勇氣和畫家打招呼。

在女孩 12 歲生日那天，媽媽破天荒給了她 20 元，讓她去買點喜歡的東西。小女孩很興奮，一時不知道該買什麼好。最後，她緊緊握著錢，來到一家小飾品店，她看上了一個標價 16 元的漂亮髮夾。店家幫她帶在頭上，對她說：「你戴上這髮夾多漂亮。」店家說完拿著鏡子讓女孩自己看，女孩從鏡子裡看到自己後，竟然驚呆了，她從來沒有發現自己是如此的美麗，她覺得這個髮夾讓她變得像天使一樣美麗。

女孩不再遲疑，掏出錢買下了髮夾。她內心無比激動與沉醉，接過售貨員找給她的 4 元零錢後轉身就往外跑，結果由於激動撞在一個胖胖的中年人的肚子上，但她沒有停留的意思，繼續往外跑。她的後面似乎傳來那位中年人喊她的聲音，但女孩已經顧不得這些了。一路上，她有點飄飄然的感覺，而且她沒有順著來的牆角走，而是堂堂正正地走大馬路。她感到街上所有人都在看她，好像都在議論：「那個女孩真是太美了，怎麼從來

不知道鎮上有個這麼美麗的女孩！」

迎面走過來她一直渴望結識的畫家，奇蹟發生了，那個畫家竟然親切地和她打招呼，並問了她叫什麼名字。

女孩高興極了，她想把剩下的 4 元，再為自己買點東西，於是又返回原來的小店。店門口，被她撞到的先生攔住了她，說道：「小朋友，我就知道你會回來的，你剛剛撞掉了頭上的髮夾，我一直等著你來拿。」

原來呀，走在街上的小女孩的頭上並沒有漂亮的髮夾。可是，小女孩卻因「髮夾」而神采奕奕、魅力四射。可見，比漂亮的首飾更能裝扮我們的是自信。而自信，正是我們每個人的心靈之花。

有些家長總是抱怨，孩子在乎時經常說「我不能」、「我不行」、「我做不到」之類的話。你的孩子是不是也這樣呢？如果是的話，請與他一起，為「我不能」舉行一個別開生面的葬禮：

課堂上，小娜老師為孩子們布置了這樣一項任務：「請你們把那些做不到的事情寫在紙條上。」每個孩子都絞盡腦汁地寫著：「我無法讓黛比喜歡我。」「我不能做 10 次仰臥起坐。」「我沒辦法只吃一塊餅乾就停止」時間差不多的時候，小娜指示孩子們將紙條投到講臺上的一個空盒子裡，然後拿著準備好的鐵鏟，帶著他們走出教室。

走到運動場最遠的一個角落，小娜要求每個學生輪流挖坑，然後一起將那個裝著紙條的盒子放進坑去埋好。最後她開口了：「孩子們，現在手牽手，低頭默哀。今天很榮幸能邀請各位參加『我不能』先生的葬禮。他在世的時候，參與我們的生命，他的名字，我們幾乎天天掛在嘴邊，比任何人影響我們都深。現在，希望『我不能』先生能平靜安息。希望您的兄弟姐妹：『我可以』、『我願意』、『我能夠』繼承您的事業，如果您地下有知，請幫助他們，讓他們對世界更有影響力。」

第五章　努力綻放 EQ 的亮點

儀式完畢了，小娜用紙剪成墓碑的形狀、將紙墓碑帶回教室掛起來。從那以後，每當有學生無意中說出「我不能」時，小娜就指指那個象徵死亡的標誌，孩子便會想起「我不能」已經死了，進而想出積極的解決辦法。說也奇怪，當初孩子寫的許多不能做到的事，居然都做到了。

「我不能」先生死了，信心才會誕生。你的信心在哪裡，你的高度就在哪裡！

幫助孩子樹立信心，是每一位家長的責任。要幫助孩子樹立自信心，家長可以從下面幾方面來努力：

✧ **把讚揚和鼓勵作為教育孩子的主導方法**：在兒童時代，孩子是透過自己身邊的人特別是父母對自己的評價來了解自己的。因此，每個家長應注意，你的孩子是否自信，與你對他的評價有直接關係。

✧ **幫助孩子體驗成功**：對孩子的要求如果太高，孩子就很難實現目標，就很難建立起信心。如果父母針對孩子的實際水準適當地降低標準，孩子就很容易取得成功。成功對於孩子來說，往往會產生意想不到的效果，孩子就會從不難獲得的成功體驗中獲得充分的自信，就會取得更大的進步。

✧ **適當誇大孩子的進步**：孩子即使沒有進步，家長也應該尋找機會進行鼓勵。如果孩子確實有進步，家長就應該及時獎勵他們。這樣一般都可以調動孩子心中的積極因素，促使孩子期望自己取得更大的進步。

✧ **避免拿別人的孩子跟自己的孩子比較**：很多家長，為教育孩子，總是拿班上學習好的同學來和自己孩子比較，或拿自己公司同事的孩子和自己的孩子比較，試圖讓自己孩子能夠學習別人孩子的優點或激發孩子的上進心。這種做法對孩子的成長是極為有害的。

✧ **正確對待孩子的失敗與挫折**：當孩子考試失敗或遇到其他挫折時，他們需要的絕對不是家長劈頭劈臉一頓訓斥或者陰陽怪氣的嘲諷，他們也不需要家長無原則的安慰與同情，他們最需要的是家長的理解、支持與鼓勵。

缺乏自信的孩子，往往沒有動手就否定自己的能力，未經努力就放棄自己的夢想，這會導致他喪失人生路上的寶貴機會。同時，也會因缺乏自信而產生膽怯、羞澀、孤僻、多疑等諸多心理問題，讓孩子的人際關係變得被動。

▌馬上把自負拋棄掉

一些家長給予孩子的誇讚太多，導致孩子飄飄然，覺得自己確實很能幹，很了不起，應該受到所有人的矚目。在生活中，他們一旦遭到他人的冷落就憤憤不平，就會情緒低落。對於這些自我感覺良好、頗為自負的孩子來說，最好的方式就是讓他們正確地評價自己。

如果你的孩子同樣有這樣的缺點，那麼不妨找個機會讓他聽聽《鷹的利爪》這個故事。

有一隻鷹，總以為自己的爪子大，自己的爪子鋒利，什麼都能抓住。人們都相信鷹的能力，因為人們曾經看見過鷹抓雞、抓魚、抓兔，甚至還有人看見，鷹抓起過一隻小羊。人們的肯定，更增強了鷹的自信。從此，鷹就以自己的爪子無所不能而自居，以爪子的巨大和鋒利而自豪。

有一隻蒼蠅聽說了，忍不住想來教訓教訓這隻狂妄的鷹。蒼蠅對鷹說：「聽說你的爪子無所不能，我不相信，如果你能抓住我，我就承認你的爪子無所不能。」

第五章　努力綻放 EQ 的亮點

鷹看著米粒一樣大小的蒼蠅，不禁哈哈大笑起來：「這有何難，我現在就讓你見識一下我的厲害。」說完，就伸出爪子，想抓住蒼蠅。讓鷹意想不到的是，居然連蒼蠅的翅膀都沒碰到。就這樣，鷹上下騰飛不止，弄得筋疲力盡，依然沒有抓住蒼蠅。

鷹實在想不明白，為什麼抓得住雞、抓得住魚、抓得住兔、抓得了蛇，甚至抓得住小羊，卻抓不住那隻小小的蒼蠅呢？

其實，困惑鷹的問題的答案很簡單，就因為鷹的爪子太碩大、太鋒利了，這又大又鋒利的爪子對抓一些比較大的動物來說可能是輕而易舉的，但對於抓住蒼蠅這樣的小昆蟲來說，卻並非易事。所以，我們要客觀地看待問題，千萬別讓自以為是的情緒，蒙蔽了自己的雙眼。一個自以為是、驕傲自大的人，在任何人眼裡都是不值得一提的。

自負是一種過於自信、過高估計自己的能力，不切實際自大的心態。孩子自以為了不起的自大心理，是自我認知缺陷的一種表現。處處瞧不起別人、對大人也常常傲慢無禮，是一種缺乏自知之明的心理缺陷。

自負會導致很多不良後果的產生，其中，最明顯的是自負會阻礙一個人的進步。

在很久以前，一個村莊裡住著一位做泥娃娃的手藝人。他做的泥娃娃十分漂亮，人人喜歡，所以很多人都來購買。

藝人有一個兒子，手挺靈巧的，為了手藝不失傳，藝人教兒子做泥娃娃，兒子的手比父親還靈巧，加上他年輕力壯，做起工作來乾脆俐落，他做的泥娃娃比父親做得還好，青出於藍而勝於藍。起初，他做的泥娃娃和父親做的賣一樣的價錢。但是，經過父親的嚴格要求和教導，他做泥娃娃就更加認真了，沒過多久，他做的泥娃娃賣的價就超過了父親，但父親對兒子做的泥娃娃總是不滿意。

兒子做泥娃娃比以前更用心、更刻苦了。

現在,兒子的泥娃娃做得比以前更好了,在市場土出售的價格不斷提升。父親做的泥娃娃還是跟以前一樣,每個賣 2 盧比,而兒子做的最後則賣到了 10 盧比!

可是他的老爸還是不滿意。有一天,他的兒子生氣地對他說:「爸爸,你為什麼老是說我的手藝不好,你的手藝我可以說出 20 個不好的地方來,所以我覺得我的手藝什麼毛病都沒有,根本不必再加工!」

父親很失望,傷心地對兒子說:「孩子,你說的我都明白,不過這些話從你嘴巴裡說出來,我很難過,今後你做的泥娃娃不會超出 10 盧比了。」

「為什麼?」兒子驚奇地問、

父親看了看兒子,說:「一個藝人只要一自滿,他的手藝就不可能再提升了!曾經,我的泥娃娃賣到 2 盧比的時候,我開始對自己的手藝自滿了,直到今天,我做的泥娃娃都只賣 2 盧比一個!從來沒有超過這個價錢。」

兒子聽了後,感到十分慚愧,不好意思地低下了頭!

因此,媽媽可以對孩子說:孩子,無論做什麼事情,無論我們做出了多麼大的成績,都不能驕傲自滿,因為誰都不可能把事情做得十全十美。活到老,學到老。自滿是我們成功路上最大的絆腳石,是不可取的。

在日常生活中,家長如何辨別孩子的行為是自信還是自負呢?

✧ **了解孩子在學習中的表現**:比如說學習自己擅長的一門課,自信的孩子會認真地參與,虛心學習。自負的孩子則是心懷自滿而去,抱著冷眼旁觀的態度,以為自己會了,不必太認真學習了。結果,自信的孩

子學到了新知識或技能，自負的孩子浪費了時間和精力，除了更加自負以外，什麼也沒得到。如果孩子總表現出「我很厲害，我不用認真」的態度時，請及時加以引導。

✧ **觀察孩子跟別人說話時的表現**：自信的孩子會認真傾聽別人的發言，即使自己知道的，也不隨便插嘴，總是會等到他人說完以後才坦然自若地表達自己的意見。自負的孩子聽到別人說的都是自己懂的，不是對別人的話毫無興趣，就是隨便打斷別人的話：「你說的我都懂，還是我來說吧！我說的比你好呢！」這樣的孩子一定不會討人喜歡。

多角度地了解孩子是自信還是自負，有利於家長更好地針對孩子施行教育！

家長可以透過以下方法糾正孩子自負的心理：

✧ 逐漸改變對孩子的評價方式，對孩子的評價應客觀實際。孩子總有不足的地方，家長不要因為溺愛孩子就不切實際地吹捧孩子，尤其不要在客人面前沒完沒了地過度表揚孩子。

✧ 讓孩子養成獨立生活的好習慣，給孩子創造一些遭遇挫折的機會。經歷適當的挫折可使孩子心理機制健全，不至於過度自負。家長要教育孩子生活本來就不是一帆風順的，生活中要遭受許許多多的挫折、失敗和打擊，要正確對待。

✧ 讓孩子多一些接觸社會的機會。當孩子看到外面紛繁複雜的世界，接觸到比自己更優秀、更具專長的人，了解到「強中還有強中手」，就不會為自己的一點點小成績而自負了。因此，家長要多帶孩子出去走走，看看外面精彩的世界，而不要「坐井觀天」、「夜郎自大」。

✧ 適當的批評能幫助孩子克服自負的心理，而正確面對批評和建議是終

身的學問。自負往往也和不能很好處理別人的批評和建議有關，所以，家長對孩子的表揚要適當，對孩子的批評也要恰如其分，既不能以偏概全，也不能掩耳盜鈴、視而不見，要客觀地指出孩子的不足。這樣可以幫助孩子正確地了解自己。

自信與自負的區別在於：自信的人總是相信自己會變得更強；而自負的人總是相信自己已經很強。所以說，自負是盲目自大的表現，會阻礙到個人的發展與進步，是萬萬不可取的。

▌樂觀可把困難嚇跑

在生活中，我們經常看到這樣一些孩子，他們整天「愁眉緊鎖」，一副「鬱鬱寡歡」的模樣。似乎總活在「無盡的擔憂」之中。讓他們開朗不起來的，可能只是「今天某某不理我了」、「今天考試考得不太好」、「今天媽媽責罵我了」等小事情，但就是因為這一點小事，孩子都要「悲傷」一整天。

如果你家中也有這麼一個「多愁善感」的孩子，不妨引導他暢暢快快地「吐」出來，之後，順便再給孩子加點「故事營養餐」。也許，孩子聽了你精心挑選的樂觀故事，便豁然開朗，從此變得樂觀、活潑起來呢！

塞爾瑪陪伴丈夫駐紮在一個沙漠的陸軍基地裡。丈夫奉命到沙漠裡去演習，她一個人留在陸軍的小鐵皮屋裡，天氣熱得受不了 —— 在仙人掌的陰影下也有攝氏 51 度。她沒有人可談天 —— 身邊只有墨西哥人和印第安人，而他們不會說英語。她非常難過，於是就寫信給父母，說要拋開一切回家去。

她父親的回信只有兩行字，這兩行字卻永遠留在她心中，完全改變了她的生活，信是這樣寫的：兩個人從牢中的鐵窗望出去，一個看到泥土，

一個卻看到了星星。

塞爾瑪一再讀這封信，覺得非常慚愧她決定要在沙漠中找到星星。

塞爾瑪開始和當地人交朋友，他們的反應使她非常驚奇，她對他們的紡織、陶器表示興趣，他們就把最喜歡但捨不得賣給觀光客人的紡織品和陶器送給了她。塞爾瑪研究那些引人入迷的仙人掌和各種沙漠植物，又學習有關土撥鼠的知識。她觀看沙漠日落，還尋找海螺殼，這些海螺殼是幾萬年前，這沙漠還是海洋時留下來的……原來難以忍受的環境變成了令人興奮、流連忘返的奇境。

她為發現新世界而興奮不已，並為此寫了一本書，以《快樂的城堡》為書名出版了。她從自己造的「牢房」裡看出去，終於看到了星星。

沙漠沒有改變，印第安人也沒有改變，但是這位女士的念頭改變了，心態改變了。一念之差，使她把原先認為惡劣的生活變為一生中最有意義的冒險。所以我們說：「樂觀者，能在沙漠裡看到綠洲；而悲觀者，即便在綠洲裡，也一樣幻想是沙漠！」

悲觀的孩子以「悲傷」的眼睛看世界，而樂觀的孩子以「快樂」的眼睛看世界。因此，同樣的世界，在悲觀的孩子看來，則是陰暗的；而在樂觀的孩子看來，是光明的。

美國有一對兄弟，一個出奇的樂觀，一個卻非常悲觀，他們的父母希望兄弟倆的性格都能改變一些。

有一天，他們把那個樂觀的孩子鎖進了一間堆滿馬糞的屋子裡，把悲觀的孩子鎖進了一間放滿漂亮玩具的屋子裡，以為這樣便能讓孩子的性格有所改變。

一個小時後，他們的父母走進悲觀孩子的屋子時，發現這個孩子正坐在一個角落裡，一把鼻涕一把眼淚地在哭泣。原來，他不小心弄壞了玩

具，他擔心父母會責罵自己。

　　當父母走進樂觀孩子的屋子時，卻發現孩子正在興奮地用一把小鏟子挖著馬糞，把散亂的馬糞鏟得乾乾淨淨。看到父母來了，樂觀的孩子高興地叫道：「爸爸，這裡有這麼多馬糞，快告訴我，你們把馬藏在哪裡了？」

　　這個樂觀的孩子就是後來的美國總統雷根。他從送報童到好萊塢明星，再到州長，直至當上了美國總統。這中間，樂觀的性格發揮了很大的作用。

　　有一位哲人曾經這樣說過，「聰明的人永遠不會坐在那裡為他們的損失而悲傷，卻會很高興地找出方法彌補他們的創傷。」的確，生活中會有很多缺陷或是不如意，可是當我們用一顆快樂的心去面對生活、去感恩所擁有的一切時，生活也會變得快樂起來。

　　鄉村裡有一對清貧的老夫婦。

　　有一天，他們想把家中唯一值錢的一匹馬，拉到市場上去換點更有用的東西，於是，老先生一早便牽著馬趕集去了。

　　一開始，老先生用馬與人換得一頭母牛，接著，他又用母牛換來一頭羊，再後來，他又用羊換得一隻肥鵝，然後又把鵝換成母雞，最後，他卻用母雞換了別人的一大袋爛蘋果。

　　當他扛著這一大袋爛蘋果在一家小飯店休息時，正好遇上兩個英國人，閒聊中，他談了自己趕集的經過。兩個英國人聽得哈哈大笑，說他回去肯定挨老婆婆一頓揍，可是老先生堅稱絕對不會，英國人就用一袋金幣打賭。

　　回到家中後，老婆婆見老先生回來了，非常高興，幫他擰毛巾擦臉又端水解渴，面帶笑容聽著老先生講趕集的經過，每聽到老先生講到用一種東西換了另一種東西時，老婆婆都十分喜悅地給予肯定。

「太好了，我們有牛奶喝了。」

「真好，羊奶味道更好。」

「哦，真不錯，鵝毛多漂亮啊！」

「哦，好極了，我們有雞蛋吃了！」

最後，聽到老頭子背回一袋已開始腐爛的蘋果時，她同樣不慍不惱，高興地說：「太好了，我們今晚就可以吃到美味的蘋果餡餅了！」

結果，兩個英國人輸掉了一袋金幣。

美國兒童教育專家塔尼可博士曾提出六條培養孩子樂觀心態的建議，值得家長們一試：

✧ 勿對孩子控制過度嚴格。

✧ 鼓勵孩子多交朋友。

✧ 教會孩子與人融洽相處。

✧ 物質生活避免奢華。

✧ 讓孩子愛好廣泛。

✧ 創建快樂的家庭氣氛。

樂觀是一種積極的生活態度，也是一種良好的心理素養。無論是誰，在現實生活中總會遇上許多不順心的事情，當懂得用樂觀、積極的心態看待事情時，他的未來就充滿了光明和希望。同時，樂觀還能使人對生活中的許多困難產生心理免疫力。

人不幽默非君子

夏蘭家的小寶今年 9 歲了，小朋友很機靈，一天到晚俏皮話不斷，很討人喜歡。夏蘭也比其他家長更注意培養孩子的幽默感，經常為孩子講一

些幽默故事，把孩子逗得「哈哈」大笑。晚餐過後，趁著孩子聽故事的興致正濃時，夏蘭又為孩子講了下面這個故事。

有一位年過半百的貴婦人，非常喜歡打扮，每天總要花很多時間來打扮自己。但是，由於年紀實在有點大了，再怎樣打扮也掩蓋不住她的實際年齡。有一次，貴婦人遇到了大名鼎鼎的蕭伯納，她興奮地讓蕭伯納猜她的年齡。

蕭伯納一本正經地說：「看您潔白的牙齒，只有 18 歲；看您蓬鬆的捲髮，不會超過 19 歲；看您忸怩的腰和塗滿胭脂的臉龐，頂多 14 歲吧！」

貴婦人聽了蕭伯納的評價，非常高興，她激動地問道：「親愛的蕭伯納先生，那麼請您精確地估計一下，我到底像幾歲？」

蕭伯納說：「幾歲嘛！那很容易，只要把剛才三個數字加起來就是您的真實歲數了！」幽默的蕭伯納把周圍的人都逗樂了。

孩子聽完故事不禁樂了，他似有所悟地說：「看來『漂亮話』大家都愛聽哦！」

過了幾天，一位漂亮阿姨到家裡來作客。小朋友便把握時機地對阿姨說：「阿姨，我看您好年輕呀！」阿姨問：「是嗎？怎麼年輕呢？」小朋友說：「從您的背影看，像我的姐姐；從您微笑的臉龐看，像我們班上的女生。」一句話把阿姨逗樂了。

你看，如果孩子學會了幽默，又何愁沒有人緣呢？

在生活中，每個人都難免會遇到一些讓自己或他人尷尬的事情，如果缺乏處理經驗，又不具備幽默感，難免要深陷尷尬之中，手足無措。只有幽默、機智的人才能夠很快地化解尷尬，讓自己和他人都能開心。媽媽不妨給孩子再講一則蕭伯納的幽默故事。

傑出的英國戲劇家蕭伯納的名字幾乎是幽默的代名詞。一天，年邁的

第五章　努力綻放 EQ 的亮點

蕭伯納在街頭被一個騎自行車的人撞倒了，雖然沒有發生事故，但這一驚嚇也非同小可。

那個人立即扶起戲劇家，並慌忙向他道歉。然而，蕭伯納打斷了他，對他說：「不，先生，您比我更不幸，要是您再加點力，那就可以以撞死蕭伯納的好漢而永遠名垂青史啦！」蕭伯納就是用這句幽默的話讓雙方都擺脫了尷尬的處境。

下面這個《幽默的猴王》的故事，也有異曲同工之妙。

下雪天，猴王決定到花果山巡視，由於牠平時樂善好施，常幫助周圍的百姓，因此當地的百姓都很喜歡牠。

當猴王來到一位教書先生家裡時，戴著眼鏡的教書老先生連忙拿出一杯蜂蜜給猴王喝。可是，由於人老體弱，老先生的手因端蜂蜜而顫抖，一不小心，有些蜂蜜潑灑到了凳子上，老人絲毫沒有覺察到，而猴王也只顧和老先生搭話，看都沒看就一屁股坐在凳子上。

當猴王覺得有些不適時，才發現光光的屁股上早已沾滿了黏糊糊的蜂蜜。

這時，老先生也發現了猴王屁股上的蜂蜜，他愣在那裡，不知如何是好，只是著急地直跺腳。

在這尷尬的時刻，只見猴王用手帕擦了擦屁股，然後笑著對教書先生說：「老先生，我真的很感謝您，這樣我的屁股就不會因沒長毛而覺得寒冷了！」

說完，他們一起哈哈大笑起來！

你看，原本都是非常尷尬的處境，卻因為一句幽默的話變得輕鬆、有趣。所以在生活中，我們應該多一顆體諒他人的心，多一些幽默的技巧，這樣，便可避免讓自己長時間陷入僵局，避免影響自己和他人的感情。

其實，幽默的好處還有很多，下面卓別林的幽默故事會為我們帶來新的啟迪。

有一次，卓別林帶著一筆鉅款外出，半路上遇到一個強盜，那強盜用手槍逼著他交出錢。卓別林先口頭答應了，然後懇求道：「幫個小忙，在我帽子上打兩槍吧，這樣回去好向主人交代。」

強盜笑了，心想：這個傻瓜簡直就是個小孩子。於是，朝他帽子上開了兩槍。

卓別林又說：「請再朝我衣襟上打兩個洞吧。」強盜大笑著，一邊扯著卓別林的衣襟一邊嘟囔著：「我打它八個洞」。

這時卓別林又央求強盜朝他褲腳上打幾槍，並說：「這樣更逼真，主人就不會不信了。」強盜笑得前俯後仰，拿起槍對著褲腳……可是連扣幾下，卻沒有聲響，原來沒有子彈了。

卓別林一見，趕緊拿起錢包跳上車飛快地跑了。

「打上兩個洞，好向主人交代」是小孩子的思維，但卓別林急中生智，以此為由讓強盜失去了戒心，從而使自己化險為夷。所以幽默、天真的表達，是多麼奇妙的「煙幕彈」呀！它能讓我們變得更容易讓人接近！

當然，在運用幽默的過程中，家長要讓孩子明白。

✧ 幽默不僅僅是為製造笑話，更要在幽默中體會生活，培養樂觀向上的人生觀和勇於開拓的創新精神，這比開心更重要。

✧ 真正的幽默是自然而然表現出來的，千萬不要為了幽默而幽默，變成冷嘲熱諷，或者變得油嘴滑舌。

✧ 不能用幽默來「傷人」。比如：別人的種族、宗教信仰、生理殘疾等是不能用來作幽默材料的，這會傷害對方的情感。如果孩子在無意中開了這樣的玩笑，家長應該鄭重地引導孩子尊重他人。

幽默是一種人生態度，更是一種人生智慧，是一個人聰明睿智的表現。其心理基礎是樂觀、積極向上的心態。俄國文學家契訶夫夫說過：「不懂得開玩笑的人，是沒有希望的人。」可見，幽默是多麼重要。

感恩之心彌足珍貴

生活中，常常看到一些孩子花樣翻新地講吃、極盡考究地講穿、理直氣壯地講用、時尚休閒地講玩。他們習慣於父母無微不至的愛卻不知道感恩，習慣於接受他人的幫助卻不說「謝謝」，習慣於充足的物質享受卻不懂得珍惜。他們中多數人記不住父母的生日；對來自父母的照顧視為理所當然；比較心理強，不懂得珍惜幸福生活；不服父母、師長的管教。

孩子為何如此缺乏感恩情懷呢？媽媽不妨為他講下面的故事。

一個獵人上山打獵，看見一隻山羊向森林跑去，但是獵人到那裡卻看不到山羊的蹤跡，只看到一棵巨大的玫瑰樹，玫瑰樹枝葉茂盛，花朵鮮豔，正因為玫瑰樹的保護，山羊因此逃過了一劫。

山羊看到獵人走遠了才出來，這時，牠覺得肚子有點餓了，就把這棵玫瑰樹的葉子吃光了。

過了幾天，山羊在山腳下吃草時又被獵人發現了，鑑於上次的經驗，牠又向山上跑去，又躲到了那棵玫瑰樹的後面，以為獵人還會像上次那樣看不到牠。就在牠自鳴得意的時候，箭已經刺入了牠的心臟。

牠到最後也沒有弄明白，這次為什麼自己會被獵人發現呢？

從上面的故事可以告訴孩子，玫瑰樹幫助了山羊，山羊不但不感激它，相反還把它的葉子全吃光了，最後，因為沒有葉子的遮蔽保護，山羊也因此葬送了自己的性命！可見，不懂得感恩、過河拆橋的人，最終不但會遭到他人的唾棄，還會害了自己。

　　對於他人的幫助，不管是大是小，我們都應該表示感謝，都應該表達自己的感激之情。一個不會感恩的孩子是冷漠無情的，同樣，他也不會得到別人的幫助。

　　一天，女孩又和媽媽吵架了，一氣之下，她轉身向外跑去。

　　她走了很長時間，看到前面有個麵攤，這才感覺到肚子餓了。可是，她摸遍了身上的口袋，一個硬幣也沒有。

　　麵攤的主人是一個和藹可親的老婆婆，她看到女孩站在那裡，就問：「孩子，你是不是想吃餛飩麵？」「可是，我忘了帶錢。」她有些不好意思地回答。「沒關係，我請你吃。」老婆婆說。

　　老婆婆端來一碗餛飩麵和一碟小菜。女孩滿懷感激，剛吃了幾口，眼淚就掉了下來，紛紛落在碗裡。「你怎麼了？」老婆婆關切地問。「我沒事，我只是很感激！」她忙擦眼淚，對老婆婆說，「您不認識我，卻對我這麼好，願意煮餛飩麵給我吃，可是我媽媽，我和她吵架，她卻把我趕出來，還叫我不要再回去！」

　　老婆婆聽了，平靜地說道：「孩子，你怎麼會這麼想呢？你想想看，我只不過煮了一碗餛飩麵給你吃，你就這麼感激我，那你媽媽煮了十多年的飯給你吃，你怎麼不感激她呢？你怎麼還要跟她吵架呢？」

　　女孩愣住了，女孩匆匆吃完了餛飩麵，急急忙忙往家走去。當她走到家附近時，就看到疲憊不堪的母親，正在路口四處張望⋯⋯母親看到她，臉上立即露出了喜色：「趕快過來吧，飯煮好了，你再不回來吃，菜都要涼了！」

　　這時，女孩的眼淚又掉下來了！

　　很多時候，我們會對別人給予的小恩小惠「感激不盡」，卻對親人一輩子的恩情「視而不見」。這是因為，我們一直以為爸爸媽媽是不需要回

報、不需要感謝的。其實，這是錯誤的！當我們對家長的愛無動於衷的時候，恰是爸爸媽媽最傷心的時候！所以，學會感恩，學會感謝我們的家長，能讓操勞了一輩子的他們得到精神上的安慰！

其實，感恩也是一種雙贏！下面的故事正是如此。

有一年鬧飢荒，一位家庭富裕且心地善良的麵包師，把城裡最窮的幾十個孩子聚集到一塊，然後拿出一個盛有麵包的籃子，對他們說：「這個籃子裡的麵包你們一人一個，在上帝帶來好光景以前，你們每天都可以來拿一個麵包。」

瞬間，這些飢餓的孩子一窩蜂似地湧了上來，他們圍著籃子推來擠去，大聲叫嚷著，誰都想拿到最大的麵包。當他們每人都拿到了麵包後，竟然沒有一個人向這位好心的麵包師說聲謝謝，他們就這樣離開了。

但是有一個叫依娃的小女孩卻例外，她既沒有和大家一起吵鬧，也沒有與其他人爭搶，她只是謙讓地站在一邊，等別的孩子都拿完以後，才把剩在籃子裡最小的一個麵包拿起來，她也沒有急於離去，她向麵包師表示了感謝，並親吻了麵包師的手之後才離開。

第二天，麵包師又把盛麵包的籃子放到這些孩子們面前，其他孩子依舊如昨日一樣瘋搶著，羞怯、可憐的依娃只獲得一個比第一天還小一半的麵包。當她回家以後，媽媽切開麵包，許多嶄新、發亮的銀幣掉了出來。

媽媽驚奇地叫道：「立即把錢送回去，一定是揉麵的時候不小心揉進去的、趕快送回去，依娃，趕快送回去！」

當依娃把媽媽的話告訴麵包師的時候，麵包師面露慈愛地說：「不，我的孩子，這沒有錯，是我把銀幣放進小麵包裡的，我要獎勵你。願你永遠保持現在這樣一顆平安、感恩的心。回家去吧，告訴你媽媽這些錢是你的了。」

　　她激動地跑回了家，告訴了媽媽這個令人興奮的消息，這就是她的感恩之心得到的回報。

　　以感恩的心態面對一切，包括失敗，你會發現，人生其實很精彩，生活其實很快樂。對別人心存感恩，別人也會對你心存感恩。一個不懂得感恩、對生活充滿怨恨的人，永遠也得不到快樂。

　　培養孩子感恩的心，其實是培養孩子一種知恩圖報、飲水思源的健康心態。懂得感恩的孩子，更容易獲得快樂和滿足，也更容易受到他人的歡迎和喜愛。

▌告別依賴，走向獨立

　　父母愛子之心，天地可鑑。許多家長甚至還這樣想：愛孩子，就要給孩子最好的！為了能給孩子最好的生活，家長拚命地工作賺錢；為了能讓孩子進最好的學校，家長到處找關係、想辦法。為了表現自己對孩子的愛，家長把孩子所有的事情都包攬了！

　　可是，讓家長們意想不到的是，正是自己無私的愛，給了孩子最大的傷害。過度保護導致許多孩子失去了基本的生活能力，離開了家長，他們就茫然無措、寸步難行。還是讓孩子先來聽聽下面的故事吧！

　　有一對夫婦家境富裕，晚年喜得貴子，歡喜得不得了，把兒子視為寶貝，百般溺愛，生怕孩子有一點閃失。兒子在這種溺愛中長大後，連最起碼的生活都不能自理。一天，老夫婦要出遠門，需要半個月才能回來，他們怕兒子挨餓，就做了一張大餅，套在兒子的脖子上，告訴兒子餓了就吃這張大餅。半個月後這對老夫婦回到了家，兒子還是餓死了，原來兒子只吃了嘴邊上的幾口餅。

　　這則故事反映出：孩子對家長的過度依賴，會導致獨立性的缺失和自

我生存能力的弱化。對家長過度依賴，有礙孩子的身心健康與發展，因此，每個家長都應該從小教育孩子獨立，放手讓他們勇敢地面對生活的挑戰和壓力。畢竟孩子的未來要靠自己去開創，獨立生活的能力是一個人生存和發展的基本前提，而這種能力不是天生的，是從小培養和鍛鍊出來的。

為了糾正孩子過度依賴的習慣，家長應該從以下幾方面入手：

✧ 不能包山包海，要讓孩子做自己力所能及的事。

✧ 幫助孩子擺脫依賴心理。

✧ 讓孩子在學習上自主。

✧ 常帶孩子出去旅遊、露營，讓他們了解不同的生活環境，為他提供多樣的生活經驗，並培養他們解決問題的能力。

✧ 在孩子最易發生依賴的時間裡，如睡前、生病時、疲勞時，盡量滿足他們的依賴行為，但同時要教給他們一些自己適應的方法，如睡前告訴孩子躺在床上想想今天自己做了哪些事情，孩子會慢慢入睡的。

當然，要幫助孩子改變依賴的習慣，並非一朝一夕的事情。家長在有意識地培養孩子動手能力的同時，千萬不要忘記繼續用故事對他們進行滲透式教育。

在猴子王國中，有一隻叫波波的猴子長得高大英俊，但非常懶惰，牠從小不愛勞動，吃的食物全依賴父母為牠提供，而牠自己卻每天躲在洞裡呼呼大睡，做著娶老婆的美夢。

猴子王國有規定，每年五月都要舉行爬樹比賽。所以，那些愛爬樹的猴子們都躍躍欲試，想在比賽中獲得冠軍。對此，猴子波波卻不感興趣，但牠聽爸爸媽媽說，今年的爬樹比賽格外盛大，有許多外地山頭上的猴子也會來參加，還有許多年輕貌美的猴子小姐們來當觀眾呢！這樣一來，猴

子波波動心了。牠想：不參加爬樹比賽，去看美女也行呀！

比賽那天，猴王帶著自己的女兒茉莉公主來了！

波波混在觀眾席裡，上竄下跳地觀賞猴小姐們。突然，牠發現了猴王身邊的茉莉公主，一下子便喜歡上了！牠想：天上的仙女也不過如此吧？

在閉幕式上，波波熱情地邀請茉莉公主跳舞，可是，茉莉公主居然冷冷地拒絕了牠：「哼，請站遠點，我討厭被你這樣遊手好閒的花花公子擋住視線。」同時還表現出一副瞧不起牠的神情。這時，那隻在爬樹比賽中獲得冠軍的猴子來邀請茉莉公主，茉莉公主非常高興地答應了。

這讓波波很受打擊，當牠沮喪著，旁邊的猴王對牠說：「孩子，你怎麼沒有參加今天的比賽呢？我看你身材高大，四肢修長，應該是一個爬樹高手呀！」

波波低下頭，羞愧地溜回了家。

從那以後，波波就變了一個樣，牠想：我不能再依賴父母，做一隻沒有用的、被茉莉公主瞧不起的猴子了，我要變得獨立自強起來。

他每天在天還沒亮就起來鍛鍊身體，爬樹摘果實，還變得關心起爸爸媽媽。看著波波的變化，猴爸爸、猴媽媽高興得合不攏嘴。

第二年的爬樹比賽很快就到了。老猴王早在比賽前幾天就頒下聖旨：誰在這次大賽中贏得冠軍，誰就可以娶茉莉公主為妻。聽到這個消息，年輕的猴子們興奮至極，個個摩拳擦掌，誓爭第一。去年在茉莉公主面前碰了釘子的波波也報名參加了這次的比賽。

經過激烈的角逐，波波 —— 這隻曾被茉莉公主不屑一顧的猴子居然獲得了冠軍。這太令人意外了！

當波波來到猴王面前領取冠軍徽章時，他向猴王和茉莉公主深深地鞠了一躬，說道：「尊敬的國王和公主，正是因為公主的刺激和國王您的鼓

勵，才讓我不再依賴我的父母，不但變得獨立，還練就了一身爬樹的好本領，在這裡我非常感激你們！」

茉莉公主這才發現他居然是去年被自己數落的那隻猴子，也有點不好意思了，她深情地看著猴子波波，笑著說：「士別三日，當刮目相看！你這麼有志氣，正是我要找的那個人呀！」說完，低著頭跑開了！猴王則樂得哈哈大笑起來。

幾天以後，波波和公主一起走上了紅地毯！從此，過上了美好、幸福的生活！

美好的生活總是屬於那些勤勞的人的。一個從小就喜歡依賴家長、一事無成的人是會遭人恥笑，讓人瞧不起的。只有拋開對他人的依賴心理，自立自強，才能得到別人的尊重。這就是這個故事告訴我們的道理！

每個人或多或少都會有一些依賴性，這是很正常的。但如果孩子過於依賴，將導致生存能力的缺失和性格上的缺陷，對孩子的成長不利。要想孩子將來有出息，請父母把「愛」的手放開，讓孩子變得堅強而獨立，這樣的孩子，才能經得起風雨的考驗！

▋斤斤計較只會得不償失

生活中有這樣一些孩子，他們錙銖必較，害怕自己吃虧。因為過於追求完美，他們的眼裡容不下一粒沙子。別人哪怕只有一點點毛病，他們都要橫加挑剔、指責，甚至故意疏遠、嫌棄。遇到一點點小問題，他們就耿耿於懷、悶悶不樂。

這樣的孩子不能虛心接受他人的批評和意見，不能容忍他人的缺點和過失，不僅自己活得辛苦，與他們相處的人也不會快樂。為此，媽媽可為孩子講《夢中受辱》的故事。

斤斤計較只會得不償失

　　齊莊公時，有一位勇士叫賓卑聚，他一生勇猛過人，從不屈居於人下。

　　一天深夜，他夢見一個身材魁梧的壯士緊緊地追趕而且斥罵自己：「就你這副模樣也配稱為勇士？」說完還把唾沫吐在他的臉上。賓卑聚氣急攻心，就大聲喝道：「是不是勇士我們決鬥不就知道了嗎？」他正欲上前與那個壯士決鬥，一著急卻醒了。雖然這只是一個夢，但他心中依然非常不痛快，認為自己在夢中受了侮辱。

　　第二天一大早，賓卑聚就請來朋友，把夢中受辱的事講了。最後他說：「我從小到今，六十年來都沒人敢欺侮於我。這次我一定要找到夢中那個壯漢，跟他較量一番。找得到便好，找不到，我就沒有臉活在這世界上了！」

　　於是，每日清早，他便和朋友一起站在路旁辨認過往行人。可是，連著好幾天，他都沒有找到夢中的那個人，便回家自殺了。

　　你看，故事裡的賓卑聚是一個多麼狹隘、愚昧的人呀。因為夢中的事情耿耿於懷，最終居然因此而自殺，這是多麼不值得啊！因此，一定要調整好自己的心態，不要小心眼。因為外界的因素影響自己的心情，這是非常得不償失的！

　　小事情上吃點虧，並不是懦弱的表現。學會忍讓，能讓自己受益無窮。這正是故事《瓜田化怨》要講述的道理。

　　戰國時期，梁、楚兩國相鄰。梁國邊境縣的縣令一職由梁國的大夫宋就擔任。

　　梁、楚兩國的邊境都沒有界碑。兩國邊境的老百姓各自種了一塊瓜田。梁國邊境的百姓十分勤勞，能吃苦，經常給瓜田澆水灌溉，他們種的瓜生長很好。而楚國邊境的百姓比較懶惰，給瓜田澆水灌溉的次數很少，他們種的瓜生長不好。

第五章 努力綻放 EQ 的亮點

楚國的百姓看到梁國的瓜田長得綠油油，比自己的瓜田生長好很多，十分嫉妒，就在夜間偷偷把梁國瓜田裡的瓜秧亂拔，讓瓜秧枯乾而死。

不久，梁國邊境的百姓發覺了這件事，就向縣尉請求：允許他們也偷偷到楚國的瓜田，亂拔瓜秧，進行報復。

因為這件事可能造成兩國邊境事端，事態嚴重，縣尉不敢擅自做主，便去請示縣令宋就。

宋就知道後，說：「這是什麼話！這是結怨招禍的辦法，如果真的這樣做了，對雙方都沒有好處。讓我來教給你處理此事的辦法，你必須每天夜晚派人前去，偷偷給楚國邊境的百姓澆灌瓜田，還要讓他們不知道。」

縣尉聽了，感到很為難，但這是縣令的意思，他不敢違抗，只好把縣令的話轉告給了老百姓。百姓們更不明白這其中的意思，但既然這是縣令的命令，便只好照縣令的意思去做。

於是，梁國的百姓就每天夜裡偷偷去澆灌楚國的瓜田。楚國的百姓早晨到瓜田裡一看，發現已經澆灌過了。就這樣，在梁國邊境百姓的幫助下，楚國百姓的瓜田生長一天比一天好。楚國邊境的百姓感到奇怪，便暗中察訪，才知道原來是梁國邊境的百姓在幫助他們。

楚國邊境的百姓大受感動，便把這件事向縣令報告了，縣令聽後很高興，就把這件事上報給楚國朝廷。

楚王聽了這件事，感到很慚愧，知道自己的百姓糊塗，做了錯事，就對縣令說：「我們的百姓除了亂拔人家的瓜秧，就沒有其他罪過嗎？」楚王的言外之意是要求縣令嚴格約束部下，檢查有沒有其他向對方挑釁的事件。

楚王對梁國百姓能暗中忍讓並且幫助自己的百姓感到非常感動，便派人帶著豐厚的禮品去向梁國邊境的老百姓道歉，並請求與梁國來往。

此後，楚國與梁國關係融洽，而兩國友好的開端，便是瓜田事件。

結怨招禍的辦法，對雙方都沒有好處。聰明的宋就明白這其中的厲害，懂得與其以怨報怨、惹起兩國爭端、使老百姓因此遭殃，還不如以德報怨、讓對方明白自己的錯誤，這不但能化解糾紛，還因此讓雙方的關係變得更融洽，何樂而不為呢？

家長在教育孩子學會寬容的同時，也要讓孩子掌握寬容的標準。

✧ 對小是小非，沒有嚴重後果的個人衝突、無意的損傷等不要斤斤計較，要學會寬容、忍讓。

✧ 對影響友誼和群體榮譽、造成較大損害或有意的破壞行為，絕對不可容忍，要採取靈活的方式，誠懇地加以批評、制止。

✧ 對於壞人，寬容就等於縱容他們去做壞事，這是萬萬不可取的。

✧ 一次考試考不好，不等於學習不好，要學會心胸寬廣，吸取教訓，既要寬容自己，也要鞭策自己。

孩子只要掌握好寬容的度，就能變得豁達而通透，不再為小事而煩惱。

人與人相處，難免會有誤會或摩擦，孩子也一樣。孩子進入學校以後，開始有了自己的活動空間與群體。在群體中，他們也可能與身邊的同學發生矛盾和摩擦。這時候，家長要開導孩子學會忍讓、包容和體諒，不要過於斤斤計較。

▋做情緒的主人而非奴隸

蛋蛋是個善良、大方的孩子，平日裡他同情弱者，幫助那些需要幫助的人，還餵食那些受傷的小動物。總之，大家都覺得他挺仗義的。但他發起脾氣來，每個人看了都會離他遠遠的。蛋蛋也知道亂發脾氣不好，但他總是沒有辦法控制自己的情緒。

155

第五章　努力綻放 EQ 的亮點

如果你身邊也有這麼一個善良卻又愛發火的小蛋蛋，那麼你可以和他講《釘子和脾氣》這個故事，相信對他會有一定的幫助。

從前，有一個脾氣很壞的男孩。他的爸爸給了他一袋釘子，告訴他，每次發脾氣或者跟人吵架的時候，就在院子的籬笆上釘一根釘子。

第一天，男孩釘了 37 根釘子。後面的幾天他學會了控制自己的脾氣，每天釘的釘子也逐漸減少了。他發現，控制自己的脾氣，實際上比釘釘子要容易得多。

終於有一天，他一根釘子都沒有釘，他高興地把這件事告訴了爸爸。

爸爸說：「從今以後，如果你一天都沒有發脾氣，就可以在這天拔掉一根釘子。」日子一天一天過去，最後，釘子全被拔光了。

爸爸帶他來到籬笆邊，對他說：「兒子，你做得很好，可是看看籬笆上的釘子洞，這些洞永遠也不可能恢復了。就像你和一個人吵架，說了些難聽的話，你就在他心裡留下了一個傷口，像這個釘子洞一樣。」

傷害了別人以後，無論你怎麼道歉，傷口總在那裡。要知道，身體上的傷口和心靈上的傷口一樣都難以恢復。朋友是人一生中最寶貴的財富，你需要他們的時候，他們會支持你，向你敞開心扉。所以，無論什麼情況下，都要控制自己的情緒，不要因為自己的壞脾氣，嚇跑了朋友。

《釘子和脾氣》的故事，要告訴孩子的正是有關亂發脾氣、不懂得控制情緒的危害性。當然，在孩子因為衝動、亂發脾氣做了錯事的時候，僅僅這麼一個故事，對其影響力還是不夠的。也許，孩子還應該明白亂發脾氣導致的一些嚴重後果，比如誤會加深、火上加油等等，此外，讓孩子知道：發脾氣是愚蠢的行為。只有充分了解衝動導致的惡劣影響，孩子才能控制好自己的壞脾氣。

古時候有一個婦人，特別喜歡為一些瑣碎的小事生氣。她也知道自己

這樣不好，便去求一位高僧為自己講禪說道，開闊心胸。

高僧聽了她的講述，一言不發地把她帶到一間禪房中，鎖門而去。

婦人氣得跳腳大罵。罵了許久，高僧也不理會。婦人又開始哀求，高僧仍置若罔聞。婦人終於沉默了。高僧來到門外，問她：「你還生氣嗎？」

婦人說：「我只為我自己生氣，我怎麼會到這種地方來受罪。」

「連自己都不原諒的人怎麼能心如止水？」高僧拂袖而去。

過了一會兒，高僧又問她：「還生氣嗎？」

「不生氣了。」婦人說。

「為什麼？」

「氣也沒有辦法呀」

「你的氣並未消逝，還壓在心裡，爆發後將會更加劇烈。」高僧又離開了

高僧第三次來到門前，女人告訴他：「我不生氣了，因為不值得氣。」

「還知道值不值得，可見心中還有衡量，還是有氣根。」高僧笑道。

婦人問高僧：「大師，什麼是氣？」

高僧將手中的茶水傾灑於地。婦人視之良久，領悟。叩謝而去。

何苦要氣，氣便是別人吐出而你卻接到口裡的那種東西，你吞下便會反胃，你不看它時，它便會消散。生氣是用別人的過錯來懲罰自己的蠢行。這樣看來，生氣真的是毫無價值。

但實際上，在生活中，生氣總是不可避免的。當生氣的時候，每個人解決情緒的方法也有所不同。現在，讓孩子聽聽以下這個故事的主人公是怎樣解決自己的情緒問題的。

在古老的西藏，有一個叫做愛地巴的人每次生氣和人爭執的時候，他

都以很快的速度跑回家去，繞著自己的房子和土地跑三圈，然後坐在田地邊喘氣。愛地巴工作非常努力，他的房子越來越大，土地也越來越廣，但不管房子、土地有多大，只要與人爭論生氣了，他還是會繞著房子和土地跑三圈。愛地巴為何每次生氣都這樣做呢？

所有認識他的人，心裡都疑惑，但是不管怎麼問他，愛地巴都不願意說明。直到有一天，愛地巴很老了，他的房子和土地也已經很廣大，他又拄著拐杖艱難地繞著土地和房子，等他好不容易走了三圈，太陽都下山了。愛地巴坐在田邊喘氣，他的孫子在身邊懇求他：「阿公，您已經年紀大了，這附近也沒有人比您的土地更大，您不能再像從前一樣，一生氣就繞著土地跑啊！您可不可以告訴我，為什麼您一生氣就要繞著土地跑三圈？」

愛地巴禁不起孫子懇求，終於說出隱藏在心中多年的祕密，他說：「年輕時，我一和人吵架、爭論、生氣，就繞著房地跑三圈，邊跑邊想，我的房子這麼小，土地這麼小，我哪有時間、哪有資格去跟人家生氣。一想到這裡，氣就消了，於是就把所有時間用來努力工作。」

孫子問到：「阿公，你年紀大了，又變成了最富有的人，為什麼還要繞著房地跑？」

愛地巴笑著說：「我現在還是會生氣，生氣時繞著房地走三圈，邊走邊想，我的房子這麼大，土地這麼多，我又何必跟人計較？一想到這裡，氣就消了！」

孩子生氣的時候，家長應該讓他盡快轉移自己的注意力，想想那些值得我們注意的東西，這樣就不會去計較了。

當孩子摔倒傷膝蓋時，家長知道給孩子清洗傷口，再綁上繃帶就可以解決問題了。可是，當孩子情緒受傷，亂發脾氣時，家長們往往束手無

策。實際上，對於成長中的孩子來說，情緒的疏導遠比其他方面重要。如果孩子不善於控制自己的情緒，只會野蠻地解決問題，便會製造出更多更大的問題，讓家長們防不勝防。

防治孩子的「紅眼病」

許多孩子從小就聰明伶俐，深受他人的關心與喜愛。為此，孩子總認為自己「高人一等」，總擔心別人搶了自己的風頭。一旦有人表現得比自己突出，這些孩子在心理上就承受不了，開始嫉妒、攻擊別人。

如果你的孩子也患有這種「紅眼病」，不妨多和他講「天外有天，人外有人」的道理，並讓孩子做到「勝不驕，敗不餒」。只有這樣，孩子才能擁有健全的心態。以下的故事，對孩子來說就有很大的啟發作用。

小天鵝的舞姿優美，是飛鳥王國裡眾所周知的「舞中王后」。很多人都喜歡牠，羨慕牠，紛紛來看牠的演出。

小天鵝因此變得洋洋得意起來。它覺得自己的舞姿如此優雅，再沒有人能比得過自己。

不料，歌舞團裡又來了一位「明星級」人物 —— 丹頂鶴。丹頂鶴長得亭亭玉立，又非常勤奮好學，牠想向小天鵝學習舞技。

然而，小天鵝可不願意教丹頂鶴，牠把丹頂鶴當成了自己的競爭對手，認為丹頂鶴會搶了自己的風頭。因此，無論丹頂鶴怎樣向小天鵝虛心請教，小天鵝眼裡卻總是容不下這粒「沙子」，牠決意要捍衛自己「舞后」的地位，不惜一切代價，也要把丹頂鶴擠走。

因為嫉妒丹碩鶴影響到了小天鵝的情緒，因此，最近一段時間，牠在舞臺上的表現不是很好，很多觀眾開始對牠有意見。倒是丹頂鶴，因為從來都是不卑不亢，所以很受歡迎。

第五章　努力綻放 EQ 的亮點

　　一次，山鷹大王要親臨歌舞團觀看演出，事關重大。為了演出順利，團長決定臨時把領舞者換成丹頂鶴。

　　小天鵝知道團長的決定後，以為是丹碩鶴從中作梗，便怒氣沖沖地去練功房找丹頂鶴理論。可是沒想到氣急攻心，眼前一黑，腳下一軟，摔倒在地上，折斷了身上那幾根最漂亮的羽毛。

　　團長因不知內幕，以為小天鵝是因為練功過度傷了身體，就請來最好的醫生 —— 啄木鳥為牠治療。

　　啄木鳥醫生為小天鵝把脈後說：「你這是心痛，肝火旺盛，氣大傷身。這種病無藥可治，唯一的方法是要靠你自己去調整心態，看淡一切，包容一切，才可痊癒。」

　　這下子，小天鵝永遠也不能再返回舞臺了。

　　其實，嫉妒之心人皆有之。一定程度的嫉妒心理，能轉化為一種前進的動力，從而勤奮學習、努力工作、改變現狀，那是有利的；反之，如果陷入嫉妒的深淵而不能自拔，最後害人又害己。

　　在一個鮮花盛開、綠草如茵的山坡下，有一條歡樂地歌唱著流向遠方的小河；山坡上，有一塊凸凹不平的石頭在花草中悲嘆著：

　　「唉！這個世界太不公平了。你看那小河，它憑什麼就可以想到哪裡就到哪裡？它飽覽了世上的風光，逛遍了天下美景，哼！你看它得意的，不停地唱著歡歌，它憑什麼？憑什麼？論性格，它柔弱無比，哪裡比得上我的剛強？論素養，它曲迎善變，哪裡比得上我的剛正不阿？它嘻嘻哈哈，淺薄透明，哪裡有我沉默寡言內涵深刻？」

　　「可是，我又獲得了什麼？我被整日固定在這山坡上，享受不到環遊世界的樂趣，也無人聽到我心中的悲歌……唉！這世界太不公平了！太不公平了！」

防治孩子的「紅眼病」

這塊石頭被心中的嫉妒之火燃燒著，它從來沒有感受過生活中的快樂。它身邊的花草勸它：

「算了吧，石頭大哥。在這個世界上，各人有各人的特點，各人有各人的樂趣，你何必因為別人的快樂而痛苦呢？在我們看來，您也挺不錯嘛。您看，每天您的身邊環繞著鮮花綠草，溫暖的陽光從早到晚照耀著您，時而還有牧羊人到這裡與您聊天。您不必為生計煩惱，不必去逢迎，難道這不是逍遙自在的快樂生活？」

但是石頭聽不進勸告，它決心豁出命去，阻止小河的歡樂。

終於有一天，機會來了，一個牧羊人來到這裡，他坐在石頭旁邊休息。

「牧羊老哥，求求您了！請趕快把我抱起來，放進那條小河裡去。我要阻止它隨心所欲的生活，我不能讓它那麼快樂！哼！最起碼，它也得帶我一起去環遊世界。」石頭請求著。

「可是……」牧羊人想說什麼，但是這塊妒火中燒的石頭根本不允許他說完，再三懇求著。牧羊人無奈，只好把它放在了小河裡。

小河想帶它去環遊世界，然而它太重了，石頭只隨著小河滾了幾步，便一頭跌進一個深坑裡，出不來了。

這塊嫉妒的石頭在坑裡謾罵著。現在，它既無法阻止小河的歡樂和奔跑，也無法從深坑裡出來，每時每刻還要看著快樂的小河從它身邊流過，它的痛苦更深了。

愛嫉妒的人不僅讓別人遭受了不幸，同時也讓自己遭受了不幸。愛嫉妒的人不想辦法從自己擁有的一切裡體會快樂，卻總想從他人擁有的東西中汲取痛苦。

家長應如何醫治孩子的「紅眼病」呢？

✧ 向孩子講明嫉妒的危害性。嫉妒不但影響孩子之間的相互團結，對自己也沒有好處。

✧ 讓孩子學會正確了解自己，激發孩子的競爭意識和自信心。

✧ 培養孩子熱情、合群的性格和群體主義觀念。

✧ 培養孩子寬容的素養。

✧ 引導孩子樹立正確的競爭意識。

✧ 教育孩子承認差異，奮進努力。現實中的人與人之間必然是有差異的，不是表現在這方面，就是表現在那方面。一個人承認差異就是承認現實，要使自己在某方面好起來，只有靠自己奮進努力，嫉妒於事無補，反而會影響自己的奮鬥精神。

「紅眼病」是一種擾亂心智的心理疾病，是由於個人在與他人比較的過程中，發現別人在某一方面比自己強而產生的一種羞愧、不滿、怨恨、憤怒等複雜心理，是人類的一種原始消極情感。

▌放棄有時也是一種擁有

生活中，有許多孩子的占有欲很強，好東西總想占為己有。因為過於貪心，老是吃著碗裡的，看著鍋裡的，以致失去了擁有的快樂。

如果你的孩子同樣有這樣的心理，不妨為他講以下這個故事。

在阿爾及爾地區有一種猴子，非常喜歡偷食農夫的大米。當地的農夫根據這些猴子的特性，發明了一種捕捉猴子的巧妙方法。

農夫們把一個葫蘆形的細頸瓶子固定好，綁在大樹上，然後在瓶子中放入猴子們最愛吃的大米，最後就靜候佳音了。

到了晚上，猴子來到樹下，見到瓶中有大米十分高興，就把手伸進瓶子去抓大米。這種瓶子的妙處就在於猴子的手剛好能夠伸進去，等牠抓到

一把大米時，手卻怎麼也拉不出來了。貪婪的猴子絕不可能放下已到手的食物，就這樣，牠的手就一直抽不出來，牠就死死地守在瓶子旁邊。直到第二天早晨，農夫把牠抓住的時候，牠依然不會放開手，直到把那把米放入嘴中。

　　媽媽在講完故事後，可以這樣開導孩子：一個人如果過於貪心，就可能導致簡單變得複雜，輕鬆變得沉重，快樂最終被淹沒。比如猴子，牠明明可以放開手逃命，但因為牠捨不得放棄大米，最終落了個被逮住的可悲命運。聽了這個故事，我們可能會笑猴子傻，其實，想想我們自己，是否也有傻得不捨得放棄的時候呢？比如：我們明明已經擁有了自己的鉛筆盒，卻羨慕同學的新鉛筆盒，也想擁有，如果得不到，就不甘心，大發脾氣等。你看，這些行為和猴子是不是很像呢？

　　平時，我們總是教育孩子做事要堅持，如今又要告訴他們要學會放棄。這倒讓孩子們糊塗了，到底什麼時候該堅持，什麼時候該放棄呢？其實，這種困惑是正常的，換作大人，也未必能做到取捨得當，何況是缺少生活經驗和閱歷的孩子呢。

　　如果你也不知道該怎麼去說服孩子，就用以下的故事，去解答他們的疑惑吧。或許，能從故事裡找到想要的答案！

故事一：

　　有一頭毛驢站在兩堆數量、品質和與牠的距離完全相等的乾草之間。牠雖然享有充分的選擇自由，但由於兩堆乾草價值絕對相等，客觀上無法分辨優劣，也就無法分清究竟選擇哪一堆好。於是牠始終站在原地猶豫不決，最後竟然活活餓死了。

　　為什麼選擇變得這麼困難呢？那是因為「捨不得」。毛驢不知道「魚與熊掌不可兼得」的道理，所以把自己活活餓死了。

第五章　努力綻放 EQ 的亮點

故事二：

每一次高傲的老鷹去獵食野鴨，牠都非常惱火。那些野鴨每次都把牠當做傻瓜似的戲弄，到了最後一刻，就潛進水裡，藏在水下，比老鷹能在天空中翱翔著等候牠們的時間還要長。

有一天早上，老鷹決心要再試一次，牠張開翅膀在天空盤旋了一陣，觀察好形勢，小心地挑選好要捕捉的野鴨。這高傲的老鷹，就像一塊石頭似的，直墜而下。但野鴨比牠更快，把頭一鑽，又潛進水裡去了。

「這次我可不放過你啦！」老鷹惱火地喊叫道，也跟著潛入水裡去。

野鴨一見老鷹栽進水裡，就一擺尾巴，鑽出水面，張開翅膀，飛走了。老鷹的羽毛全被水泡溼了飛不起來。

野鴨在牠頭上飛過，說：「再見吧，老鷹！我能夠飛上你的天空，但在我的水底下，你就要淹死啦！」

透過故事告訴孩子每個人都有自己的強項和弱項，強項是用來發揮的，弱項是用來規避的。如果我們用自己的弱項去對抗對手的強項，無異於以卵擊石。所以，學會放棄，實質是在保全自己。

故事三：

有一個小男孩，在他很小的時候，父母想把他培養成一個出色的鋼琴家，所以請了老師來教他。可是，小男孩十分貪玩，不認真學習彈鋼琴，所以在鋼琴上並沒有取得很好的成績。最後，就放棄了。

男孩長大後透過自己的努力，在商業做出了驚人的成就，在商界赫赫有名他在事業上達到了巔峰，工作十分繁忙，但是他很孝順自己的父母，經常抽出時間陪父母旅遊、吃飯。

有一天，他陪同他的父親到一家高雅的餐廳用餐，現場有一位琴藝不凡的鋼琴手正在為大家演奏。當這位企業家在聆聽之餘，想起當年自己也

曾學過鋼琴。

這時，父親忽然說道：「想當年你也學過鋼琴。」

「是啊，如果我從前好好學琴，現在也許就會在這裡演奏了，或許我還能成為一名出色的演奏家呢。」

「是呀，孩子，」他父親回答，「不過那樣的話，你現在就不會在這裡用餐了。」

學會選擇，懂得放棄。不要為已經放棄的東西而感到惋惜，最重要的是好好珍惜現在所擁有的東西，那才是最可貴的。

當然，對於不同的孩子，家長應進行不同的教育：

❖ 對於好勝心強、偏執、喜歡鑽牛角尖的孩子，家長不要命令他「放棄」，這會嚴重傷害孩子的積極性，最好的辦法，就是幫助孩子分析，讓孩子明白，退並不是敗，退後一步，事實上意味著轉機。明白了這個道理，孩子做事情的時候，便不會再意氣用事了。

❖ 對於比較軟弱、喜歡退縮的孩子，家長應該多試探一下孩子的忍耐力，讓孩子自己學會判斷，是否能夠堅持，如果實在不能堅持，那就放棄。但這種放棄一定是在堅持的基礎上。

總之，家長只有充分了解孩子的個性，才能使自己的教育達到理想的效果。

當今社會是一個浮躁而喧囂的社會，太多的東西擾亂了孩子的視線，使他們眼花繚亂，無所適從。這時候，讓孩子學會選擇和放棄非常重要。只有捨得了選擇，捨得放棄，孩子才能在面對眾多誘惑時，分清主次，有所取捨，獲得自己真正想要的東西。而如果他們不捨得放棄，什麼東西都想擁有，最終只會身心俱疲，最終一事無成。

第五章　努力綻放 EQ 的亮點

第六章　學習能力代表將來

　　知識就是財富，知識就是力量。知識的力量是不可估計的。而知識獲取的途徑就是學習。學習，無論是對個人還是國家，意義都是重大的。兒童時期是學習的黃金期，盡早讓孩子了解到學習的真正意義，激發孩子學習的主動性，讓孩子從學習中獲得樂趣，對孩子的一生而言都有很大的幫助。媽媽不妨透過故事激發孩子好學向上的潛能，讓孩子在學習的過程中體會娛樂。在故事裡，孩子能夠領略到學習是一件美妙的事情，更是一件快樂的事情。只要讓自己置身其中，就可以發現沿途的美好風景。

第六章　學習能力代表將來

▋興趣是最好的老師

古人云：「知之者不如好之者，好知者不如樂之者。」興趣對孩子的學習有著神奇的驅動作用，有興趣才有渴求，有渴求才會主動積極。興趣能變無效為有效，化低效為高效。充分激發孩子的學習興趣是家長培養孩子學習主動性的有效途徑。

基於孩子的心理特點，通常，年幼的孩子對自己的興趣並沒有什麼清晰的概念，只模模糊糊地覺得「喜歡」。但孩子的興趣廣泛，身為家長應該引導孩子，「喜歡某一事物，就做好這一件事情。」這樣的喜歡才是有價值的。有一位學者，他小時候讀書廣泛，從《千字文》、《百家姓》、《三字經》、《古文觀止》到英國、法國文學，從童話到古今新舊小說，每讀一本書都和書中人物融合為一，彷彿自己就是濟公、武松、李逵、黃天霸、賈寶玉或堂吉訶德，完全是「用感情去讀書」，多是從興趣出發。他在大學教書，教的是大學一年級的國文、歷代詩選和歷代文選課。儘管他非常努力地編寫講義，但上了幾個月課，才知道自己以前光是讀書，縱然讀了許多書，有的古詩文，自己過去讀了幾十遍，自以為全懂，沒有一點問題了，某想到在課堂上講課，經學生一問，便覺得有問題了。這件事對他的觸動很大，改變了他過去全憑興趣讀書的習慣。

從此，他要講什麼課，先廣泛搜集與這堂課相關的詳細資料，並加以梳理整合，同時，還在書旁做一些筆記。這時，他開始注意「用理智去讀書」，比如《水滸傳》也就看了第二遍、第三遍，書中人物再也不能和他合二而為一。他開始注意的是作者描寫潘金蓮和潘巧雲的方法有什麼相同點和不同點，七十回本和一百二十回本哪本更優哪本更劣，金聖歎的評語可信還是不可信。用這種眼光去看小說，即使是當時也有可樂之處，但畢

竟不是青少年時期的那種樂趣了。

他說：「一個人，能不能經常讀書，有志於不斷提升水準、不斷擴大知識面，完全決定於中學階段。」他認為，一個學生應該讀些書，不必有太嚴的限制，主要是必須善於培養愛讀書的習慣。一個學生，如果是除了課本之外什麼書也不讀，是沒有希望的；而一輩子光讀小說的人，同樣也是沒有希望的。而有目的地為汲取書中「營養」去讀書，就會自覺地以審視的目光對書本進行分析，注意吸收書中好的內容、新的知識、寫作技巧、優美語句，讀書的收穫自然也就很大。

這個故事告訴我們，不要只做自己感興趣的事情，還應該做一做自己不感興趣的事情，學一學自己沒有興趣的東西，這樣才有可能成為一個博學多才的人！

「興趣是最好的老師。」因為有興趣，孩子才能付出熱情和專注，並由於專注而投入精力、時間等。要激發孩子學習的熱情，家長需要從培養孩子的學習興趣開始！

▌目標指引成功道路

目標對人生有巨大的導向性作用。學習目標是學習中預期要達到的學習結果和標準。學習如果沒有目標，就如下面故事中的黑騾一樣，終究一事無成。

唐太宗年間，在長安城的一個破磨坊裡，有一匹白馬和一頭黑騾非常要好。

有一天，白馬被唐玄奘選中，要到西天取經去了。

17 年後，白馬凱旋而歸，回來看望黑騾。老朋友見面，話自然格外多。白馬向黑騾說起一路的風險和半生的體驗，百感交集。

第六章　學習能力代表將來

黑騾非常羨慕，吃驚地說：「太神奇了，這麼遠的路，我想都不敢想。」

白馬說：「其實，我們走的距離是差不多的，我向西域前進的時候，你也一步沒有停止。但不同的是，我有一個遙遠但清晰的目標，而你卻被蒙住了眼睛，一直圍著一個磨盤打轉。」

看著昔日與自己在一個屋簷下的夥計，黑騾感嘆不已。

是呀，每個人每天做的事情其實都差不多，但為什麼有的人成功，有的人卻不成功呢？這個道理很簡單，只因有的人像白馬一樣行走天下，有的人卻像黑騾一樣只會在原地拉磨打轉。

有沒有目標，就是不一樣！媽媽透過下面的故事，進一步為孩子說明目標的重要性。

1976 年的冬天，19 歲的麥可在休士頓一家實驗室裡工作，他希望自己將來從事音樂創作。寫歌詞不是麥可的專長，他找到善寫歌詞的凡內芮和她一起創作。凡內芮了解到麥可對音樂的執著以及目前不知從何入手的迷茫，決定幫助他實現夢想。她問麥可：「想像你五年後的生活是什麼樣子？」

麥可深思了幾分鐘告訴她：「第一，五年後，我希望自己能有一張很受歡迎的唱片在市場上銷售。第二，我能住在一個很有音樂氛圍的地方，每天能與世界一流的樂師一起工作。」

凡內芮接著他的話說：「我們現在把這個目標倒算回來。如果第五年，你有一張唱片在市場上，那麼第四年你一定要跟一家唱片公司簽約。」

「第三年你一定要有一個完整的作品，可以拿給很多唱片公司試聽。」

「第二年你一定要有很棒的作品開始錄音了。」

「第一年一定要把你所有要準備錄音的作品全部編曲，排練完成。」

「第六個月你就要把那些沒有完成的作品修改好，然後讓自己可以逐一篩選。」

「第一個月你就要把目前這幾首曲子完工。」

「現在的第一個禮拜你就要先列出一張清單，排出哪些曲子需要修改，哪些需要完工。」

「好了，現在我們不就已經知道你下個星期一定要做什麼了嗎？」凡內芮一口氣說完。

「你說你五年後要生活在一個很有音樂氛圍的地方，然後與一流的樂師一起工作，對嗎？」她補充說，「如果，第五年你已經與這些人一起工作，那麼第四年你應該有自己的一個工作室或錄音室。第三年，你可能得先跟這個圈子裡的人在一起工作。第二年，你應該搬到紐約或是洛杉磯去住了。」

凡內芮的五年規劃體系讓麥可很受益。次年（1977 年）他便辭掉了令許多人羨慕的太空總署的工作，離開了休士頓，搬到洛杉磯。大約在第六個年頭的 1983 年，麥可成為當紅歌手，他的唱片專輯在北美暢銷幾百萬張，他一天 24 小時都與頂尖的音樂高手在一起工作。

這個故事告訴我們，要想達到自己的目標，應該從小事做起，要果斷，認準自己的方向，突破前進過程中可能遇到的障礙。最終，你就能到達理想的彼岸。

美國著名的哈佛大學在 1979 年對應屆畢業生做了一個調查。在調查中，他們詢問應屆畢業生中有多少人有明確的人生目標，結果只有 3% 的人有明確的人生目標，並且寫在了筆記本上，他們把這些人列為第一組；另外有 13% 的人在腦子裡有人生目標，但沒有寫在筆記本上，他們把這

些人列為第二組；其餘 84% 的人都沒有明確的人生目標，他們的想法是完成畢業典禮後先去度假放鬆一下，這些人被列為第三組。

十年後，哈佛大學又把當初的畢業生全部找回來做一次新的調查，結果發現，第二組的人，即那些 13% 的有人生目標但沒有寫在筆記本上的畢業生，他們每個人的年收入平均是那些 84% 沒有人生目標畢業生的兩倍。而第一組的人，即那些 3% 的把明確人生目標寫在筆記本上的人，他們的年收入是第二組和第三組人的年收入相加後的十倍。也就是說，如果那 97% 的人加起來一年賺一千萬美元，那麼這 3% 的人加起來的年收入是一億。

這個調查很清楚地表明，確定明確的人生目標並寫在紙上的重要性。白紙黑字，具有巨大的開發潛能的力量。如果你不把目標寫下來，並且每天溫習的話，它們很容易被你遺忘，它們就不是真正的目標，它們只是願望而已。事實證明，寫下自己目標的人比沒有寫下目標的人更容易成功。制訂一個詳細達到目標的計畫非常有激勵作用；如果沒有一個切實可行的計畫，你的目標只能是空中樓閣、海市蜃樓。

目標為什麼如此重要呢？因為目標具有以下一些價值：

✧ 目標能夠使你明白自己的使命。

✧ 目標能讓你根據事情的輕重緩急進行安排。

✧ 目標能引導你發揮潛能。

✧ 目標能使你有能力掌握現在。

✧ 目標有助你評估事業的進展情況。

✧ 目標能為你提供一種自我評估的重要手段。

✧ 目標能使你未雨綢繆。

✧ 目標能使你把重點從學習本身轉到學習成果上。

幫助孩子確立學習目標，制訂計畫時，家長要避免走入盲點。

✧ 目標要合理，符合孩子的實際情況；計畫的內容不要安排得太多太緊湊，不然，會讓孩子因為壓力太重而產生厭煩的感覺。

✧ 不要強行加入大人自己的想法和希望，要考慮到孩子自身的意願，與他們多交流。

✧ 剛開始時，孩子若不能很好地依照計畫做事，要加以引導，但不要太過苛求。

合理的學習目標在於使學習任務具體化、系列化，保證孩子能在較短的時間內取得比較突出的學習成效。如果缺乏目標的指引，孩子學習起來毫無目的，效果必然不會好。所以，要想讓孩子取得優異的成績，家長應該幫助孩子樹立明確、合理的目標。

▎好成績源於好方法

突出的學習能力、優秀的學業成績是每個孩子與家長的共同心願。「授之以魚，不如授之以漁，授人以魚只能救一時之急，授人以漁則可解一生之需。」這講的正是方法的作用。

有兩隻螞蟻出去尋找食物，牠們走呀走，走過很多地方，最後，牠們碰到了一堵牆

兩隻螞蟻都認為，牆的後面一定有一頓豐盛的晚餐在等著自己呢！

一隻螞蟻來到牆角就毫不猶豫地向上爬去，可是當牠爬到一半時，就由於勞累、疲倦而跌落下來、可是牠不氣餒，一次次跌下來，又迅速調整一下自己，重新開始向上爬去

另一隻螞蟻仔細觀察了一下牆，思考著，我如何才能更快地到達牆的

另一邊呢？最後，牠決定繞過牆去、很快，這隻螞蟻繞過牆來到了食物前，開始享受美食。

就在這隻螞蟻享受美食的時候，那隻爬牆的螞蟻仍在不停地跌落下去又重新開始。最後，這隻螞蟻再也堅持不下去了，累得趴在了地上，牠最終放棄了牆那邊的美食。

努力、堅持、勇敢固然很重要，但如果沒有正確的方法，可能就達不到自己想要達到的目標。這樣，就會像那隻受盡挫折的螞蟻一樣，最後放棄自己的目標。

所以，當我們確定了一個目標以後，不妨先想一想，用什麼樣的方法，我們才能更快、更好地達到目標呢？也許，選擇的角度不同，收穫就會不同。正因為如此，所以說：方法比賣力地盲做更加重要！

愛迪生年輕的時候，別人認為他缺乏科學知識，看不起他。普林斯頓大學數學系畢業生阿普拉曾與愛迪生一起工作，他常在賣報出身的愛迪生面前炫耀自己的學問，為了讓阿普拉謙虛些，也為了讓阿普拉對科學有真正的了解，愛迪生決定出個題目為難他。

有一天，愛迪生把一個玻璃燈泡交給了阿普拉，請他算算燈泡的體積是多少。在數學上，只有少數形狀規則物體的體積能很快計算出來，像正方體、長方體、球體、錐體以及它們的組合體等，有些物體的體積雖然能計算，但很複雜，特別是某些形狀不規則物體的體積，數學上是難以計算出來的。阿普拉拿著那個玻璃燈泡一看，燈泡是梨形的，心想：雖然計算起來不容易，但還是難不倒我！

他拿出尺上上下下量了又量，並依照燈泡的式樣畫了草圖，然後列出密密麻麻的計算式。他算得非常認真，臉上滲出了細細的汗珠。但是，這個燈泡的體積實在太難計算了。過了一個多小時，他也沒算出來。

又過了一個多小時，愛迪生來看看他計算得怎樣了，只見阿普拉還低著頭在列算式，根本不像快要完成的樣子。愛迪生不耐煩了，他拿過玻璃燈泡，將燈裝滿水，接著將燈泡內的水倒進量杯裡，一看量杯數值，對阿普拉說，就是這麼多毫升，問題解決了。阿普拉這才恍然大悟，愛迪生的辦法才是非常簡單而準確的。

解決問題首先要選擇正確的方法，而方法的選擇要根據對問題的具體分析。阿普拉不作分析，一頭鑽進數學計算中，但愛迪生卻選擇了更簡單的實際測量方法。他用水作為媒介，將水裝入燈泡，水便占滿燈泡內的整個空間，這部分水的體積與燈泡的體積是一樣的，再把這部分水倒入量杯，就量出了水的體積，也同時量出了燈泡的體積。

有些問題看似複雜，其實解決的方法很簡單。如果學問高的阿普拉能夠變通一下，也許，他也能像愛迪生一樣，很快找出答案來！解決問題，有時候不在於學問的高深，而在於方法的選擇。方法越簡單，效果才越突出。有時候，同一種方法並不適合運用到所有的事情中，不同的人，用同一種方法做不同的事情，效果往往是有偏差的。以下的故事告訴我們的正是這樣一個道理。

古時候有一家人，丈夫每天外出賣油，生活拮据。他的妻子十分節儉，每天在丈夫外出前舀一勺油儲藏起來。到了年底，丈夫因生意不好而無錢置辦年貨。妻子卻意外地拿出一大壇油來，令丈夫喜出望外，一家人歡天喜地地過了年。

鄰居家的妻子聽說了此事，決心向她學習，每次在丈夫外出賣農民曆前，偷偷地藏起一本農民曆，到年底拿出來時，令丈夫無言以對，哭笑不得。

是呀，有些方法是很好，但並不適合任何人或任何事情。學習方法因

人而異、因學科而異，每個人必須在學習和實踐的過程中，摸索出適合自己的學習方法。只有這樣，學習才會更加得心應手。

　　此外，家長應從以下幾方面幫助孩子摸索出科學的學習方法：

✧ **讓孩子學會科學利用時間**：時間對每個人都是公平的，有的孩子能在有限的時間內，把自己的學習、生活安排得有條有理。而有的孩子雖然忙忙碌碌，經常熬夜念書，但實際效果卻不佳。所以，學會科學巧妙地利用時間很重要。

✧ **讓孩子分析所學內容的條理和意義，形成穩定的知識結構**：知識結構是知識體系在孩子頭腦中的內化反映，也就是指知識經過孩子輸入、加工、儲存過程而在頭腦中形成的有序的組織狀態。孩子能形成相對的知識結構，學習起來就比較輕鬆。

✧ **讓孩子學會抓重點**：如果孩子的學習方法不當，在看書和聽課時，不善於抓重點，找不到學習的突破口，結果就會分散和浪費時間與精力。

✧ **讓孩子學會聰明用腦**：懂得有勞有逸，善於聰明學習，能讓學習有效而且心情愉快！

　　事情無論大小，都有它自身的規律，同樣，每一門學科也都有它自身的規律。如果孩子善於掌握學科規律和正確的學習方法，那麼，他一定會取得優異的成績。

▎專注是學習優秀的保障

　　很多孩子因為天性活潑好動、對外界事物充滿了好奇，所以總不能集中注意力做好一件事情。這是一種正常現象，但如果孩子經常如此，就容易造成孩子做任何事情都不專注，對孩子的成長勢必不利。所以，在不

影響孩子情緒的情況下，媽媽可以找個機會，和他講講《小貓釣魚》的故事。

這一天，天氣晴朗，空氣清新，貓媽媽準備出去釣魚。小貓看到了，對媽媽說：「媽媽，媽媽，小貓也想學習釣魚。」

貓媽媽笑著說：「好呀！那我們一起去吧！」於是牠們扛著魚竿出發了？

小貓高高興興地跟著媽媽一起來到了池塘邊，牠們架好魚竿，就開始等魚上鉤了……

過了不一會兒，小貓就坐不住了，牠東看看西看看。忽然，牠看到一隻蜻蜓飛了過來，於是就放下魚竿，過去捉蜻蜓，可是蜻蜓一下子飛到草叢裡看不到了，小貓只好回到池塘邊繼續釣魚，只見媽媽正瞇著眼睛晒太陽呢，一點也不著急。

又坐了一會兒，魚還是沒有上鉤，小貓開始煩躁起來。這時，一隻蝴蝶飛過來了，小貓看見了，放下魚竿，又跑去捉蝴蝶。可是，蝴蝶又一下子飛到了花叢中，再也找不著了，小貓只好再次垂頭喪氣地回到池塘邊。

這時，牠看到媽媽已經釣到了一條大魚，羨慕極了。小貓對媽媽說：「媽媽，為什麼我就釣不到魚呢？」

貓媽媽笑瞇瞇地說：「孩子，你一會捉蜻蜓，一會捉蝴蝶，三心二意，不專心怎麼釣得到魚呢？」

小貓聽了，知道自己錯了，就坐下專心致志地釣起魚來。蜻蜓飛來了，蝴蝶也飛來了，但小貓依然專心地釣自己的魚。

不一會，小貓果然也釣上了一條大魚。牠和媽媽興高采烈地帶著自己釣的魚回家啦！

「孩子，這個故事告訴我們，做事情要專心，不能三心二意，就像我

們的小貓一樣，牠剛開始的時候不專心，但牠知道了不專心做事的壞處，知錯就改，所以就釣到了魚。」

　　媽媽在挖掘故事內涵的同時，也要進一步延伸故事的意義，讓孩子明白：在日常生活中，玩的時候盡情地玩，不用想學習的事情，讓大腦得到充分的休息；學習的時候認真學習，專心致志，這樣才能獲得良好的效果。

　　法國作家莫泊桑很小便表現出了出眾的聰明才智。

　　一天，莫泊桑跟舅舅去拜訪舅舅的好友 —— 著名作家福樓拜（Flaubert）。舅舅想推薦福樓拜做莫泊桑的文學導師。可是，莫泊桑卻驕傲地問福樓拜究竟會些什麼？福樓拜反問莫泊桑會些什麼？莫泊桑得意地說：「我什麼都會，只要你知道的，我就會。」

　　福樓拜不慌不忙地說：「那好，你就先跟我說說你每天的學習情況吧。」

　　莫泊桑自信地說：「我上午用兩個小時來讀書寫作，用另兩個小時來彈鋼琴，下午則用一個小時向鄰居學習修理汽車，用三個小時來練習踢足球，晚上，我會去燒烤店學習怎樣製作燒鵝，星期天則去鄉下種菜。」說完後，莫泊桑得意地反問道：「福樓拜先生，您每天的工作情況又是怎樣的呢？」

　　福樓拜笑了笑說：「我每天上午用四個小時來讀書寫作，下午用四個小時來讀書寫作，晚上，我還會用四個小時來讀書寫作。」

　　莫泊桑不解地問：「難道您就不會別的了嗎？」

　　福樓拜沒有回答，而是接著問：「你究竟有什麼特長，比如有哪樣事情你做得特別好。」這下，莫泊桑答不出來了。於是他便問福樓拜：「那麼，您的特長又是什麼呢？」福樓拜說：「寫作。」

原來特長便是專心地做一件事情。莫泊桑下決心拜福樓拜為文學導師，一心一意地讀書寫作，最終取得了豐碩的成果。

只有專心致志地做一件事情，才能獲得成功。注意力分散，所學的東西也一定只是皮毛，不會深入，更談不上做好。

孩子注意力的形成雖然與先天的遺傳有一定關係，但後天環境與教育的影響更為重要。家長應根據孩子的身心發展規律與特點，為他創造良好的教育環境。

✧ 營造安靜、簡單的環境。孩子的注意力持久性差，容易因新異刺激而轉移，這是孩子的普遍特點。家長應根據這一特點，排除各種可能分散孩子注意力的因素，為孩子創造安靜、簡樸的環境。

當孩子全神貫注地做某件事時，家長不應隨意打擾孩子。我們經常會看到，孩子正聚精會神地玩著堆積木，爸爸走過來問一問吃飽了嗎；一會兒，奶奶又走過來讓孩子去喝果汁；一會兒，媽媽又叫他幫忙去拿東西。孩子短短幾分鐘的活動被大人們打斷數次，時間一長，自然無法集中注意力。所以，在孩子專心做事時，家長最好也安靜下來，切忌在旁邊走來走去，打擾孩子。

✧ 從孩子感興趣的事情入手，訓練孩子集中注意力做一件事情，從而使孩子的注意力持久。

✧ 培養孩子的自我約束力。孩子的自制能力較差，是注意力容易分散的另一個重要原因。當有新異刺激出現時，成人可以約束自己不去關心它，但孩子卻很難做到。因此，為培養孩子的注意力，成人可以有意識地創設情景逐漸提升孩子的自我約束能力。

✧ 要求孩子在規定的時間內完成作業，有意識地訓練孩子的注意力，比如讓孩子找出圖畫中的不同點，「圈字遊戲」等。

第六章　學習能力代表將來

福樓拜說：「我沒有什麼優點，做事專心就是我的優點。」事實上，專注是一個人成功最重要的因素之一。專注的孩子做事效率高，吸收知識的效果好，成績自然也好，這樣的孩子，在日後也更容易獲得成功。

▎要學好，一定要勤思考

德國物理學家普朗克（Planck）曾經說過：「思考可以構成一座橋，讓我們通向新知識。」喜歡動腦筋思考的孩子內心充滿了好奇與求知的欲望，在「欲望」的驅使下，這些孩子更加熱衷於學習與求知，所以他們學習的主動性就會更強，成績也會更加優異。

培養孩子勤動腦的學習習慣，無異於給孩子裝上了求知的「驅動器」，在「未知」的驅動下，孩子必然能成為一個優秀而傑出的人才。阿基米德（西元前 287 年至西元前 212 年）是古希臘著名的哲學家、數學家和物理學家，他所取得的輝煌成就，正是基於他的愛動腦和勤思考。

有一次，國王叫一個工匠替他打造一頂金皇冠，國王給了工匠做皇冠所需要的黃金。工匠的手藝非常高明，製作的皇冠精巧別緻，而且重量和當初國王所給的黃金一樣重。可是，有人向國王報告說：「工匠製作皇冠時，私下侵吞了一部分黃金，把同樣重的銀子摻了進去。」

國王聽後，也懷疑起來，就把阿基米德找來，要他想辦法測定金皇冠裡是否摻有其他金屬物質。

這可把阿基米德難倒了。他回到家裡苦思冥想，也沒有想出辦法，這件事情使他每天吃不下飯，睡不好覺，也不洗澡，像著了魔一樣。

有一天，國王派人來催他進宮彙報，他妻子看他太髒了，就逼他去洗澡。

阿基米德泡在浴盆裡邊洗邊想著測量皇冠的難題。突然，他發現，因

為他的身體下沉，水太滿了，就從浴盆裡溢了出來。

阿基米德受到了啟發，他立刻跳出浴盆，忘了穿衣服，就跑到大街上去了。一邊跑，一邊歡呼：「我想出來了，解決皇冠的辦法找到啦！」街上的行人紛紛笑了起來，都以為他是一個瘋子。

阿基米德進宮後，對國王說：「請允許我先做一個實驗，才能把結果報告給你。」

國王同意了。阿基米德將與皇冠一樣重的金子、銀子和皇冠，分別一一放在水盆裡，發現看金塊排出的水量比銀塊排出的水量少，而皇冠排出的水量比金塊排出的水量多。

阿基米德對國王說：「國王，皇冠裡確實摻了銀子！一公斤的木頭和一公斤的鐵比較，木頭的體積大。如果分別把它們放入水中，體積大的木頭排出的水量比體積小的鐵排出的水量多。我把這個道理用在金子、銀子和皇冠上。因為金子的密度大，而銀子的密度小，因此同樣重的金子和銀子，銀子的體積大於金子的體積。所以同樣多的金塊和銀塊放入水中，金塊排出的水量就比銀塊排出的水量少。剛才的實驗表明，皇冠排出的水量比金塊多，說明皇冠的密度比金塊的密度小，這就證明皇冠不是用純金製作的。」

聽完阿基米德的講解，國王一下子明白了，他高興地稱讚道：「你果然是個聰明的人！」事後，國王獎賞了阿基米德，還把那個貪汙的工匠抓了起來！

實際上，阿基米德的聰明是建立在他勤思考的基礎上的。如果他不愛動腦筋，不能將自己以往所掌握的知識與生活中的實際連繫起來，是不可能得到答案的。

歷史上，很多重大的發明都是從發明家思考的那一瞬態開始的。下面請和孩子講《牛頓與蘋果》的故事。

第六章　學習能力代表將來

長期以來，牛頓認為，一定有一種神祕的力存在，正是這種無形的力拉著太陽系中的行星圍繞著太陽在旋轉。但是，到底是怎樣的一種力量呢？

西元 1665 年秋季的一天，牛頓坐在自家院中的蘋果樹下苦思著行星繞日運動的原因，這時，一顆蘋果恰巧落下來，落在牛頓的腳邊。

這次蘋果下落與以往無數次蘋果下落不同，因為它引起了牛頓的注意。牛頓從蘋果落地這一理所當然的現象中找到了蘋果下落的原因 —— 引力的作用，這種來自地球的無形的力拉著蘋果下落，正像地球拉著月球，使月球圍繞地球運動一樣。

在學習或生活中，如果孩子遇到問題時能多思考，就一定可以透過現象發現本質。

家長要想培養孩子勤於思考的習慣，就應做到以下幾點：

✧ **創造一個思考的氛圍**：這對孩子形成獨特的個性，表現有創新意識的思維、舉動很重要。家長不能因為孩子小，需要成人照顧而把他看成是成人的附屬品。孩子也是一個完整、獨立的個體，應該允許他有自己的世界，有自己的空間。有句話說：「什麼樣的家長教出什麼樣的子女。」因此，在家長努力啟發孩子的創造力時，不要忘了同時培養自己的創造力，使家長成為能欣賞創造力，並能與孩子創造力互動的主力。因此，不必在孩子與孩子間製造競爭壓力，也不必為了培養創造力，將家庭生活弄得緊張、沉重，更不必一反常態，變成嚴肅又過度認真的家長。真正成功的創造力培養者應是這樣的：能與孩子一起學習、一起成長，像個摯友般地傾聽孩子的心聲，了解孩子的舉止，知道何時給他掌聲，何時扶持他一把，沒有命令、沒有壓抑。

✧ **給孩子解決問題的機會**：不管家裡遇到什麼問題，家長都不能把這些問題看成是大人應該解決的事情。這時候，家長可以詢問孩子的意

見，讓孩子想辦法解決這些問題。當孩子意識到自己可以和大人一起商量解決問題時，他就懂得怎麼做才能解決問題並且達到最好的效果。日積月累，孩子就會越來越聰明，思路也就變得越來越開闊。

為此，家長要避免以下這些不正確的做法：

✧ 包辦孩子的問題。擔心孩子年紀小，處理不好事情，所以孩子只要一遇到問題，家長就馬上出面解決，這會造成孩子依賴與沒自信的心理。

✧ 要求孩子，一定要按照自己說的方法處理問題。家長沒有給孩子獨立處理問題的權力，要求孩子按照大人說的方法做，有時候難免會讓孩子因為模仿而形成思維定勢！這樣，孩子在遇到問題時，往往不知道該怎麼去解決。

✧ 對孩子不放心，總是監督孩子。一個不相信孩子的家長必然不能培養出一個自信、富有創造力的孩子，給孩子一點自由的空間，讓孩子享受關於他們自己的創意，他們會變得更聰明，從而善於解決問題。「思考就是力量。」孩子只有擁有獨立思考的能力，才能從一個重複做習題的「學習奴隸」成為一個有學習主動性的主人，也才能獲得更多的人生智慧。不愛思考的孩子，知識必然淺薄，頭腦必定簡單。所以，要想孩子學習好，家長必須啟發孩子自己多動腦。

不要忽視「厚積薄發」

從幼發拉底河的文明之花，到如今人類文化的美麗奇葩；從刀耕火種的原始社會，到今天資訊爆炸的新經濟時代，人類社會的發展過程，從來都是一個知識累積的過程。

第六章　學習能力代表將來

同樣，人類的知識也是累積起來的。古今，但凡有學問、有成就的人，都十分注意知識的累積。因為累積，他們才能更好地運用。當知識的累積達到一定的厚度時，就會轉化為個人成長的智慧。對每一個人來講，注重從書本上學習知識、擴大視野，是非常有必要的。

匡衡出生在農家，他們家世代都是農夫。但匡衡喜歡讀書，他希望自己能夠成為一個有學問的人。

匡衡小的時候，因為家裡貧窮，他白天幫別人做雇工維持生計，晚上才有時間讀書。

匡衡家窮買不起書，同鄉有個富翁家中的藏書很豐富。匡衡就去他家做工，卻不收分文工錢。他對富翁說：「我不要工錢，只希望您能把家中的書都借給我讀，我就心滿意足了。」富翁聽了，被他那種勤奮好學的精神深深感動，就答應了他的請求。

匡衡家裡窮得連煤油都買不起了。怎麼辦呢？因為鄰居家條件好，有燈，所以匡衡想出個辦法，在靠鄰居的牆上鑿穿一個孔洞，「借」一點光亮讀書。他每天在昏暗的燈光下讀書，讀得眼睛都花了，卻依然堅持不懈。

從此，匡衡就有了極好的讀書機會。他精力充沛，靠著每個晚上「借來的光」，居然把富翁家豐富的藏書都讀完了。

因為匡衡勤奮努力，他終於累積了豐富的知識，成了一位知識淵博的學者。當時的讀書人中甚至流傳著這麼幾句話：「無說《詩》，匡鼎來；匡說詩，解人頤（沒有人能解說《詩經》，匡衡恰好來了；匡衡給大家解說了《詩經》的疑義，大家開心得都笑起來）。」

匡衡「鑿壁偷光」的故事是多麼的感人啊！無論是誰，只要有匡衡那種堅持不懈的精神與積極累積知識的決心，就一定能夠成為一個博學多才的人！

當然，博學多才還要靠多學科地廣泛閱讀，如果學習只局限於一科，所得到的知識就比較有限。

有的孩子比較注重累積書本上的知識，認為只有書本上才算是知識。殊不知，生活本身就是一本大書，從生活中獲得的常識也很重要。為了讓孩子明白生活常識的重要性，媽媽不妨給孩子說說《孔子拜師》的故事。

孔子是春秋年期偉大的思想家、教育家，是儒家學派的創始人。

這是發生在孔子周遊列國時的一段故事。

有一天，孔子來到了燕國剛進城門，就被燕國的一位少年攔住了。這位少年走上前來，非常誠懇地說：「我叫項橐，是燕國人，聽說孔先生很有學問，特來求教。」

孔子笑著說：「請講。」

項橐朝孔子拱拱手問：「什麼水沒有魚？什麼火沒有煙？什麼樹沒有葉？什麼花沒有枝？」

孔子聽後說：「你真是問得怪，江河湖海，什麼水都有魚；不管柴草燈燭，什麼火都有煙；至於植物，沒有葉不能成樹；沒有枝也難於開花。」

項橐一聽呵呵直笑，晃著腦袋說：「不對，不對，井水沒有魚，螢火沒有煙，枯樹沒有葉，雪花沒有枝。」

孔子聽了非常震驚。因為沒有累積這一方面的知識，今天還真被問倒了。真是知識無止境哪！任何知識都應該累積。

想到這裡，孔子拱手作揖：「後生可畏啊！老夫願拜你為師。」

家長在培養孩子累積知識的過程中，要特別注意以下原則：

✧ 忌浮躁。知識的累積，不是一朝一夕的事情，它貴在堅持，如果孩子出現了浮躁的情緒，應該多鼓勵，讓他找到動力。身為家長，則不要一時看不到成效就呵斥孩子，這樣會嚴重影響孩子的自尊心與自信心。

✧ 不要給孩子太多的任務，讓孩子一天累積一點點，哪怕只背誦一首古詩，只要是孩子願意做的，都是有效的。

✧ 累積知識不要僅限於書本，事實上，生活中、大自然中、電視中都可以累積到知識，讓孩子做個有心人比枯燥地記憶某些知識生動有趣得多，也比較容易讓孩子接受。

✧ 多給孩子私人的空間，不要過多干涉他們的活動。有時候，孩子自願做一件事情比家長強迫去做的效果更好。

累積豐富的知識能讓孩子獲取智慧。人類的所有智慧都是從累積中獲得的，只有懂得累積，孩子的人生才能不斷收穫到希望與驚喜。也只有累積知識，孩子才能得到更多的發展機會，才更容易獲得成功。

▋好記性不如「做筆記」

自古以來，記錄都具有非凡的意義。媽媽不妨就從「記錄在人類歷史的進程中發揮的作用」說起吧。

古人為了要記住一件事，就在繩子上打一個結。以後看到這個結，他就會想起那件事。如果要記住兩件事，他就會打兩個結記三件事，他就會打三個結，如此等等。如果他在繩子上打了很多結，恐怕他想記的事情也就記不住了，所以這個辦法雖簡單但不可靠。據說波斯王大流士給他的指揮官們一根打了 60 個結的繩子，並對他們說：「愛奧尼亞的男子漢們，從你們看見我出征塞西亞人那天起，每天解開繩子上的一個結，到解完最後一個結那天，要是我不回來，就收拾你們的東西，自己開船回去。」

在石頭上刻痕也是幫助記憶的方法之一，結果當然也是與結繩記事一樣。用這種方法不能對事情本身作記錄，它只能達到提醒記憶的作用，而且也不可能記得太多。

好記性不如「做筆記」

古代人還用石頭來標明太陽投影的最北點和最南點，並且在岩石上刮痕來計算太陽和月亮週期的天數，於是就制訂出日曆。

文字是人類文明最主要的載體。有了文字，人類的知識才能記錄下來，得以在空間和時間上廣為傳播。古埃及人用草紙記載其科技成就，使之流傳千古。

古埃及人最早使用象形文字，西元前 27 世紀，他們的字形就已經比較可觀了。後來他們又發明了拼音字母，形成了象形文字和拼音文字並用的狀況。經過長期發展演變，形成了由字母、音符和片語組成的複合象形文字體系。現在在金字塔、方尖碑、廟宇牆壁等一些被視為神聖或者永恆的地方，人們仍然可似清楚地看到古代埃及的象形文字。後來為書寫方便，又發展出了稱為僧侶體的更為簡化的象形文字。古埃及拼音字母的流傳對西方拼音文字的發展產生了深遠影響。

尼羅河三角洲盛產一種與蘆葦相似的植物 —— 紙草。人們把紙草切成長度合適的小段，剖開壓平，拼排整齊，連接成片，風乾後即成為紙草。他們用蘆葦稈等作筆，以菜汁和黑煙末製墨，在紙草上寫字。但是長時間後紙草會乾裂成碎片，所以極難保存下來。所幸的是，還是有極少數用僧侶體寫成的紙草文書流傳於世，藏於大英博物館的一份紙莖文書記載了古埃及人的算術和幾何成就，相傳是一位名叫阿摩斯的僧人從第十二王朝一位國王的舊卷子上轉錄下來的。這些紙草為我們提供了極其珍貴的古代資訊。

正因為有了文字和書寫工具，古代的思想和技術才可以保留和傳遞，才有了文化的延續和發展。

記錄在歷史進程中發揮著積極的作用，同樣，記錄也深深影響著我們日常生活的各方各面，比如在學習上 —— 做筆記不僅是一種學習方法，

第六章　學習能力代表將來

更是一種正確的學習態度，正所謂「不動筆墨不讀書」，讀書如此，課堂學習亦然。「好記性不如做筆記」，勤於動手，才能克服眼高手低的毛病，才能提升學習效率。

俄國大作家果戈里為我們留下了許許多多膾炙人口的小說和戲劇。他每到一處，總不忘記帶上他的寶貝——筆記本，他把所聽到的奇聞逸事、看到的風土人情、讀過的警句、看書後的心得，都毫無例外的記在筆記本裡。

有一次，他請一位朋友上餐館吃飯，直到服務員把飯菜全部擺上來了，他還在一個勁地埋頭往筆記本裡寫什麼。他的朋友見了覺得十分奇怪，便好奇地問道：「你飯不吃，在本子上寫些什麼呀，這麼重要？」

「哦，你不知道，真是太奇妙了，這份菜單對我太有用處了！」果戈里異常興奮，像尋覓到什麼寶貝似的，不能自己。

「那也得吃飯啊，飯菜都快涼了！」他的朋友催促著。

可別小看了果戈里抄在筆記本裡的這份菜單，後來他在短篇小說集《狄康卡近鄉夜話》（_Evenings on a Farm Near Dikanka_）裡，就用上了它。裡面許多關於烏克蘭的風俗習慣、民間傳說、民歌諺語等，也都是從那本筆記本裡得來的。

果戈里一生中最偉大的「嗜好」就是喜歡做筆記。正因為勤做筆記，所以才有了很多不朽的作品。如果孩子也能試著培養記筆記的習慣，堅持下去，總有一天，就會發現自己思如泉湧，筆頭竟不再「枯澀」、如有神助了。

很多孩子覺得自己記性好，沒有養成做筆記的習慣。實際上，再出色的記憶都會褪色，只有「筆記」才能將曾經的記憶保持常新。

為此，家長可以從以下幾個方面督促孩子做筆記：

✧ 可以經常看看孩子的筆記本，指導孩子做筆記。重要的內容有沒有記下來，自己的疑點有沒有標記，筆記是否有條理、清晰等。

✧ 激發孩子做筆記的欲望，讓孩子在讀書過程中，如果遇到讓自己印象深刻的故事以及體會，或者知識性強的東西，都要把它們記錄下來。

✧ 讓孩子走進大自然，體驗大自然給予自己的感受，然後把自己的收穫與體驗記錄下來。

✧ 教給孩子做筆記的方法。

　　做好記筆記的準備工作。筆記本是必不可少的。最好給每一門課程準備一個單獨的筆記本，不要在一個本裡同時記幾門課的筆記，這樣會很混亂。準備兩種不同顏色的筆，以便透過顏色突出重點，區分不同的內容。

　　每頁筆記的右側劃一分隔號，留出 1/3 或 1/4 的空白，用於課後拾遺補缺，或寫上自己的心得體會。左側的大半頁紙用於作課堂筆記。

✧ **要點筆記**：不是將教師講的每句話都記錄下來，而是抓住知識要點，如重要的概念、論點、論據、結論、公式、定理、定律，對老師所講的內容用關鍵字語加以概括。

✧ **提綱筆記**：這種筆記以教師的課堂為基礎，首先記下主講章節的大小標題，並用大小寫數字按授課內容的順序分出不同的層次，在每一層次中記下要點和有關細節。條理清晰，使人一目了然。

　　記憶力再好的人也會有個遺忘的過程，要想真正記住那些自己累積下來的知識，最好的辦法就是把它們記錄下來，沒有記錄，便沒有歷史，更不會有人類今天的成就！所以，培養孩子做筆記的習慣尤其重要！

第六章　學習能力代表將來

▌「熱情」之火可以燎原

　　每個人體內都有非凡的潛力，像一座奔湧澎湃的火山，這座火山一旦噴發，人生將會更加絢爛多姿。這一非凡潛力的激發需要的正是熱情。

　　擁有學習熱情的孩子無論現在的成績如何，都始終在不停地努力，他們會把自己看成是一個生活的挑戰者，他們懂得把考驗看成是檢驗自己努力成果的機會、大展身手的舞臺，他們不懼怕考驗，而是期待考驗。

　　米哈伊爾‧瓦西里耶維奇‧羅蒙諾索夫（Mikhail Vasilyevich Lomonosov）是 18 世紀一位偉大的科學家。他出生在俄國北方阿爾漢格新科村的一戶農夫家裡。

　　8 歲的時候，媽媽把羅蒙諾索夫送到老師那裡學習，老師對小羅蒙諾索夫說：「孩子，讀書是為了走向知識的殿堂的，但走向知識殿堂的道路可是一條非常艱辛的路，是你自己要學習，還是媽媽逼你來呢？」

　　小羅蒙諾索夫忽閃著亮晶晶的眼睛，認真地回答道：「是我自己要求讀書的。」

　　從此，小羅蒙諾索夫每天總喜歡捧著書讀呀、看呀，非常入神，對書本他有一種狂熱的情懷。

　　後來，媽媽去世了，爸爸娶了繼母，繼母是個凶惡的女人，她並不喜歡小羅蒙諾索夫讀書。有一天還把小羅蒙諾索夫趕出了家門，讓他不要在自己的面前讀書。可憐的小羅蒙諾索夫只好離開溫暖的屋子，鑽進寒冷的倉庫讀書。在那寒冷如冰的屋子裡，小羅蒙諾索夫如飢似渴地讀著書，完全沉浸在知識的海洋裡，忘記了悲傷、忘記了痛苦。

　　從此，他白天跟父親打魚，晚上，就躲在這個倉庫裡看書。

　　有一天，羅蒙諾索夫和父親在海上打魚，忽然，一陣狂風，大海掀起了巨浪，船上的帆篷被吹落了，情況十分緊急。他不顧一切，沿著搖晃的

桅杆爬上去，很快把吹落的帆篷綁結實了，漁船恢復了平穩。狂風過去後，父親把他拉到身邊，笑瞇瞇地說：「孩子，我要獎賞你的勇敢，為你買件鹿皮上衣，好嗎？」

羅蒙諾索夫搖搖頭

「那你要什麼呢？」

「我要買一本書，爸爸，其他我什麼都不要。」

「難道一件鹿皮上衣還比不上一本書？」

「爸爸，我想要一本好書，什麼知識都有的書。比如：天上的星星為什麼不會掉下來，為什麼黑夜過去就是黎明……」

父親和水手們聽了，都驚奇得瞪大了眼睛。

因為他對學習充滿了熱愛，長大後，羅蒙諾索夫成了著名的科學家、詩人、語言學家和歷史學家。

「孩子，羅蒙諾索夫之所以獲得成功，最根本的原因在於他愛讀書！因為心中有愛、有熱情，他才能那樣地忘我投入，任何困苦與磨難都沒有磨滅他學習的熱情。」媽媽可進一步開導，「在我們的生活中，做任何事情，都應該首先有熱情，有熱情，才能更加努力、積極，也才更容易獲得成功。一個對生活充滿熱情的人，他的人生必定充滿情趣。」

接下來，媽媽可以再給孩子講一則故事。

史蒂芬‧霍金（Stephen William Hawking）是當代最偉大的科學巨匠。他對黑洞和宇宙的研究奠定了人類近代宇宙觀的基礎，揭示了許多關於宇宙的奧妙，他所撰寫的《時間簡史：從大爆炸到黑洞》（*A Brief History of Time:from the Big Bang to Black Holes*）在全世界行銷 5,000 萬冊以上，是目前銷量最大的科普讀物，然而不幸的是，在他 21 歲時，身患肌萎縮性側索硬化症，全身失去了知覺，只有一根手指可以活動。他的許多驚世之

作，就是憑這根手指敲動鍵盤寫出來的。

　　有一次，在學術報告結束之際，一位年輕的女記者捷足躍上講壇，面對這位在輪椅裡生活了三十餘年的科學巨匠，深深景仰之餘，又不無悲憫地問：「霍金先生，肌萎縮性側索硬化症已將你永遠固定在輪椅上，你不認為命運讓你失去太多了嗎？」這個問題顯然有些突兀和尖銳，頓時鴉雀無聲，一片靜謐。

　　霍金的臉寵卻依然充滿恬靜的微笑，他用那根還能活動的手指，艱難地敲擊鍵盤，於是，隨著合成器發出的標準倫敦音，寬大的投影屏上緩慢而醒目地顯示出如下一段文字：

> 我的手指還能活動；
> 我的大腦還能思維；
> 我有終生追求的理想；
> 有我愛和愛我的親人和朋友；
> 對了，我還有一顆感恩的心……

　　心靈的震顫之後，掌聲雷動。人們紛紛湧向臺前，簇擁著這位非凡的科學家，向他表示由衷的敬意。人們深受感動的，並不是因為他曾經的苦難，而是他面對苦難的堅定和勇氣，是他那顆熱愛生活、熱愛生命的感恩的心。

　　只有熱愛生活、熱愛生命的人，才能為自己的事業傾注足夠的熱情，才能在自己的領域中做出傑出的成就，正是由於霍金先生的這種對生活、對生命的熱情，才使他雖然身體遭受到病魔無情地摧殘，而內心世界卻是常人難以想像的平靜。

　　不僅學習需要熱情，生活同樣需要熱情，這正是史蒂芬·霍金告訴我們的道理。

「熱情」之火可以燎原

在實際操作中，家長應如何激發孩子的學習熱情呢？

第一，與孩子分享學習的快樂。當家長著迷於一場比賽、一門藝術、一項科技成果甚至是一盤拿手菜時，別忘記了讓孩子一起分享你的喜悅。如果家長剛讀了一篇好文章而感到興奮，也應該把自己的興奮感受告訴孩子，讓孩子知道到底是什麼讓大人們如此高興。雖然孩子還小，還不能充分感悟到其中的奧祕，但是這樣做至少能讓他感受到大人的學習熱情，這樣做還能向孩子傳達一種資訊：大人也喜歡學習，學習是一件快樂的事。

第二，為孩子創造濃厚的學習氛圍。有的家長害怕影響孩子的學習，把所有的課外書束之高閣，只讓孩子接觸課本與學習資料。其實，這種做法不僅會縮小孩子的知識面，還會造成孩子對學習喪失熱情。實際上適當的情境誘惑對孩子而言更有吸引力！

第三，創設成功體驗，激發孩子學習興趣。很多孩子之所以缺乏學習興趣，是因為他們在學校沒有成功體驗。不同的孩子智力的發展有快有慢、有早有晚，一些在智力上發展緩慢的孩子，在學校很難出類拔萃，在同齡孩子當中難免顯得「雞立鶴群」，學習興趣當然難以被激發。因此，家長應該在家中給孩子多一些成功的體驗，讓他看到自己的潛力，看到自己的優點。

有學習熱情的孩子學習幹勁十足、自信心高昂，遇到問題的時候能以頑強的毅力克服。而缺乏學習熱情，必然導致孩子自信心不足、學業成績差。這對孩子而言，是一種巨大的損失。可見，培養孩子的學習熱情，能讓孩子更加熱愛學習！

第六章　學習能力代表將來

第七章　活用大腦，打開創新大門

　　把一粒種子放在顯微鏡下分析，會發現它只是由組織、碳水化合物及其他一些化學物質所組成的，沒什麼特別。但是把它放在泥土裡，加些水和陽光，神奇的事情就出現了，它會發芽生長，開花結果，它可以是養活眾生的稻米穀物，可以是為世界添上色彩的鮮豔花卉，也可以是為生命提供氧氣的參天大樹。人的創新思想也像一粒種子，在醞釀尚未成熟的階段，是多麼平凡和不顯眼，把它放在合適的泥土裡，加入養分和水，讓陽光照耀著它，它同樣會發芽生長，成為動搖世界、影響眾生、造福萬物的神奇力量。

第七章　活用大腦，打開創新大門

▌善於創新的孩子有出息

媽媽與孩子一起坐下來，給孩子講講「小創新成就大事業」的故事吧。

說起招牌，我們每個人都不陌生。它是一個店鋪的門面，有著招攬顧客的作用。可是，這些招牌因為暴露在外，常年飽受日晒雨淋、風吹雨打，很多已經是鏽跡斑斑、破舊不堪了。

有一天，一個年輕人在街旁散步，當他無意間看到街頭生意興隆的美容院以及懸掛著的破舊招牌時，突然靈機一動：給人做美容的生意這麼好，如果我能為招牌做美容，是不是也同樣會受到店鋪老闆的歡迎呢？

說做就做，他馬上開了一家「招牌美容院」

不出年輕人所料，他的「招牌美容店」很受歡迎，幾年時間裡，他的「招牌美容店」就擴展到了全國各地，給他帶來了豐厚的利潤。

這位年輕人之所以獲得成功，跟他的創新思維是分不開的。如果沒有敏銳的觀察能力、準確的判斷力、創造性的思維能力，這位年輕人不可能打開他的事業之門，更不可能獲得事業的成功。

這個故事還給我們哪些啟示呢？社會在變革，知識在更新，未來社會，有創造力的人才有優勢。這就要求家長從小培養孩子的「創新思維」和「創新能力」，只有這樣，孩子長大以後才能靈活自如地適應時代、促進時代的發展。由此可見，創新能力是孩子在未來社會中獲得成功的關鍵。

一位歐洲商人準備到阿拉伯推銷地毯。臨行時，朋友們紛紛勸阻他說：「去任何地方都可以，但為什麼要去阿拉伯呢？那裡的地毯業在全球首屈一指，而且暢銷世界各地。你的舉動無疑是班門弄斧，注定要失敗的呀！到那時，你後悔都來不及。」

善於創新的孩子有出息

商人微笑著拒絕了朋友的好意，執意前往一試，他帶著自己的地毯來到了阿拉伯。一開始，正如朋友所料，幾乎賠了老本，但他卻發誓不成功絕不甘休。

商人一面繼續四處推銷，一面認真觀察當地的風土人情。他發現在阿拉伯國家，虔誠的穆斯林每日祈禱，無論在家還是在外旅行，都守時不輟。穆斯林祈禱的一大特點是祈禱者一定要面向聖城麥加。

了解到這種情況，這位歐洲商人突然想到個好主意。他巧妙地設計出一種指標固定指向北方的小羅盤，也就是說無論何時，它的指標都指向聖城麥加的方向。然後，商人將此種小羅盤裝在自己的地毯上，專供穆斯林教徒們在禱告時使用。

這個小小的創新，不僅使商人賣光了所有庫存的地毯，而且從此在阿拉伯的地毯市場上占據了一席之地。

成功的人之所以成功，一定有他成功的理由。比如：故事中這位歐洲商人就懂得，要想讓自己的產品在眾多的產品中「脫穎而出」，那就應該讓自己的產品「與眾不同」。

在 19 世紀中葉，美國加州傳來發現金礦的消息。許多人認為這是一個千載難逢的發財機會，於是紛紛奔赴加州。17 歲的農夫亞默爾也滿懷希望地加入了這支龐大的淘金隊伍中。

淘金夢是美麗的，做這種夢的人卻太多，而且還有越來越多的人蜂擁而至，一時間加州遍地都是淘金者，而金子自然就越來越難淘。

不但金子難淘，而且生活也越來越艱苦。當地氣候乾燥，水源奇缺，許多不幸的淘金者不但沒有圓夢致富，反而葬身在這裡。

亞默爾經過一段時間的努力，和大多數人一樣，沒有發現黃金，反而被飢渴折磨得半死。一天，望著水袋中僅剩下的那一點點捨不得喝掉的

水，聽著周圍人缺水的抱怨，亞默爾忽發奇想：淘金的希望太渺茫了，還不如賣水呢。

亞墨爾把自己的想法告訴了同伴，立即受到了各種嘲諷。

但亞墨爾對別人的嘲諷無動於衷，他毅然放棄對金礦的努力，將手中挖金礦的工具變成挖水渠的工具，從遠方將河水引入水池，用細沙過濾，成為清涼可口的飲用水。然後，他將水裝進桶裡，挑到山谷一壺一壺地賣給挖金礦的人。

當時有人嘲笑亞默爾胸無大志，說：「千辛萬苦地到加州來，不挖金子發大財，卻做起這種蠅頭小利的小買賣，這種生意哪裡不能做，何必跑到這裡來呢？」

亞默爾毫不在意，不為所動，繼續賣水。因為水在此地存著巨大的需求市場，而且他做這個生意根本不需要什麼成本，所以，當其他的淘金者都空手而歸時，亞默爾卻在很短的時間內靠賣水賺到了幾千美元，為自己的人生挖到了第一桶金。

生活中常有一些孩子，做事時，總拘泥於一種思路，不敢想，不敢嘗試，這怎麼可能創新呢？整體來說，孩子缺乏創新能力是有原因的，包括缺少創新經驗、個人比較懶惰、經不起挫折、家長過於嚴苛等等。

要想把你的孩子培養成一個創意新、點子多、解決能力強的孩子，媽媽就應做到以下幾點：

✧ 給孩子營造一個寬鬆和諧的家庭氛圍。

✧ 對於孩子提出的各種問題，與孩子一起討論，啟發孩子多角度思考問題。

✧ 鼓勵孩子的探索活動，利用節日假日帶孩子接觸各種新鮮事物，啟發孩子思考。

　　創新能力是人最重要和最有價值的一種能力。孩子將來有多大成就，關鍵在於他的創新能力如何。一個從小就思路寬、點子多、創新能力強的孩子，他的人生道路也一定比其他人更廣闊。

敏銳的觀察力是創新的前提

　　俄國生物學家巴夫洛夫（Pavlov）說：「觀察，觀察，再觀察。」這句話充分說明了認真觀察的重要性。不管是誰，沒有觀察，便不可能有發現，更不可能有創新。

　　西元 1895 年 11 月 8 日的一個下午，在德國的巴伐利亞，威廉・康拉德・倫琴（Wilhelm Konard Roentgen）博士像往常一樣，在做實驗 —— 他給裝有兩個電極的雷納管（Lenard tube）加上高電壓。其實這項實驗本身並不新奇，當時的很多科學家都做過。特別的是，只要一加電壓，雷納管就會發光。

　　晚上，倫琴又來到實驗室，想再次觀察雷納管的發光現象。他用黑色紙套把雷納管嚴嚴實實地包了起來。接著，他關上了電燈和門窗，房間裡頓時一片漆黑就在倫琴給雷納管接通高壓電源時，一種奇怪的現象發生了：在附近的小工作臺上，有一塊塗了氰亞鉑酸鋇（barium platinocya-nide）的紙板居然發出了一片明亮的螢光。倫琴一切斷電源，螢光也就隨之消失了。

　　這一現象讓倫琴非常好奇。剛開始，他以為這種螢光是陰極射線（electron beam，或稱電子束）形成的。不過，他很快就否定了這個判斷，因為陰極射線連幾公分以外的空氣都穿不透，更何況雷納管離工作臺有兩公尺遠，陰極射線根本無法穿越這樣長的距離。

　　於是，倫琴把紙板移開，換上了照相底板，結果它也產生螢光。接

著，他又在雷納管和照相底板之間放上鑰匙、獵槍。令人驚奇的是，鑰匙和獵槍都被清清楚楚地映照出來。倫琴又讓他的夫人把手放在雷納管和照相底板中間。結果，夫人手部的每塊骨頭以及手上戴的戒指也照出來了。

從那天起，倫琴就住進了實驗室，夜以繼日地進行著試驗，終於在西元 1895 年 12 月 28 日發表了有關 X 光的研究報告。

X 光是一種電磁波（electromagnetic wave），能夠穿透許多不透明的物體。很快，X 光就進入了醫學領域，它的出現被人們稱之為「診斷史上的里程碑。」

所以，觀察是創造的基礎，具備觀察能力對一個人創造能力的發展是多麼的重要！下面的故事更能說明此道理。

有兩個有來自不同地方的人，前往底特律和波士頓尋找人生的發展機會。他們在途中相遇了，各自說出了自己心中的理想，講述自己所要去的地方是怎樣美好，如果自己到了那裡之後，肯定會事業有成，實現自己的人生目標。說著說著，他們對對方要去的地方充滿了嚮往，最後經過商量，他們相互交換了車票，去底特律的去了波士頓，去波士頓的去了底特律。若干年之後，兩個人再一次途中相遇。然而，在這個時候，兩個人完全不一樣，其中一位意氣風發，一看就是事業有成，另一位卻非常落魄，極其潦倒。

「你到了波士頓還好嗎？」那位原本去波士頓卻去了底特律的人，問原本要去底特律卻去了波士頓的人。

「真的謝謝你，謝謝你和我交換了車票，一點不錯，波士頓確實就像你所說的那樣，到處都是黃金，你看我現在……」那位去了波士頓的人高興地答道，當他一眼看到對方的樣子後，忍不住問，「難道說底特律……」

「唉！」去了底特律的人嘆了口氣，說道：「你就不要說了，你看我現在的樣子不就知道了嗎？底特律並不像你所說的那樣，在那裡……」

去了底特律的人把底特律描述得像是地獄一樣。聽著他的話，再看看他現在的樣子，去了波士頓的人有些於心不忍，於是，便給了對方一筆錢，他們重新交換了，並且約定在五年之後再在這裡見面，互相告訴對方的生活狀況。

五年的時間眨眼即過。當他們再次見面的時候，沒有想到的是，那位原本在波士頓便已經很成功的人，在底特律的日子事業更加成功了，而那位窮困潦倒的人卻在波士頓卻越發窮困。

「你為什麼又騙我？」一見面，前往波士頓的人便埋怨道。

去底特律的人感到有些奇怪，疑惑不解地說道：「我並沒有騙你啊！確實，在波士頓有很多的發財機會，我還要說你騙我呢，你不是說底特律就像是地獄一樣，沒有任何的發展機會嗎？可是，我卻覺得它比波士頓還好。」

他們為什麼會出現如此的反差，對同一座城市卻有截然不同的看法？他們對對方產生了好奇，便詢問起對方在不同的城市的感受，先去底特律後到波士頓的人是這樣說的：「在底特律和波士頓，我看到的是同樣的，到處都是高樓大廈，到處都是車水馬龍，到處都是熙熙攘攘的人群，各行各業都人滿為患，我確實找不到任何生財之道。在波士頓的生存條件甚至比底特律還要差。」

對於這位的說法，先到波士頓後去底特律的人甚感詫異，因為，他承認確實在這兩座城市競爭激烈，但生活卻遠沒有對方說的那樣糟。在波士頓，他看到人們只知道製造貨櫃，卻忽略了製造貨櫃所需要的螺絲釘，而他就是靠販賣螺絲釘發財的。至於到了底特律，卻偶然發現底特律人很喜

歡茶葉，卻沒有正當的進貨管道，他便成立了一家貿易公司，將從波士頓海關進口茶葉運到底特律出售，就這樣他發財致富了。

　　只有觀察能力較強的人，才會善於捕捉瞬息萬變的事物，才能夠發現那些看上去細微卻十分重要的細節。換句話說，觀察是孩子了解世界的基礎，更是孩子日後走向成功的關鍵所在。因此，家長應從小注重孩子觀察能力的培養。

　　觀察力是人類智力結構的重要部分，是人類思維發育的起點，也是聰慧大腦的「眼睛」，同時更是創新的必備條件。有人說：「思維是核心，觀察是入門。」這也就是說，觀察是創造的基礎，具備觀察能力對一個人的創造能力發展至關重要。觀察力與創造力的關係就像水和魚的關係一樣，要擁有創造力，必須首先訓練觀察力。所以，家長應為孩子創造良好的環境和條件，幫助孩子拓寬視野，讓孩子勇於觀察、善於觀察。

▎好奇心孕育創新的種子

　　富有創新精神的人往往有著強烈的好奇心，因為對於創新來講，好奇心是至關重要的。許多創造和發明不是事先能夠預料的，它們往往是在創作者好奇心的驅使下，經過創造性思維才得出來的。

　　早在五百多年前，人們已經能夠製作凹透鏡和凸透鏡，並利用這些透鏡磨出鏡片配製眼鏡。荷蘭的眼鏡製造商強森在工作之餘，常常拿著鏡片研究。

　　有一天，他無意中把桌子上的兩個凸透鏡重疊在一起，沒想到透過重疊的凸透鏡；他看見一隻很大的螞蟻正在桌上爬著。

　　「哇！天哪！這是什麼？世界上還有這麼大的螞蟻嗎？」他放下鏡片，想抓住這隻特大號螞蟻，可是卻發現桌子上只有一隻正常大小的螞蟻。

好奇心孕育創新的種子

強森又把鏡片貼近螞蟻，呀！螞蟻又變大了。強森明白了，螞蟻變大的祕密肯定出在自己手中的兩個凸透鏡上。他繼續用重疊著的凸透鏡東看西看，果然，屋子裡的所有東西在重疊的凸鏡下都放大了很多倍。

於是，他馬上想到可以用兩個凸透鏡製成某種特殊的具有放大效果的工具，經過反覆研發，最初的顯微鏡問世了！

強森的發現首先引起了生物學家的關心，因為顯微鏡可以幫助生物學家把微生物以及人體內部看得更清楚。不久，英國生物學家安東尼·范·雷文霍克（Antonie van Leeuwenhoek）在強森發明的顯微鏡的基礎上，安裝了能夠調節焦距的回轉裝置，還安裝了便於觀察的堅固架子，這樣，顯微鏡就更加好用並且看得更加清晰了。

強森和雷文霍克發明的顯微鏡，將生物學帶領到了一個全新的領域。

每個孩子都有一顆好奇心，這是他們生理和智慧發展的標誌。古今有不少偉人就因幼年好奇心強，長大後做出了卓越的貢獻。

所以，當孩子對周圍的事物感到好奇的時候，媽媽一定要給予鼓勵與支持，而不是阻止。

英國著名物理學家、諾貝爾物理學獎獲得者瑞利，從小就有很強的觀察能力，並勤於思考，從中發現有價值的東西。

瑞利小的時候，有一天家裡來了客人，母親給客人端茶的時候，手顫抖了一下，光滑的茶碗在碟子上滑了一下，差點掉到地上，茶水也溢出來一些。瑞利是個懂事的孩子，這一切他都看在眼裡，但是他沒有上前去幫媽媽招待客人。原來，他的注意力全部集中在媽媽手中的碗碟上了。他很好奇，為什麼起初茶碗容易滑動，而在灑過熱茶的碟子上，茶碗就不容易滑動了呢？「太有趣了！我一定要弄明白這是為什麼！」瑞利來到廚房，反覆地用茶碗和碟子實驗起來。他還把玻璃瓶放在玻璃板上進行實驗，看

看當玻璃板傾斜時瓶子滑動的情況，然後他又在玻璃板上灑上水，對比看和沒灑水時有什麼不同

後來，瑞利終於發現，茶碗和碟子表面總有一些油漬，減小茶碗和碟子間的摩擦力，因而容易滑動。當灑上熱茶後，油漬溶於熱茶中，就減少了油漬，碗也就不那麼容易滑動了。

瑞利長大後，進一步研究油在摩擦中的作用，提出了用潤滑油減少摩擦力的理論。現在，他的這個理論已經運用到了生活中，只要有機器轉動的地方，幾乎都少不了潤滑油。

生活中的許多細微之處，都蘊涵著科學道理。只要仔細觀察、用心思考，就能發現這些道理，進而造福人類。此外，媽媽還可以和孩子講微波爐發明的過程：

用微波爐烹飪食物，不僅速度快，節能省電，而且還可以保持廚房的清潔，但你可能想不到，發明微波爐的創意，竟然來源於一小塊融化的巧克力。

故事發生在 1964 年，當時在美國的雷西恩公司有一位叫做珀西‧勒巴朗‧斯賓塞（Percy Lebaron Spencer）的工程師。一次，斯賓塞去參觀實驗室。當他站在一臺驅動雷達的磁電管前進行研究時，突然覺得肚子有點餓，於是想起早上放在上衣口袋中的一塊巧克力還沒吃，就伸手去掏，可是，他發現巧克力不知什麼時候已經融化了。

口袋裡的巧克力為什麼會融化了呢？斯賓塞覺得奇怪極了！和斯賓塞一起來的人都認為是實驗室裡太熱，才使巧克力融化的。但是，實驗室裡面的溫度並不高呀，一定是另有原因！斯賓塞認真地觀察周圍的環境，忽然看到正在發射強大電磁波的雷達，「是不是磁電管發微波使巧克力融化的？」這個想法頓時閃過他的腦際。

回到家後，斯賓塞還在思考這個問題，並且開始動手做起了試驗，透過試驗，他發現微波真的具有熱效應，而且微波的熱效應與其他熱源產生的熱量完全不同。用微波加熱食物，可以使食物的裡外同時受熱，從而更節省熱量和時間根據這個原理，斯賓塞試著製造出了一個可以利用微波烤肉的廚具，最早的微波爐就這樣誕生了。

故事中的斯賓塞之所以能發現他人不能發現的微波原理，就因為他比其他人有更強烈的好奇心。愛因斯坦說：「誰要是不再有好奇心，也不再有驚訝的感覺，誰就無異於行屍走肉，其眼睛是模糊不清的。」這句話道出了好奇心缺失的嚴重後果。

那麼，如何培養和保護孩子的好奇心呢？

✧ 抽時間多給孩子介紹周圍的世界。
✧ 利用大自然誘發孩子的好奇心。
✧ 用書本知識誘發孩子的好奇心。
✧ 鼓勵孩子多動手。

好奇是孩子的天性。對於孩子來說，周圍的事物無一不充滿了神祕感。因為對神祕世界的好奇，他們不管看到什麼事物，都要問一問、摸一摸，試圖弄個明白。孩子的這種天性正是創新的源頭、探索的最初動機……孩子一旦具備了強烈的好奇心，就會努力去了解生活中的許多東西，掌握更多的創新素材。可以說，孩子的好奇心越強，掌握的創新素材就越多，就越有利於創造出新的成果。

▌想像力激發創新的靈感

生活中，很多孩子因為缺乏想像能力，做事循規蹈矩，缺乏創意。並且，在真正遇到問題的時候，這些孩子往往手足無措，不知道該如何處

理。如果你的孩子也有同樣的缺點，不妨找個機會與孩子一起分享下面這則故事：

宋徽宗趙佶是位擅長畫花鳥的皇帝。想進皇家畫院工作的畫家，都必須經過他親自審核。為了選拔優秀的畫家，宋徽宗下令全國招考，而且親自以古詩出考題，如果只會塗鴉兩筆而不擅長構思創意，那是不行的。

有一次，徽宗以「深山藏古寺」作為考題，拿到這個題目的畫家實在捉摸不透：「藏」在山中的寺廟，怎樣才能畫出來呢？他們思索了很長一段時間，才有幾個畫家開始作畫：

有的畫家畫的是在雲霧繚繞的山腰，有一座寺廟隱於深山綠林之中；還有的畫家畫出在兩峰夾峙的山谷中露出寺廟的一角殿廓……這些畫沒有一幅能讓宋徽宗滿意。

正在失望之時，又有一位畫家交上自己的作品，在這位畫家的畫中，既沒有畫深山寺廟，也沒有出現禪房花草，只見到一個老和尚在山腳的小溪邊挑水，溪水迂迴在密林長藤間，一條石徑蜿蜒向上、時隱時現……

宋徽宗看到這幅畫，不禁拍案叫絕，這幅畫中雖然看不到古寺，但和尚挑水這一細節卻反映出深山中一定「藏」著一座古寺。這樣的作品難道還不夠有創意嗎？

這位畫家也因此在眾多畫家中脫穎而出！

這位畫家之所以能夠在眾多的域家中脫穎而出，與他豐富的想像力是分不開的。可以說，一個富有想像力的人才能有創意。

英國有個小職員叫吉姆，整天坐在辦公室裡抄寫東西，常常累得腰痠背痛他消除疲勞的最好辦法，就是在工作之餘去溜冰。冬季很容易就能在室外找個溜冰的地方，而在其他季節，吉姆就沒有溜冰的機會了

怎樣才能在其他季節也能像冬季那樣溜冰呢？對溜冰情有獨鍾的吉

姆一直在思考這個問題。想來想去，他想到了腳上穿的鞋若能加上滑行的輪子？

吉姆在腦海裡把這兩樣東西的形象組合在一起，想像出了一種「能滑行的鞋」。經過反覆設計和試驗，他終於製成了四季都能溜冰的「溜冰鞋」。

你看，生活並不總是那麼單調。只要善於想像，就能捕捉到一些被人們忽略的細節，從而創造出別人想像不到的東西。

1923 年的一天上午，美國某玻璃瓶廠工人路透的久別女友來看望他。這天，女友穿著流行的緊腿裙，漂亮極了。這種裙子在膝部附近變窄，凸出了女性的身材。約會後，路透突發奇想：為何不把又沉又重的可口可樂瓶設計成這種緊腿裙的式樣呢？

於是，路透迅速按照裙子樣式製作了一個瓶子，接著為圖案設計進行了專利登記，然後將這種瓶子的設計帶到可口可樂公司。

可口可樂公司的史密斯經理看了大為讚賞，馬上與路透簽訂了一份合約，約定每生產 12 打瓶子付給路透 5 美分。這就是當時可口可樂飲料所用的瓶子。

目前這種瓶子的生產數量已經達到 760 億隻，路透所得的金額，約值 18 億美元之巨。路透欣賞女友漂亮的裙子，想到改變又沉又重的可口可樂瓶形狀，是他的想像力使他的創新思維發揮了作用。

可口可樂瓶與緊腿裙原本是不相干的事物，可是經過想像，它們卻能夠連繫在一起，並且創造了奇蹟。

接下來，媽媽可以與孩子一起分享米老鼠誕生的故事：

美國的華特‧迪士尼（Walt Disney）曾一度從事美術設計，後來他失業了。

第七章　活用大腦，打開創新大門

原來他和妻子住在一間老鼠橫行的公寓裡。但失業後，因付不起房租，夫婦倆被迫搬出了公寓。這真是連遭不測，他們不知該去哪裡。

一天，兩人呆坐在公園的長椅上，突然從迪士尼的行李包中鑽出一隻小老鼠，望著老鼠機靈滑稽的臉孔，夫妻倆感到非常有趣，心情一下子變得愉快了，一時間他們忘記了煩惱和苦悶。

這時，迪士尼頭腦中突然閃過一個念頭。他對妻子驚喜地叫道：「對了！我想到好主意了！世界上有很多人像我們一樣窮困潦倒，他們肯定都很苦悶。我要把小老鼠可愛的臉孔畫成漫畫，讓千千萬萬的人從小老鼠的形象中得到安慰和愉快。」

風行世界的「米老鼠」就這樣誕生了。

不要覺得迪士尼太幸運，連老鼠都幫他的忙。實際上，迪士尼能夠創造出「米老鼠」的童話，與他豐富的想像力是息息相關的。

當然，一個人的想像力不是生來就有的，而是在生活的點點滴滴中培養起來的。具體來講，培養孩子的想像力可以從以下幾個方面進行：

✧ 豐富孩子對表象的儲存。表象是想像的基礎材料，誰頭腦中的表象累積得多，誰就有更多進行想像的資源。

✧ 鼓勵孩子編故事。故事作為一種形象的語言藝術，深受兒童喜愛，兒童在聽故事的過程中，透過詞語的描繪，聯想到相對的形象與活動。

✧ 用繪畫啟發孩子的想像力。圖片能夠激發孩子的想像能力，父母應有意識地讓孩子多接觸各種圖畫，並鼓勵孩子試著以此為基礎畫出來。

✧ 鼓勵孩子多聯想。

愛因斯坦曾說過：「想像力比知識更重要，因為知識是有限的，而想像力概括了世界上的一切，推動著世界的進步，是知識進化的源泉！」是

的，想像力是創新的靈感，是人類生生不息的原創力。人類的一切活動都離不開想像。事實上，每個孩子都具有豐富的想像能力，家長唯一需要做的，就是精心呵護孩子的想像力，讓它承載著創造的靈感，飛越高山、飛越海洋，到達成功的彼岸……

▎知識是創新的土壤

有一天早上，法國化學家亨利・莫瓦桑（Henri Moissan）來到實驗室，忽然，他發現一個鑲有鑽石的器具不見了。實驗室的門鎖很明顯被人撬開過，肯定是小偷看上了器具上昂貴的鑽石，把器具偷走了。

這樁意外使莫瓦桑萌生了製造人工鑽石的念頭，可是莫瓦桑心裡很清楚：「點石成金」不過是美好的神話，要想製造鑽石，首先要弄清楚鑽石的主要成分，並了解它是怎樣形成的。

翻閱了許多資料後，莫瓦桑了解到，鑽石的主要成分是碳，至於它是如何形成的，確實一無所知。這時，一件往事在他腦海裡浮現。

有一回，有機化學家和礦物學家查爾斯・弗里德爾（Charles Friedel）作了一個關於隕石研究的報告，莫瓦桑也參加了。在報告中，查爾斯・弗里德爾說：「隕石實際上是大鐵塊，它裡面含有極多的鑽石晶體。」

想到這裡，莫瓦桑意識到，鑽石的主要成分是碳，隕石裡含有大量的鑽石，而隕石的主要成分是鐵。如果把鐵熔化，加進碳，使碳處在高溫高壓狀態下，會不會生成鑽石呢？

歷史上第一次人工制取鑽石的實驗開始了。

第一次失敗了，認真總結經驗，找出問題的癥結所在。

第二次失敗了，繼續查找「病因」。

第三次失敗了，還是不放棄。

第七章　活用大腦，打開創新大門

第四次失敗了……

經過無數次的反覆探索，莫瓦桑的實驗室裡終於爆發出一陣激動的歡呼聲——人造鑽石誕生了。

從此，人造鑽石在社會生活中發揮出了它那堅不可摧的威力。

創新不僅僅是靈機一動的結果，它是和長期累積的知識分不開的。正如這則故事所描述的，要想人造鑽石，不僅要了解鑽石的主要成分，還應該知道鑽石的形成過程。只有具備了相關的知識，才能把製造人工鑽石的夢想變為現實。莫瓦桑正是深知這樣的道理，才最終有了突破與創新。也就是說，在孩子成長的過程中，如果能夠認真學習、刻苦鑽研、儲備更多的知識，那麼，他就擁有了更多創新的可能。

1920 年的一天晚上，法國化學家愛德華·班尼迪克特斯（Edouard Benedictus）在報紙上看到了一則關於車禍的新聞。新聞報導說，車上有兩名乘客被打碎的玻璃刺死，還有一位被刮傷。

看完這則新聞，班尼迪克特斯想起了 17 年前的一件事：那天，他像往常一樣清理實驗藥品架，就在他擦桌子的時候，一不小心，只聽「啪」的一聲，一瓶藥掉到了地上。班尼迪克特斯生怕藥液會流出來，連忙俯下身撿起藥瓶，可奇怪的是，這個藥瓶布滿了裂紋，但卻沒有摔碎。

「真是不可思議」班尼迪克特斯覺得很費解，但當時他正在做一個重要的實驗，沒有精力去探究其中的原因，於是就把藥瓶放在一個角落裡。

班尼迪克特斯覺得，如果找出那個藥瓶沒有摔成碎片的原因，也許對製造汽車門窗的玻璃有好處。在燈光下，他仔細檢查著藥瓶，很快就找到了答案，原來，這個藥瓶曾經被用來盛放乙醚（ether）溶液。時間一長，乙醚會揮發，它留下的硝化纖維（Nitrocellulose）就形成了膠膜，這層膠膜緊緊地黏附在藥瓶玻璃上，瓶子當然就不會摔成碎片了。

班尼迪克特斯馬上想到：「如果在兩層玻璃之間夾一層透明的硝化纖維薄膜，不就可以製成不會碎成片的玻璃了嗎？」接著，他立即準備材料，著手安全玻璃的研發工作。

經過兩年的努力，用硝化纖維薄膜做成的安全玻璃終於研發成功了。它很快被投入了大量生產，廣泛地應用在汽車、飛機、輪船等交通用具上。

成功的機會總是青睞於那些有準備的人。如果沒有充分的準備，即便有再好的機遇，也只會擦肩而過。

對於現代家庭來說，電冰箱是不可缺少的。有了它，才能在炎熱的夏天保持食品的新鮮，才能造出各種清涼的飲料。

古時候，有錢人家讓人從高山上或結冰的江河湖泊把封凍的冰塊取來，儲存在地窖裡，作為食物保鮮之用。在過去的農村裡，也有一種把新鮮肉類或果品吊在深水井裡的辦法，利用水井中的低溫來延長食物的保存時間。但這些方法都比較麻煩，家庭使用不方便。

19 世紀中期，在澳大利亞工作的蘇格蘭人約翰·哈里森（John Harrison）發現：當他用醚來清洗金屬印刷鉛字的時候，周圍的空氣會逐漸變冷，這個發現引起了哈里森的興趣，他反覆試驗後明白，這是液體蒸發時吸收熱量造成的。能不能利用這個原理製造出一個可以製冷的櫃子或者機器，用於食物保鮮呢？

想到這裡，哈里森馬上找來一些技工，請他們按照自己的設想製造一個模型。果然，不久後的一天晚上，這個裝置裡真的產生了一些冰，技工們開心地拿著它，跳進一輛馬車，飛速駛向哈里森的家，向他展示他們取得的成功。哈里森非常興奮，在接下來的時間裡，他和助手們進行了無數次緊張的試驗，終於在西元 1862 年生產出了第一批冰箱，主要用作運送

時貨物的保鮮。後來，哈里森還在維多利亞的一家啤酒廠裡設置了第一個製冷生產線。

西元 1879 年，在約翰‧哈里森的發明基礎土，德國工程師卡爾馮‧林德（Carl Paul Gottfried Linde）製造出了第一臺家用冰箱。1923 年，瑞典工程師浦拉騰和孟德斯製成了世界上第一臺電動冰箱。從此，冰箱開始風靡全球，走進千家萬戶，給人們的生活帶來了很大方便。

全面豐富的知識是創新的開始，一個人如果沒有足夠的知識作基礎，創新就只能是空中樓閣、一句口號。所以，媽媽應透過故事激發孩子學習的意願，並在實際生活中為孩子樹立榜樣，始終不放棄對知識的追求。

創新思維的培育離不開學習，學習是累積和擴展知識的基本途徑，而知識是一切創新與創造之源。牛頓說：「我比別人看得更遠一點，無非是我站在巨人的肩膀上。」這句話充分說明了知識的累積與經驗的借鑑對創新的重要意義。在成長的過程中，孩子如果能夠認真學習、刻苦鑽研、儲備更多的知識，那麼，他就具備更多創新的可能。所以，身為家長，應為孩子汲取知識創造一切有利條件。

▌面對問題要追根究柢

生活中，不少孩子由於擔心自己提出的問題過於幼稚會遭到周圍人的嘲笑，於是乎，明明不知道也裝作知道，從而使自己失去很多獲得知識的好機會。

如果你的孩子也有類似的壞習慣，那不妨多方面引導他，激發他「問」的勇氣。下面的這則故事，也許能給孩子一些啟發。

美國物理學家利奧‧雷恩沃特（Leo Rainwater）小時候非常善於思考，他能夠從其他人熟視無睹的事物中想到一些更深層的問題。

面對問題要追根究柢

雷恩沃特上小學的時候，在一次語文課上，老師問道：「同學們，你們說1加1等於多少？」

「等於2。」同學們異口同聲地回答。

只有雷恩沃特呆呆地看著老師，沒有回答。

老師有點疑惑，就問他：「雷恩沃特，你怎麼不回答呢？難道你不知道這個問題的答案嗎？」

雷恩沃特想了想，對老師說：「老師，我知道1加1等於2，但是，您為什麼要問我們這樣一個簡單的數學題呢？您是不是有其他的答案？」

聽了雷恩沃特的話，老師感到非常高興。因為，老師提這個問題的目的被雷恩沃特言中了！老師微笑著對大家說：「同學們，雷恩沃特說得沒錯。從數學的角度來說，1加1等於2，但是，從其他角度來說，1加1未必等於2，就像我們今天要學的這篇文章裡所說的，兩個人互相幫助，兩人的力量就大於他們單個人的力量之和。所以，我們要互相幫助，互相關心，做個樂於助人的人。」

由於雷恩沃特從小就具備追根究柢的精神，因此他長大以後成為世界著名的物理學家。所以，媽媽要教導孩子：當有不懂的問題時，不要怕自己的提問會遭到別人的嘲笑。「不懂」並沒有什麼可恥的，而「不懂裝懂」才是最可悲的。

俗話說得好：「真理誕生於一百個問號之後。」同樣，這句話非常適合於創新思維的培養。

有一位名叫密卡爾遜的生物學家，調查了中龍在地球上的分布情況。他指出，美國東海岸有一種中龍類，而歐洲西海岸同緯度地區也有中龍，在美國西海岸卻沒有這種中龍。這到底是為什麼呢？密卡爾遜無法回答這個問題。

第七章　活用大腦，打開創新大門

密卡爾遜的論文，引起了德國地質學家阿爾弗雷德‧魏格納（Alfred Lothar Wegener）的注意。當時，魏格納正在研究大陸和海洋的起源問題他認為。中龍活動能力很有限，即使加上翅膀也難以飛渡重洋，牠的這種分布情況正好說明歐洲大陸與美洲大陸本來是連在一起的，後來分裂開了，成為兩個洲。他把中龍類的地理分布，作為例證之一，寫進了他的名著《大陸與海洋的起源》（*The Originof Continentsand Oceans*）一書。

魏格納從中龍的分布，推論地球上大陸和海洋的形成，這也正說明了他的成功在於從問號中尋求真理。

無數發明創造的實踐證明，誰善於發現問題，並有探索真知的意志，誰就有可能創新。相反，一個心中毫無疑問的人，他的大腦也永遠處於靜止的狀態，根本不可能有突破，更不可能有創新。

偉大的發明家愛迪生一生取得了很大的成就，這與他從沒有停止過問「為什麼」並不斷追求有很大關係。愛迪生凡事都想問個為什麼，雖然他沒有將自己所問的問題都回答出來，然而他所得出答案的數量卻是非常之多。

有一天，愛迪生在路上碰見一個多日不見的好朋友，看到這位朋友的手指一個關節腫了。愛迪生問道：「你的手指為什麼腫了呢？」

「我還不知道確切的原因。」

「你為什麼不知道呢？那麼醫生知道嗎？」

「每個醫生說的都不一樣，不過多半的醫生都說這是痛風症」

「什麼是痛風症？」

「他們告訴我就是尿酸積淤在骨節裡。」

愛迪生又問：「既然如此，他們為什麼不從你的骨節裡取出尿酸呢？」

「他們不知道怎麼取。」他的朋友回答說。

「為什麼他們會不知道怎麼取出來呢？」愛迪生很生氣地問。

「因為尿酸是不能溶解的。」

「我不相信。」愛迪生回答道。

與朋友分別後，愛迪生急忙回到實驗室，立刻開始試驗尿酸到底能不能溶解。他排好一列試管，每支試管裡都放入三分之一不同的化學試劑，每種試劑中都放入幾顆尿酸結晶顆粒，幾天之後，他看見有兩種液體中的尿酸已經溶化了。

於是，這位大發明家又有了新的發明問世，這個發明很快就獲得了實際應用。現在這兩種液體中的一種在醫治痛風症中普遍得到應用。

愛迪生因為多問了個「為什麼」，所以收穫了一項新的發明。孩子如果能把心中的疑問常常放在心上，當看到相關現象時，也許就像愛迪生一樣會得到啟示。

一般來說，孩子見到、聽到的事物越多，提出的問題也就越多，提出的問題越多孩子知道的也就越多。所以，家長一定要善待孩子的提問。

✧ **必須接納孩子的問題**：孩子經常提出一些令人忍俊不禁、無法回答的問題，如果家長不接納孩子的問題，只是一笑置之，敷衍了事或粗暴制止，久而久之，孩子就不想再問了，這將導致其智慧的萌芽逐漸枯萎。因此，家長必須接納孩子的問題。

✧ **盡可能立即回答**：孩子注意力都不長久，家長如果不能馬上回答，孩子或許會很快忘掉剛剛提出的問題，或會降低對問題的興趣，這些都會影響其智力的發展。

✧ **以問代答**：為了鼓勵孩子養成有問題先自己動腦筋思考的習慣，對孩子提出的問題可適當地反問孩子，反問時要啟發、引導，問題的難度要適宜。

✧ **和孩子一起看書研究**：當遇到無法解答或難以系統而科學地回答的問題時，家長應和孩子一起看書研究。

　　追根究柢是科學創新必備的素養。一個人唯有孜孜不倦地求索探究，才能從細小的、司空見慣的自然現象中發現問題，並追根溯源，找到科學的真理。因此，使孩子熱衷於探索和求知，無疑是激發他們學會創新的最好方式。

動手是創新成敗的關鍵

　　愛迪生說：「天才是百分之一的靈感，加上百分之九十九的汗水。」這是他的至理名言，也是他的經驗之談。這告訴我們，有了創新性的想法，一定要努力去實踐，如果不去努力實踐，再好的想法也會離你而去。為了把孩子塑造為一個富有行動力的人，媽媽不妨和孩子講以下的故事。

　　美籍華人、諾貝爾獎的獲得者朱棣文是一個善於動手的典範。

　　小時候的朱棣文活潑好動，他的母親回憶說：「他沒有一刻閒著的時候，很調皮，家裡的沙發，他爬上爬下，但他天資聰穎，酷愛讀書，從小就有很強的動手能力。」童年的朱棣文就有豐富的想像力和一定的思考能力，他經常將軟肥皂捏成各種動物形狀，連大人看到也感到驚奇。稍大一點，他就能用小刀在木頭上雕刻飛機、軍艦等，他感興趣的玩意。小朱棣文還用他那雙靈巧的小手製作了一架又一架的「飛機」和「軍艦」，客廳裡到處擺放著他的傑作。

　　此外，朱棣文還很喜歡玩積木，除了建房子模型外，他跟一般人不一樣，會到倉庫找零件，將玩具改裝成機器人。在改裝的過程中，他的機械和物理常識更加豐富。更重要的是，他養成了自己動手做的習慣，也讓自己的雙手更靈巧。

動手是創新成敗的關鍵

到了小學四年級，朱棣文已經成為一名「合格的」安裝工了。他經常花費許多時間來建造一些毫無目的性的裝置，把一大堆零件組裝在一起，做成一個他也不知為何物的大東西。朱棣文自己回憶說：「小時候，我花了許多時間用來製作一些無明確用途的器具。」通情達理的母親允許朱棣文進行他的「工程創作」，並且對他進行鼓勵。父母對孩子的鼓勵，充溢著這個家庭，伴隨著朱棣文的成長。

朱棣文長大後還十分喜歡下廚，可能是因為他喜歡動手做一些組合、操作之類事情的緣故。他說：「動手下廚像實驗一樣可以訓練一個人專注與解決問題的能力，特別是在冰箱裡找剩菜，拿僅有的材料下廚，在有限的資源中求變，這種經驗、能力，對我解決日後所遇到的瓶頸，有很大的幫助。」

實踐和創新往往是孿生兄妹，實踐是創新的源泉，創新是實踐的動力。正因為朱棣文善於動手實踐與總結，經過多年的努力，他終於獲得了巨大的成功。

愛動手、喜歡創新的孩子，一般有哪些表現呢？

✧ 遇到不明白的事物，他總會問「為什麼」，如果得不到答案，他們可能會透過動手實踐去解決問題。

✧ 喜歡做小製作，比如堆積木、拼圖等，並從這些活動中找到生活的樂趣。

✧ 只要老師教了某一個化學式或者提到某一個物理實驗，他都會抱著懷疑的態度，回到家裡自己動手做實驗，以驗證自己所學到的知識。

✧ 不盲目聽信家長或者老師的話，勇於質疑，有些行為顯得有些不服從管教和叛逆。

第七章　活用大腦，打開創新大門

✧ 對於自己動腦想出來的東西、自己動手做出來的東西，總有一種偏愛
　和特殊的興趣。

如果你的孩子有以上的某些特徵，身為家長，你不但不要抑制，還應
該為孩子提供充分的動手機會，讓孩子在動手活動中學會「創造」。

當然，如果你的孩子不善於動手實踐，不妨讓孩子一起來聽聽這則
故事。

將一杯冷水和一杯熱水同時放入冰箱的冷凍室裡，哪一杯水先結
冰？很多人都會毫不猶豫地回答：「當然是冷水先結冰了！」非常遺憾，
錯了。發現這一錯誤的是一名非洲中學生 ── 伊拉斯多・彭巴（Erasto
Mpemba）。

1963 年的一天，坦尚尼亞某間國中的國三學生彭巴發現，自己放在
電冰箱冷凍室的熱牛奶比其他同學的冷牛奶先結冰。這令他大惑不解，並
立刻跑去請教老師。老師認為，肯定是彭巴搞錯了。彭巴只好再做一次試
驗，結果與上次完全相同。

不久，三蘭港大學（University of Dar es Salaam）物理系主任丹尼斯・
奧斯伯恩（Denis G. Osborne）博士來到這所國中。彭巴向奧斯伯恩博士提
出了自己的疑問，後來奧斯伯恩博士把彭巴的發現列為大學二年級的物理
課外研究課題。

隨後，許多新聞媒體把這個非洲中學生發現的物理現象，稱為「彭巴
效應（Mpemba effect）。」

這則故事告訴我們：很多人認為是正確的，並不一定就真的正確，很
多常規、常識，頂多是大部分人總結出的經驗。我們在這裡講突破常規，
更重要的是要有求知精神並善於思考。

簡單而言，家長應該這樣培養孩子的動手能力：

✧ 鍛鍊孩子的自理能力。

✧ 指導孩子做手工。

✧ 提供各種材料用具。

許多創新的想法必須透過操作和實踐才能最終實施並變成現實。發明大王愛迪生還是一個賣報童的時候，就經常「泡」在自己的實驗室裡動手做實驗。他的全部發明都不是憑空「想」出來的，而是動手試出來的。由此可見，創造發明離不開實踐能力和操作能力。可以說，培養孩子的動手能力是提升孩子創造力的重要環節，家長必須從小加強孩子動手能力的訓練，使其勤於動手、善於動手，在動手和實踐中形成創造力。

▌思維定式是可怕的樊籬

關於思維定式，有這樣一則耳熟能詳的故事：

一家馬戲團突然失火，人們四處逃竄，雖然沒有人員傷亡，但馬戲團裡那隻值錢的大象卻被活活地燒死了。為此，老闆抱怨大象太笨了，不就是一條細小的繩子綁著嗎？都不會懂得跑呀！

原來，當這頭小象被捕捉時，馬戲團老闆害怕牠會逃跑，便以鐵鍊鎖住牠的腳，然後綁在一棵大樹上。每當小象企圖掙脫時，牠的腳被鐵鍊磨得疼痛和流血，經過無數次的嘗試後，小象並沒有成功逃脫。

於是在小象的腦海中形成了一個思維定式：只要有條繩子綁在牠的腳上，牠便無法逃脫。

因此，當牠長大後，雖然綁在牠腳上的只是一條細小的繩子，牠也不會再做自認為徒勞無功的努力。所以最終被燒死了。

這就是思維定式的可怕。因為受固有觀念、固有經驗的限制，不懂得變通，導致大象丟了性命。無獨有偶，生活中關於思維定式的故事並不少見，下面還有一個這方面的故事：

　　有一頭可憐的驢子背著幾袋沉甸甸的鹽，累得呼呼直喘氣。可是不得不邁著艱難的腳步繼續前進。

　　突然，驢子的眼前出現了一條小河。驢子走到河邊喝了兩口水，這才覺得有了力氣，牠準備過河了，河水清澈見底，河床上形狀各異的鵝卵石光光的，看得清清楚楚，驢子只顧欣賞美景，一不留神蹄子一滑，「撲通」一聲，摔倒在小河裡，好在河水不深，驢子趕緊站了起來，奇怪！牠覺得背上的重量輕了不少，走起來再也不感到吃力了。驢子很高興：「看來，這河水是魔水，我得記住，在河裡摔一跤，背上的東西便會輕許多！」

　　不久，又運東西了，這次驢子馱的是棉花。裝棉花的口袋看起來很大很大，可分量並不重，驢子馱著幾大袋棉花，走起來顯得很輕鬆。啊！前邊又是那條小河了，驢子想起了上次那件開心的事，心裡真是高興：「背上的東西雖說不重，可再輕一些不是更好嗎？」

　　於是，牠喝了幾口水，向河裡走去。到了河心，故意一滑，「撲通」一聲，又摔倒在小河裡。這次驢子不著急了，牠故意慢吞吞地站了起來。哎呀，太可怕了，背上的棉花變得好重呀！比那可怕的鹽袋還重幾倍。

　　驢子好不容易走上岸，卻不明白為什麼河水能讓重的變輕，也能讓輕的變重。

　　可憐的驢子並不知道，這個世界上沒有一成不變的事物，也沒有放諸四海皆準的真理。因此，牠用過去的那點經驗做事，難免落了個可笑又可悲的下場。

　　生活中，如果孩子同樣不懂得用變化的眼光看待問題，就可能會像故

事中的驢子一樣鬧出笑話來。因此，家長應從小培養孩子善於變通的思維，讓他在遇到事情時，能做到舉一反三、觸類旁通。

要讓孩子做到善於變通，家長還應該注意到，在生活中，如果孩子提出了什麼怪問題、做出了什麼怪事情、想出了什麼怪主意，這些都是孩子思維善於創新的表現，家長不要不分青紅皂白一概指責，而是要分析對錯、因勢利導。只有這樣，才能讓孩子的創造性思維得到更好的發展。

在枯乾的非洲大陸上，一群飢餓渴乏的鱷魚陷身在水源快要斷絕的池塘中，較強壯的鱷魚已經開始弱肉強食同類了，眼看物競天擇、適者生存的理論馬上就要上演。

這時，一隻瘦弱勇敢的小鱷魚，卻起身離開了快要乾涸的水塘，邁向未知的大地。乾旱持續著，池塘中的水越來越混濁、稀少，最強壯的鱷魚已經吃了不少同類，剩下的鱷魚看來是難逃被吞食的命運。卻不見有鱷魚離開，也許棲身在渾水中，等待遲早被吃掉的命運，似乎總比離開、走向完全不知水源在何處還安全些。

池塘終於完全乾涸了，唯一剩下的大鱷魚也不耐飢渴地死去，牠到死還守著牠殘暴的王國。可是，那隻勇敢離開的小鱷魚呢？在經過多天的跋涉，幸運的牠並沒死在半途上。最後，牠竟在乾旱的大地上，找到了一處水草豐美的綠洲。

孩子，一直以來，人們都認為，物競天擇，適者生存。可是現實生活中都會有變通，故事中的小鱷魚並非強者，但牠懂得只有改變才有生存的機會。如果不思改變，即便有幸不被強壯的鱷魚吃掉，最後也必然要死在那個乾涸的池塘裡的。

媽媽再和孩子講這則故事吧！

兩個兒子大了，老富翁一直在苦苦思索，到底讓哪個兒子繼承遺產？

第七章　活用大腦，打開創新大門

富翁百思不得其解。想起自己白手起家的青年時代，他忽然靈機一動，找到了考驗兩個兒子的好辦法。

富翁鎖上宅門，把兩個兒子帶到一百里外的一座城市裡，然後給他們出了個難題，誰答得好，就讓誰繼承遺產。他交給他們一人一串鑰匙、一匹快馬，看他們誰先回到家，並把宅門打開。

馬跑得飛快，所以兄弟兩個幾乎是同時回到家的。但是面對緊鎖的大門，兩個人都發愁了。

哥哥左試右試，苦於無法從那一大串鑰匙中找到最合適的那把；弟弟呢，則苦於沒有鑰匙，因為他剛才光顧著趕路，鑰匙不知什時候丟掉了。

兩人急得滿頭大汗。突然，弟弟一拍腦門，有了辦法，他找來一塊石頭，幾下子就把鎖砸了，他順利進去了。

自然，繼承權落在了弟弟手裡。

人生的大門沒有鑰匙，在命運的關鍵時刻，我們最需要的不是墨守成規的鑰匙，而是一塊砸碎障礙的石頭！

一個圓，在孩子看來，它可以是太陽，可以是月亮，可以是車輪，還可以是瓶蓋，可是，在大人看來，它就是一個圓圈，沒有什麼出奇的。這是為什麼呢？為什麼同樣是人的思維，然而，大人和小孩卻有這麼大的差異？這就在於，孩子還沒有受到固有經驗的限制，所以，他們眼中的世界更絢麗多姿。如果希望自己的孩子一直保持著這種創新的思維潛力，那麼，請允許孩子用他們的方式思考問題。唯有如此，孩子的思想才不會被定勢的牢籠限制。

▍不妨「反過來」試一試

在生活中，我們常聽人們說「反過來想」、「反其道而行之」。這裡的「反」其實指的就是反方向、逆向。當大家都朝著一個固定的思維方向思考問題時，而你卻獨自朝相反的方向思索，這樣的思維方式就叫逆向思考。

「司馬光砸缸」的故事可謂家喻戶曉 —— 有人落水，常規的思維模式是「救人離水」，而司馬光面對緊急險情，運用了逆向思考，果斷地用石頭把缸砸破，「讓水離人」，救了朋友的性命。

是的，與常規思維不同，逆向思考是反過來思考問題，是用絕大多數人沒有想到的思維方式去思考問題。因此，結果常常會令人大吃一驚，喜出望外，另有所得。

美國芝加哥一位退休老人，他在一所學校附近買了一棟簡樸的住宅，打算在那裡安度他的晚年。

他住的地方最初的幾個星期很安靜，不久，就有三個小學生開始在附近踢所有的垃圾桶，附近的居民深受其害，對他們的惡作劇，大家採用了各種各樣的辦法，好言相勸過，也嚇唬過，可一直沒達到什麼作用，等到人一走，他們又開始踢垃圾桶，居民們無計可施，只好聽之任之。

這位老人實在受不了他們製造的噪音，開始想辦法讓他們離開。

於是，他出去跟他們談判：「你們幾個一定玩得很開心，我小的時候也常常做這樣的事情。你們能不能幫我一個忙？如果你們每天來踢這些垃圾桶，我每天給你們 1 元。」

這三個孩子一聽這話，高興地活蹦亂跳，天下還有這麼好的事情？於是，他們的積極性更高了，此後每天來得更加積極、更加準時來踢垃圾桶。

過了幾天，這位老人愁容滿面地去找他們。「通貨膨脹減少了我的收入，」他說，「從現在起，我只能給你們每人5毛錢了。」

這三個孩子有點不滿意了，但還是接受了老人的錢，每天繼續踢垃圾桶，可是，卻沒有以前那麼賣力了，愛踢不踢的。

幾天後。老人又來找他們。「唉！」他說，「我最近沒有收到養老金支票，所以每天只能給你們2毛5分了，可以嗎？」

「只有2毛5分！」一個孩子大叫道，「你以為我會為了區區2毛5分錢浪費時間，在這裡踢垃圾桶？不要，我們不做了！」

從此以後，孩子們再也沒有到這裡來踢垃圾桶，老人和其他居民又過上了安靜的生活。

如果老人也像其他的鄰居一樣好言相勸，可能非但沒有辦法說服那三個調皮的孩子，還可能招來他們的反感，使他們惡作劇的興趣更濃！相反，聰明的老人巧妙地運用了逆向思考，透過輾轉迂迴的方式解決了問題：他從孩子的心理入手，先給他們甜頭，之後慢慢讓他們嘗到好處減少的不滿，激起他們消極的情緒，最終達到了自己的目的。

所以，當孩子遇到難題時，是不是也考慮一下讓他從問題的反面入手呢？在創造發明的道路上，逆向思考同樣很重要。只要善用逆向思考進行創新，就可能有意想不到的收穫：

「反過來」試一試就有可能找到答案，這是「逆向思考」的形象表達。所以，當我們沿著事物發展的正方向去思考問題卻沒有找到解決辦法的時候，不妨把結論往回推，逆向思考，也許在不經意間就會有意想不到的驚喜。

可以說，讓孩子學會使用逆向思考有很多好處。

✧ 在日常生活中，常規思維難以解決的問題，透過逆向思考卻可能輕鬆破解。—— 逆向思考會使孩子獨闢蹊徑，在別人沒有注意到的地方有所發現，有所建樹，從而制勝於出人意料。

✧ 逆向思考會使孩子在多種解決問題的方法中獲得最佳方法和途徑。

✧ 生活中自覺運用逆向思考，會將複雜問題簡單化，從而使做事效率和效果成倍提升。

人們習慣於沿著事物發展的正方向去思考問題並尋求解決辦法。其實，對於某些問題，尤其是一些特殊問題，反過來想或許會更簡單些，而解決起來就變得輕而易舉了，甚至因此而有所發現，創造出驚天動地的奇蹟來，這就是逆向思考的魅力。

第七章　活用大腦，打開創新大門

第八章　不可忽視的社交課程

　　家長都希望自己的孩子有更多的好朋友，能夠與他人和睦相處，長大後能夠成為一個受歡迎的人。美國總統羅斯福曾認為：「在成功的公式中，最重要的一項因素是社交。」可以說，社交是整個人生旅途中不可或缺的必修課。同時，社交對孩子的成長本身就具有積極意義，孩子只有在與同伴、成人的交往互動中，才能學會在平等的基礎上協調好各種關係，才能正確地了解和評價自己，形成積極的情感，為將來正常地進入社會、更好地適應社會生活打下基礎。

第八章　不可忽視的社交課程

▎彬彬有禮，從小做起

每個人每天都要和各種各樣的人打交道，無論是在家庭、學校、還是在社會中，一個人展示給他人的首先是其禮貌的素養。要想建立起良好的人際關係，就應該先學會禮貌待人。

從前，有一隻很不懂禮貌的鴨子，大家都叫牠「喂」先生。為什麼會叫這個名字呢？還是來聽聽有關牠的故事吧。

「喂」先生到商店裡買東西，總是搖搖擺擺地走進來，扯著大桑門對售貨員叫道：「喂，給我拿條圍巾。喂，我還要買一頂帽子。」

牠到劇場看表演，老是坐在位子上不滿地嚷嚷道：「喂，大聲點，大聲點！我一句也聽不清楚。前面的人坐低點，擋著我了。」

現在，你應該知道這隻鴨子為什麼叫「喂」先生了吧？

可「喂」先生對自己的這個名字一點也不在意，依然「喂喂」地叫著別人。於是，牠身邊的朋友越來越少，不喜歡牠的人越來越多了。

是啊，誰會喜歡像他這樣沒有禮貌的傢伙呢？

聽了這個故事，我們知道了，鴨先生之所以沒有朋友，讓越來越多的人不喜歡，就是因為他沒有禮貌。沒有禮貌的人是不受人歡迎的。

一位很有名的劇院經理來拜訪大仲馬（Alexandre Dumas）。

一見面，只見他連帽子也沒脫下，就火冒三丈地問這位劇作家：「尊敬的大仲馬先生，你為什麼要把最新的劇本賣給一家小劇院的經理呢？難道我們劇院的名字還不夠大嗎？」

大仲馬微笑著說：「是的，你們的劇場是夠大。」

這位經理傲慢地說：「那難道他出的價錢比我們的高？這樣吧，我出比那個小劇院經理高一倍的價錢，你把劇本要回來賣給我們吧！」

大仲馬笑了笑說：「不，他其實只用一個很簡單的方法，就以很低的價格把劇本買走了。」

「那是什麼辦法呢？」這位經理非常好奇！

「因為他以與我交往為榮，並且一見面就脫下帽子。」

那位戴著帽子的劇院經理一聽，面紅耳赤！

一個人可以沒有金錢，沒有地位，沒有智慧，但不能沒有禮貌，學會禮貌待人，在尊重別人的同時你會發現自己也正被別人尊重著。

其實，禮貌在任何時候都有用，特別是它能透過一些小事情展現一個人的素養。

美國耶魯大學有一批應屆畢業生共 22 個人，實習時被導師帶到華盛頓的白宮某軍事實驗室裡參觀。

全體學生坐在會議室裡等待該實驗室主任胡里奧的到來，這時有祕書幫大家倒茶水，同學們表情木然地看著她忙碌，其中一個還問：「有冰咖啡嗎？天氣太熱了。」祕書回答說：「抱歉，剛剛用完了。」有一個名叫比爾的學生看著有點彆扭，心裡嘀咕：「人家幫你倒水還挑三揀四的。」輪到他時，他輕聲說：「謝謝，天氣這麼熱，辛苦了。」祕書抬頭看了他一眼，滿含著驚奇，雖然這是很普通的客氣話，卻是她今天聽到的第一句。

然而，隨後卻發生了一件很尷尬的事。當胡里奧主任推開門走進來和大家打招呼時，不知怎麼回事，靜悄悄的，沒有一個人回應。比爾左右看了看，猶猶豫豫地鼓了幾下掌，同學們這才稀稀落落地跟著拍手，由於鼓掌聲不整齊，越發顯得凌亂，胡里奧主任揮了揮手：「歡迎同學們到這裡來參觀。平時這些事一般都是由辦公室負責接待，因為我和你們的導師是老同學非常要好，所以這次我親自來為大家講一些有關的情況。我看同學

們好像都沒有帶筆記本，這樣吧，王祕書，請你去拿一些我們實驗室印的紀念手冊，送給同學們作紀念？」

接下來，更尷尬的事情發生了，大家都坐在那裡，很隨意地用一隻手接過胡里奧主任雙手透過來的手冊。胡里奧主任臉色越來越難看，走到比爾面前時，已經快要沒有耐心了。就在這時，比爾禮貌地站起來雙手握住手冊，恭敬地說了一聲：「謝謝您！」胡里奧聽到這句話，不覺眼前一亮，他伸手拍了拍比爾肩膀，說：「你叫什麼名字？」比爾照實作答，胡里奧微笑著點頭回到自己的座位上。

兩個月後，在畢業去向表上，比爾的去向欄裡赫然寫著該軍事實驗室的名字。有幾個頗感不滿的同學找到導師：「比爾的學業成績最多算中等，憑什麼選他而沒選我們？」

導師看了看這幾張尚顯稚嫩的臉，笑道：「是人家點名比爾的。其實你們的機會是完全一樣的，你們的成績甚至比比爾還要好，但是除了學習之外，你們需要學的東西太多了，修養便是第一課。」

能力是無形的，需要時間去驗證。但禮貌卻是有形的，讓人一眼就能看出來。在生活中，一個舉止得體、待人有禮的人一定會贏得成功的機會。相反，一個自以為很了不起，不懂得禮貌與尊重的人，一定會失去成功的機遇。

家長培養孩子得體的禮貌需要做到：見到熟悉的人要打招呼和問好；當別人幫助自己的時候要說謝謝；不小心碰到了別人或者傷了別人的心，應該說對不起……

總之，好的禮貌習慣是從小養成的，只要家長在日常生活中注意調教，一定能把孩子培養成一個懂禮貌的人！

在孩子的成長過程中，很多家長只關心孩子智力、學業的發展，卻忽

視了孩子禮儀、禮節、禮貌的教育。致使一些孩子不懂禮貌，蠻橫無理！實際上，得體的禮貌、文明的行為舉止是孩子與人交往的前提，是他們能否與人成功交往的關鍵因素。從小培養孩子文明的舉止和得體的禮貌，對孩子良好素養的培養有很大幫助，能為孩子今後的發展奠定基礎。

┃溝通讓人際更加暢通

生活中常有這樣的孩子，他們話不多，不喜歡出眾，不知道該怎麼與人溝通交流，有什麼事情就憋在自己心裡，總是一副悶悶不樂的樣子！針對這些不喜歡與人溝通的孩子，媽媽可以用下面的故事開導他們，解開心結。

一位教授精心準備著一場重要會議的演講內容，會議規格之高、規模之大是他平生第一次遇到的，全家為了教授的這一次露臉而激動。為此，教授的夫人專門為他選購了一身西裝。晚餐時，教授的夫人問西裝合不合身，教授說上身很好，就是褲腿長了兩公分，倒是能穿，影響不大。

晚上教授早早就睡了，可是他的母親卻睡不著，時時在思索著兒子這麼隆重的演講。反正也睡不著，就翻身下床，把西裝的褲腿剪掉兩公分，縫好燙平，然後安心地入睡了。到了早上五點，教授的夫人醒了，因為家有大事，所以起來比往常早些，想起老公西褲的事，心想時間還來得及，便拿來西褲又剪掉兩公分，縫好燙平，愜意地去做早餐了。一會兒，女兒也早早起床了，看媽媽的早餐還沒做好，就想起爸爸西褲的事情，尋思自己也能為爸爸做點事情了，便拿來西褲，再剪短兩公分，縫好燙平……

就這樣，一條只長兩公分的褲子，因為缺乏交流與溝通被她們三人連續剪短了三次。等這位教授做好了所有的準備，再來換衣褲時，卻發現這條褲子短得無法再穿了。

都是出於對親人的關心，但是缺乏交流、溝通，最後關心變味了。

人與人之間，因為有了溝通，才有了理解；有了溝通，才能讓自己免於孤獨！如果與世隔絕，即便生活在天堂裡，一樣找不到幸福的感覺！

有一次。上帝問一隻被囚禁在籠子中的畫眉鳥：「你願意到天堂中去生活嗎？」

「為什麼，要到那裡呢？」畫眉鳥問。

「天堂寬敞明亮，不愁吃喝。」

「可是我現在也很好啊。我吃喝拉撒，全由主人包辦。風不吹頭，雨不打臉。還能天天聽見主人說話、唱歌」畫眉鳥回答。

「可是，你自由嗎？」聽了上帝的話，畫眉鳥沉默了。

於是，上帝以勝利者的姿態。把畫眉鳥帶到了天堂，把畫眉鳥安置在翡翠宮裡住下，便忙著處理各種事務去了。

一年後上帝突然想起了畫眉鳥。便去翡翠宮看望牠，上帝問畫眉鳥：「我的孩子，你過得還好嗎？」

畫眉鳥答道：「感謝上帝，我活得不好。」

「那麼，你能談談在天堂裡生活的感受嗎？」上帝真誠地問畫眉鳥。

畫眉長嘆一聲說：「唉，這裡什麼都好，只是沒有人和我說話，使我無法忍受，您還是讓我回到人間吧。」聽了這話。上帝不禁大為感慨：「天堂即便再好，都不如生活在籠子裡好！」

於是，上帝再次把畫眉鳥帶回了人間

良好的溝通能力對個人的生活有著重要的意義，對於孩子的成長而言更是大有裨益。善於溝通的孩子，相對其他孩子來說，更有魅力！

❖ 良好的溝通能力能夠提升孩子的自信。

❖ 良好的溝通能力能融洽孩子與他人的關係，減輕孩子的心理壓力。

✧ 良好的溝通能力是孩子獲取成功的前提保障。對於孩子今後的事業發展來說，良好的溝通能力可發揮極大的輔助作用。有效的溝通，能節省時間和精力，減少重複勞動，提升生產效率。相反，缺乏溝通，只會使孩子在工作的過程中四處碰壁。

再為孩子講一則故事。

在美國一個農村，住著一個老頭，他有三個兒子大兒子、二兒子都在城裡工作，小兒子和他在一起，父子相依為命。

有一天，一個人找到老頭，對他說：「尊敬的老人家，我想把你的小兒子帶到城裡去工作，可以嗎？」

老頭氣憤地說：「不行，絕對不行，你滾出去吧！」

這個人說：「如果我在城裡幫你的兒子找個對象，可以嗎？」

老頭搖搖頭：「不行，你走吧！」

這個人又說：「如果我幫你兒子找的對象，也就是你未來的媳婦是洛克斐勒的女兒呢？」這時，老頭動心了。

過了幾天，這個人找到了美國首富石油大王洛克斐勒，對他說：「尊敬的洛克斐勒先生，我想幫你的女兒找個對象，可以嗎？」

洛克斐勒說：「快滾出去吧！」

這個人又說：「如果我幫你女兒找的對象，也就是你未來的女婿，他是世界銀行的副總裁，可以嗎？」

洛克斐勒同意了。

又過了幾天，這個人找到了世界銀行總裁，對他說：「尊敬的總裁先生，你應該馬上任命一個副總裁！」

總裁先生說：「不可能，這裡這麼多副總裁，我為什麼還要任命一個副總裁呢，而且必須馬上？」

這個人說：「如果你任命的這個副總裁是洛克斐勒的女婿，可以嗎？」

總裁先生當然同意了。

這個故事雖然是個笑話，但它在一定程度上展現了溝通的力量。

平時，家長教孩子與人溝通應做到下面幾點：

✧ **開誠布公，全方位溝通**：開誠布公，與他人坦誠地溝通，就可能帶來信心和信任。因此，坦誠相告能夠拉近你與他人的距離。

✧ **直言不諱，和睦待人**：說出你的真實感受，別人會認為你是真誠的、有人情味的，他們會藉此了解你的為人，並更加尊敬你、支持你。

✧ **感情溝通**：人是有感情的，如果雙方感情好，任何事情都好辦；感情不和，就會造成阻力。因此，應重視心理感情的協調，善於運用感情疏通和他人的心理距離。

當今社會是一個人際往來的社會，人與人交往的基礎是溝通。溝通能力的優劣對孩子的身心健康與今後的發展有著舉足輕重的作用。所以，家長一定要教孩子學會與別人溝通，只有透過恰當的溝通，孩子才能夠融入新的環境當中，只有透過溝通，孩子才能夠從別人身上學到更多的知識，更快地成長。

▌相互信任是交往前提

有人說，信任是人與人之間真誠交往的基礎。沒有信任，就不可能有人與人之間的相互往來。下面的故事正說明了這一點。

大烏龜和小烏龜在一起喝可樂。大烏龜喝完自己的一份後，就對小烏龜說：「你去外面幫我拿一下可樂。」

小烏龜剛走兩步，就不走了，回頭說：「你肯定會在我出去後，把我的可樂喝掉！」

「這怎麼可能呢？你是在幫助我啊！」

經大烏龜一再保證，小烏龜同意了

一個小時過後，大烏龜耐心地等著……

兩個小時過去了，小烏龜還沒有來……

三個小時過去了，小烏龜仍然沒有回來

這時，大烏龜想：「小烏龜肯定不會回來了。牠一個人可以在外面喝可樂，怎麼會回來呢？我乾脆把牠這一份喝了算了！」

大烏龜端起小烏龜的可樂，剛要喝，門「砰」一聲開了。

「住手！」

小烏龜就像從天而降，站在大烏龜面前，氣衝衝地說：「我早就知道，你要喝我的可樂！」

「你怎麼會知道？」大烏龜問。

「哼！」小烏龜氣憤地說：「我在門外已經站了三個小時了！」

講完故事，在哈哈大笑之餘，媽媽應開導孩子思考：如果我們連起碼的信任都不給予他人，又怎麼能贏得他人的信任呢？

有兩人非常要好，彼此不分你我。一日，他們走進了沙漠裡，乾渴威脅著他們的生命。上帝為了考驗他倆的友情，就對他們說：「前面的樹上有兩個蘋果，一大一小，吃了大的就能平安地走出沙漠！」

兩人聽了，都讓對方吃那個大的，堅持自己吃小的爭執到最後，誰也沒有說服誰，便都在極度勞累中迷迷糊糊地睡著了。不知過了多長時間，其中一個突然醒來，卻發現他的朋友早向前走了。他急忙走到那棵樹下，摘下蘋果一看，蘋果很小很小。他頓時覺得朋友欺騙了自己。非常失望與氣憤。

第八章　不可忽視的社交課程

懷著上當受騙的心情，這個人繼續往前走去。

突然，他發現朋友在前面昏倒了，便毫不猶豫地跑過去，小心翼翼地將朋友抱了起來。

這時，他驚異地發現：朋友的手中緊緊地握著一個蘋果，而那個蘋果比自己手中的還要小得多。他為自己對朋友的不信任感到羞愧極了！

後來，他們互相鼓勵、支援，終於走出了沙漠。

真正的朋友是以心交心的，如果朋友之間沒有信任，那不是真正的朋友。與人交往，做一個誠信的人，同樣也試著去相信值得信任的人，這樣，我們的生活才會充滿安全感。

西元前 4 世紀，義大利一個名叫皮斯阿司（Pisces）的年輕人觸犯了國王。皮斯阿司被判絞刑，在某個法定的日子要被處死。

皮斯阿司是個孝子，在臨死之前，他希望能與遠在百里之外的母親見最後一面，以表達他對母親的歉意，因為他不能為母親養老送終了。他的這要求告知了國王。

國王被他的孝心打動了，決定讓皮斯阿司回家與母親相見，但條件是皮斯阿司必須找一個人來替他坐牢，否則無法實現他的願望。這是一個看似簡單其實近乎不可能實現的條件。有誰肯冒著被殺頭的危險替別人坐牢呢？這不是自尋死路嗎？但還真有人不怕死，而且真的替別人坐牢，他就是皮斯阿司的朋友 —— 達蒙（Damon）。

達蒙住進牢房以後，皮斯阿司回家與母親訣別。人們都靜靜地關心著事態的發展。日子一天過去了，可皮斯阿司一去不復返。眼看到期在即，皮斯阿司還是沒有回來的跡象。人們一時間議論紛紛，都說達蒙上了皮斯阿司的當。

行刑日是個雨天，當達蒙被押赴刑場時，圍觀的人都在笑他的愚蠢。

幸災樂禍的大有人在，但刑車上的達蒙，不但面無懼色，反而有一種慷慨赴死的豪情。

追魂炮被點燃了，絞索也已經掛在達蒙的脖子上。膽小的人嚇得閉緊了雙眼，他們在內心深處為達蒙深深地惋惜，並痛恨那個出賣朋友的小人皮斯阿司。

但是，就在這千鈞一髮之際，在風雨中，皮斯阿司飛奔而來，他高喊著：「我回來了！我回來了！」

這真是人世間最最感人的一幕，大多數人都以為自己在夢中，但事實不容懷疑這個消息宛如長了翅膀，很快便傳到了國王的耳中。國王聞聽此言，也以為這是痴人說夢。

國王親自趕到刑場，他要親眼看一看自己的優秀子民。最終，國王萬分喜悅地為皮斯阿司鬆綁，並親口赦免了他的罪。

信任是一扇永不上鎖的門，它的敞亮與通達能夠折射出美好的靈魂。誠然，對待朋友需要信任，而在陌生人面前，信任同樣值得提倡。

有個青年，住在山頂上，每天下班，他都要走一點崎嶇的小路才能抵達家門。

有一天，工廠趕工，下班後已經是半夜了。因為天黑，看不清路面。當他走到那段小路的時候，突然狂風大作，烏雲密布，眼看就要下大雨了。由於擔心被雨淋溼，他便加快腳步趕路。因為走得太快了，他腳下一滑，竟掉進了一個大洞裡……

在這千鈞一髮之際，他抓住了一根樹枝而沒有摔下去。那青年往下看去，可因為天太黑，他根本看不清洞底，更不知道這洞到底有多深。為了活命，他只好緊緊抓住樹枝不放。同時也不管有沒有人，就大聲呼喊起來「救命呀！救命呀！」他想，只要有人經過，一定能聽到他的聲音吧！

第八章　不可忽視的社交課程

　　突然，有一個蒼老的聲音傳了下來，那個聲音的主人說：「年輕人，是不是你在喊救命呀？」

　　「是呀，求求你救救我，不然我就支援不住了！掉下去我就沒命了！」

　　「年輕人，你要是相信我的話，就放開手吧！」

　　那位年輕人一聽，非常生氣，他大聲吼道：「你這老妖怪，不救我反倒要我去送命，你真是喪盡天良了！」

　　老人一聽，可生氣了，頭也不回走了！

　　這時，由於身體太重，又扯得太久，樹枝折斷了！他心想，這下完了！可是還沒等他叫出口，腳便落在了扎實的地上

　　天亮了，他才發現落地的地方實際離樹枝的距離很近！

　　很多時候，我們總是很難相信陌生人。總以為對方是不是對自己有什麼不良的企圖，是不是想加害於我們。事實上，大多數人還是值得信任的！

　　信任他人能讓他人感受到被人信任的幸福，也可能使我們少走許多彎路。但同時，信任不是盲目地相信，不是沒有考慮實際情況地言聽計從。在生活中，我們需要信任，更需要謹慎。只有恰到好處的信任，才能讓我們真正受益！

　　信任是建立在兩個人相互坦誠的基礎上的。相互信任是指人們彼此相信而形成的情感上的相互依賴，人與人之間彼此產生了信任感，便會產生安全感、滿足感，因而能夠自由交往、真誠相處。猜疑和信任一樣同樣是相互的，如果兩個人無法信任對方，便只能猜疑了。越猜疑就越擔心，越擔心就越不能與人正常地交往，最終導致社交恐懼症。

▋不要吝惜道謝與致歉

在開始講述道謝與致歉的重要性之前，媽媽不妨與孩子一起分享以下這則故事：

一位農夫的家裡養了一條小花狗和一隻小花貓。小花狗在家裡負責看門，有了陌生人，牠就會大聲提醒主人，告訴主人家裡有客人。而小花貓呢，牠晚上負責捉老鼠，白天就「呼嚕呼嚕」地睡大覺。

雖然，小花狗和小花貓各有用處，但主人明顯還是喜歡小花狗多一點。這是為什麼呢？原來呀，主人從田裡一回來，小花狗就會「汪汪」地叫喚著迎上去，舔舔主人的手、蹭蹭主人的腿，可親熱了！這讓勞累了一天的主人頓時覺得疲憊的感覺消失了不少。而小花貓呢，卻還不知道躲在哪裡睡大覺呢！主人連牠的影子都沒見到。

吃飯的時候，主人餵給小花狗一點狗食，小花狗就高興地歡呼雀躍，牠會對主人高興地搖尾巴，以表示牠的感謝之情。主人總欣慰地說：「小花狗真聰明，小花狗真是通人性呀！」而小花貓呢，悄悄地進來吃了東西，然後又悄悄地走了，連聲「喵喵」的招呼都不打。

晚上，小花狗警惕地注意著屋子外的動靜，留心雞窩、鴨窩的情況。一有什麼響動就從地上騰地爬了起來。而小花貓呢，只有在捉到老鼠的時候才得意地「喵喵」叫上幾聲，似乎在告訴主人「嘿，我很有本事吧？我又捉到老鼠了！」這個時候，主人好不容易睡著了，卻被牠自我炫耀的「喵喵」聲驚醒了！只好無奈地嘟囔：「這貓真是不懂得體諒人！」

同樣，在生活中，善於說「謝謝」的孩子討人喜歡。如果整天沉著一張臉，對於他人的關照毫不在意，一定會讓人反感的。

其實，從小培養孩子說「謝謝」、「對不起」，不僅是一種禮儀，而且是一種健康的心態，更是一種社會進步、現代文明的展現。在家庭裡，

第八章　不可忽視的社交課程

父母對子女的愛不是單向的，而是雙向互動的。做子女不僅要接受來自父母的愛，更應該懂得愛的回饋和回報。

多說「謝謝」「對不起」，展現一個人的善意和個人修養，能讓他人更願意接近自己。

前美聯儲（美國聯邦儲備委員會，Federal Reserve Board）主席亞倫‧葛林斯班（Alan Greenspan）是著名的經濟學家，即使是美國總統都要經常向他請教經濟方面的難題美國前總統柯林頓曾經說過：「美國沒有我，仍然可以正常運轉，但如果缺少了葛林斯班，經濟就會崩塌」這句話並不誇張。葛林斯班掌管著美國的經濟大權，可以說他的一舉一動都會對美國經濟產生影響，他的才能深受美國政界的賞識但是，葛林斯班並不是一開始就受到如此信任的。

1993 年，受到日本經濟危機的影響，美國經濟出現了一定的振盪，經濟成長出現明顯的下降。這時，大多數美國人都把經濟上的不景氣總結於經濟的動盪，沒有人會認為這是葛林斯班的責任。然而，葛林斯班卻主動出來道歉。他向當時的總統比爾‧柯林頓（Bill Clinton）承認，早在兩年前他就接到過助手的一紛研究報告，報告提醒他，日本經濟可能在近期出現動盪，並且可能會影響到美國的經濟。當時的他對這份報告並沒有在意，隨意翻完之後就丟在一邊。如今，報告中預測的事情發生了，葛林斯班認為自己負有一定的責任。

葛林斯班在道歉的同時，請求辭職，但他的坦誠打動了總統。總統知道，這位老人是出於極強的責任感才不能原諒自己，實際上他的能力仍然是獨一無二的，而且發生的問題也不能全都怪罪在他一個人的頭上。於是，柯林頓對他說：「每個人都會犯錯誤，我相信你在將來不會再犯同樣的錯誤，會做得更好」

　　就這樣，葛林斯班贏得了總統的充分信任，在此後他任美聯儲主席期間，美國經濟再沒出現大的麻煩。他也被認為是美國歷史上最成功的經濟學家之一。

　　知錯就改、勇於道歉才會贏得別人的尊重。所以，當孩子做錯了事情的時候，一定要學會道歉。

　　那麼，家長應該如何從小培養孩子說「謝謝」、「對不起」的習慣呢？

　　首先，家長應該做到以身作則，用自己的行為去感化孩子。如果家長從來都不會說「謝謝」與「對不起」，又怎麼能要求孩子去做呢？在孩子的成長過程中，家長的言傳身教很重要，家長的一舉一動，最容易為孩子所模仿。只要你能做到「謝謝」「對不起」不離口，你的孩子一定能夠養成良好的講禮貌用語的好習慣。其次，培養孩子說「謝謝」「對不起」的意識，讓孩子了解到「謝謝」「對不起」的作用。孩子只有從實踐中嘗到了禮貌行為的好處，自然而然就能貫穿於自己的所有生活細節了。

　　最後，加強感恩教育。孩子理解別人，富有同情心，需要一個過程。首先要從孝敬父母開始，這需要創設情境，尤其在家裡，不要對孩子的所有要求都百依百順，什麼也不讓孩子去做，從而讓孩子缺乏體驗。正確的做法應該讓孩子做家事，全家人一起做，這樣，孩子能從內心中體諒到家長的辛苦，從而發自內心地說「謝謝」和「對不起」。要知道，只有內心產生觸動，才能產生孝心。

　　在與人交往的過程中，「謝謝一對不起」這兩句禮貌用語對調節和融洽人際關係有著意想不到的作用。一句簡單的「謝謝」，能讓他人感覺到善意、尊重和溫暖；一句看似不起眼的「對不起」，能化解人與人之間的矛盾，使誤會雙方化干戈為玉帛。

▎讓害羞的孩子變得大方

　　生活中，一些孩子和熟悉的人在一起時比較活躍，可一遇到有陌生人或親戚朋友時就會害羞、膽怯、躲躲閃閃……為了改變這些孩子的現狀，媽媽可與孩子一起了解怕羞的山雀改變的過程：

　　在一個大森林裡，住著一隻可愛的小山雀。因為牠太害羞了，大家都叫牠「含羞草」。

　　一天中午，喜鵲到山雀家做客，喜鵲還帶來了四個孩子。山雀媽媽把小山雀叫出來，說：「快叫喜鵲阿姨！」小山雀臉紅紅的，扭扭捏捏地不好意思叫。喜鵲阿姨撫摸著小山雀的頭，說：「多可愛的孩子啊！孩子們，快叫姐姐。」四隻小喜鵲都飛跑過來喊：「姐姐好！姐姐好！」可是，小山雀還是一句話也不說。

　　喜鵲阿姨是老師，牠在黑板上寫了一道題：2+3=？

　　小山雀知道等於 5，可是牠太害羞了，心裡說：「2+3=5」可是，沒有勇氣說出來。四個小喜鵲都不會。「看來你們都不會了。」喜鵲阿姨有點遺憾。「我會，我會。」小山雀心裡著急地說，可是牠的想法喜鵲阿姨並不知道啊。直到喜鵲阿姨走了，小山雀才後悔了。

　　有一次，小山雀出去採花，走著走著就找不到回家的路了。牠走啊走，見到許多的動物，可是牠不敢上去問路，牠太害羞了。眼看天快黑了，小山雀哭了。這時，遠處傳來了腳步聲，小山雀對自己說：「這次一定要問路了。」走來的是象伯伯，可是小山雀又不敢說話了。象伯伯不知道小山雀迷了路，笑笑就走了。小山雀後悔極了。

　　天漸漸黑了。一隻白鶴走過來。小山雀終於鼓足勇氣說：「白鶴阿姨，我迷路了。」說完，就哭起來。白鶴撫著牠的頭，說：「別哭，孩子，我帶你回家。」一會兒，白鶴就把牠帶回家了。到家後，小山雀看到

大象伯伯正在自己家裡做客。如果早說一句話，牠早就和大象伯伯一起回家了。小山雀看看媽媽，放聲大哭起來對媽媽說：「媽媽，今後我再也不做害羞的孩子了。」

害羞或者內向本是兒童的正常心理現象，可是孩子過度害羞，也會引起一連串的問題，妨礙正常的社會交往。時間長了，害羞的孩子還會表現出內向、沉默、膽小、缺乏自信、沒有主見等性格特徵，對其一生的發展都是不利的。

過於害羞的孩子還可能會錯失很多本可以展示自己能力與才華的機會。

美國的鄉村有一個小女孩，她有一副百靈鳥般動聽的歌喉，非常想成為一位歌唱家，可惜的是，她的性格太過羞怯，每當一個人唱歌的時候，她能夠唱出自己最高的水準，但每當在別人面前表演的時候，她就會緊張得不得了，不是跑調，就是忘詞。這讓她感到非常苦惱，打算放棄當歌唱家的夢想。

父親知道以後，鼓勵她：「只要你用心唱出自己的歌聲，人們會被你的歌聲打動的。你應該克服自己的羞怯，把自己最高的水準向別人展示出來。」

聽了父親的勸告，她堅守住這份夢想。從此她有意識地去改變自己的性格，她開始主動與別人交往，在人多的場合，她不再像以前一樣躲在角落裡，生怕別人看到，而是站到人群之中，與大家一起說笑，大家都很驚訝這個小女孩的轉變，但隨後，他們都給了她足夠的讚揚，因為他們都知道她有一副好嗓子，都希望她能夠成功。

就這樣，在大家的鼓勵和幫助下，小女孩的膽子漸漸大了起來，在大家面前表演的時候，她的腦子裡想的不再是：「唱跑調了怎麼辦？忘了歌詞怎麼辦？」而是把全部的精力都投入到為她的觀眾歌唱中去漸漸地，人

第八章　不可忽視的社交課程

們被她的歌聲所感動，開始喜歡她、熱愛她，她就是凱絲·達莉，長大以後，她成為美國歷史上最著名的歌唱家之一。

媽媽在透過故事啟發孩子得體地待人接物的同時，還應做到以下幾點：

◇ **增加孩子社交的機會**：現代家庭多是獨生子女，無形中就減少了孩子與同伴交往的機會，因此平時可帶孩子到朋友家拜訪或是參加一些社會團體活動，為孩子拓展人際關係及社交天地，增加孩子的交往機會。

◇ **及時給予孩子適當的引導**：當孩子有害羞、怕生情結時，家長應正確地引導孩子，使孩子有正確的觀念，但要避免勉強孩子。反之，家長若未能及時給予引導，孩子可能會因為種種經驗而誤以為逃避，便能解決問題。

◇ **先做好心理準備免除恐懼**：如果孩子害怕陌生人，家長不妨在客人上門前先為孩子做好心理準備，如告訴他有多少客人、都是些什麼人、孩子應注意哪些禮節等。家長也可先扮演客人角色，與孩子進行模擬演練，降低孩子恐懼、怕生的心理。

◇ **透過遊戲了解孩子並建立自信心**：在家裡，家長可拿孩子平時喜愛的布偶陪孩子玩角色扮演的遊戲，或透過一些已經發生或還未發生的小故事玩一場布偶劇，增加孩子交往的經驗。同時家長也可以從遊戲中了解孩子的心理，並建立其自信心。

一個害羞的孩子不能很好地待人接物，不能用最佳的方式處理人際或生活中的問題。這樣的孩子，在人際社交中往往要多走一些彎路：而一個落落大方的孩子在言談舉止中則表現得自然、大方、坦率，他們遇到陌生人，或者遇到重大事情時就不會縮手縮腳、局促不安。這樣的孩子往往比較討人喜歡。

▎沒有人能夠獨自成功

　　合作是人類社會賴以生存和發展的重要組成部分，在當前的形勢下，只有懂得與人合作的人，才能獲得生存的空間，也只有善於合作的人才能贏得發展。由此，培養孩子的合作能力至關重要。

　　春天來了，森林裡到處鳥語花香，一片生機勃勃的景象。

　　清早，小熊出去散步時，在一棵大樹下發現了一大片草莓地，「太好了！」小熊興奮得直翻跟斗，趕緊找來了牠的好朋友麻雀和小猴，「如果我們好好照顧它們，過不了多久，我們就有新鮮的草莓吃了。」小熊對牠的好朋友說。小麻雀和小猴都高興地直點頭，牠們都在想像草莓成熟時，那果實累累的景象。

　　小熊安排道：「我力氣大，我去挑水；小麻雀你幫草莓抓蟲；小猴子你總是跳來跳去停不下來，就幫草莓拔草吧。」小麻雀和小猴子都同意了小熊的提議。牠們唱著歌，分頭去做自己的工作了。

　　不久，草莓就冒出來了，小小的，綠綠的，隨著風輕輕的擺動。可是小熊卻不做了：「我每天去挑水，太累了，哪裡像小猴，多麼輕鬆，不用天天跑來跑去。」

　　麻雀也開始抱怨：「我每天都要待在這裡細心地找蟲，哪裡都不能去。可是小熊還可以每天出去看風景。」

　　小猴聽見了，也不甘示弱：「我每天彎腰拔草，腰疼得都不能在樹上爬了，還是麻雀清閒，可以隨時嘗嘗草莓熟了沒有。」三個好朋友都覺得別人做的工作比較輕鬆，於是就約定，從此以後麻雀負責挑水，小猴負責捉蟲，而小熊也如願以償地去拔草。

　　第二天，麻雀高興地去挑水，可是才到半路，牠就累得連翅膀都飛不

第八章　不可忽視的社交課程

動了。於是，牠偷偷地把水倒掉一半。小熊悠閒地去拔草。可是牠的手太大了，經常不小心把草莓也一起拔掉了。小猴子在草莓叢中跳來跳去找蟲子，一會兒眼睛就酸了。這時，小猴子聽到小鳥在樹上唱著歌，牠就盪到樹上和小鳥玩捉迷藏了。

草莓成熟的日子到了，三個好朋友來採草莓，可是草莓呢？草莓地裡只有一片枯草，哪裡有草莓的影子，三個好夥伴後悔不已。

如果三個夥伴都不去抱怨自己的工作，而是把適合自己的工作做好，他們就可以吃到甜美的草莓了。怎樣可以讓一滴水不乾涸呢？只有把它放到大海裡。一個人的力量是有限的，不可能做完所有的事情，也不可能做好所有的事情，所以我們需要和別人進行合作。

下面，媽媽再給孩子講一個故事 —— 羅斯福兒時的故事。

有一個 8 歲的孩子，長著一副並不漂亮，甚至有些醜陋的臉孔，個子不高，畏首畏尾，誰看了都覺得好笑。

他的腿先天就有毛病，細小無力。當他在課堂上被老師叫起來背書時，更顯得局促不安，站在那裡兩腿直哆嗦，背誦的句子也含糊不清，幾乎沒有人聽得懂，背完後，他便頹然坐下，儼如身經大戰，疲乏不堪。

認識他的人幾乎都認定這是一個不會有出息的孩子，他也是這樣看待自己的，然而他的爸爸對他說：「男孩子都應該有志向。你的志向是什麼？」

他想了想，回答：「我想當總統。」

父親並沒有嘲笑他，而是嚴肅地時他說：「想做總統，你就要改變自己，成為一個善於與人合作、能夠影響別人的人。」

於是，這個內向、怯懦，在別人眼中幾乎是不可救藥的孩子，開始了默默地努力。他不再膽小、退縮，而是主動和別人說話，即使受到了別人

的嘲笑，他也毫不畏懼；他不再經常一個人躲在房間裡看書，而是參加各種群體活動；在聚會中，他總是搶先發言，表達自己的觀點……大家都驚奇地發現，以前那個不起眼的、說話結巴孩子，現在正在變得越來越善於發言、樂於與人合作。

經過不懈的努力，這個曾經內向、怯懦的孩子長大後終於成為一名律師，在法庭上，他以自己敏銳的思維和雄辯之才處理了許多有影響的大案，之後又憑著自己超人的影響力成為政界的一顆新星，後來成為美國歷史上第 32 任總統。

沒有人能夠獨自成功，唱獨角戲、當獨行俠的人是不會成大事的。俗話說得好：「雙拳難敵四手」「三個臭皮匠，勝過一個諸葛亮」只有運用合力、善於合作才有強大的力量。

當然了，培養孩子合作的能力，還需要有效的訓練。

✧ **進行分享訓練**：分享就是共同享受，自己高興、快樂，也讓同伴高興、快樂。家長要創造物質條件，並加以精神鼓勵，讓孩子表現一定程度的慷慨大方，體會分享的快樂。在此過程中，家長不能過於溺愛孩子，要讓孩子知道分享的真諦。

✧ **家長要樹立榜樣**：孩子學習榜樣，大體經歷了從無意識的模仿到有意識的模仿，從遊戲的模仿到生活實踐的模仿，從把模仿當作達到目的的手段等。培養孩子良好的素養，不能只靠說教，更重要的是要以身立教。透過言行，把抽象高深的思想、良好的道德標準具體化、人格化，使孩子在不知不覺中模仿，形成好思想、好品德、好的行為習慣。模仿和練習是形成和鞏固孩子良好行為習慣的一種基本方法，也是教育實踐性原則的具體展現。

第八章　不可忽視的社交課程

✧ **創建和諧、互助合作的環境**：家庭的環境創設，可以透過潛移默化的薰陶來教育孩子，是以隱性教育為主的教育法。它可以利用氛圍塑造孩子的性格，具有極強的滲透性。家裡人之間的互相關心、合作、幫助，其樂融融的景象對孩子的教育意義重大。

當今社會是一個群體合作的社會，合群的重要性不言而喻。一個性格開朗外向、能很快融入群體的孩子總是很容易引起他人的注意，給別人留下深刻的印象，從而為他人所賞識，獲得表現自我的機會；而一個孤僻、不合群的孩子難免被群體所排斥，失去為他人了解的機會，從而可能與成功失之交臂。

▎站在對方的立場想問題

生活中總有這麼一些孩子，總以為自己什麼都是對的，要求別人必須聽自己的，固執己見，愛出風頭，所以缺乏人緣，顯得非常孤獨。對於這種情況，家長一方面不忍心責備孩子，另一方面又為孩子的處境苦惱，擔心因此影響孩子的心理健康與今後的發展。其實，孩子之所以這樣，與他們的心智還沒成熟，不懂得體諒、理解、謙讓別人的緣故有很大關係。

有一頭豬、一隻綿羊和一頭母牛同住在一個畜欄裡，彼此相安無事，和和睦睦的。

有一天，主人來捉豬，豬拚命反抗，大聲地號叫。綿羊和母牛都非常討厭豬的號叫，牠們覺得豬太吵、太影響別人了。於是對豬說：「主人也常常來捉我們，我們也從來不反抗，你為什麼大呼小叫，有這麼大的反應呢？」

豬答：「主人捉你們，只不過是取走你們的毛跟奶，主人捉我是要我的命啊！你們說我能不號叫、不反抗嗎？」

綿羊和母牛啞口無言！

媽媽在講完這則故事後，可以這樣開導孩子：如果不站在別人的角度思考問題，是沒有辦法理解他人的難處和感受的。因此，對於他人的失意、挫折與傷痛，我們不應該幸災樂禍。

下面的故事說的也是同一個道理。

小羊請小狗吃飯，牠準備了一桌鮮嫩的青草，結果小狗勉強吃了兩口就再也吃不下去了。過了幾天，小狗請小羊吃飯，小狗想：我不能像小羊那樣小氣，我一定要用最豐盛的宴席來招待牠。於是小狗準備了一桌上好的排骨，結果小羊一口也吃不下去。

小羊和小狗本來都是好意，可是實際上只是考慮到了自己的需要，並不知道對方的需求，所以引起了一些誤會和笑話。可以這樣說，如果一個人不會從別人的角度考慮問題，將來他在社會中的發展就可能受到限制。

山姆‧沃爾頓（Samuel Moore Walton）是沃爾瑪（Walmart）公司的創始人。

一個星期日，正是店裡顧客盈門的時候，沃爾頓像往常一樣，換上便服，裝扮成一個購物者的樣子，到店裡來巡查。

他來到銷售鞋子的櫃檯前，看到一位老婦人正在試一雙鞋子。為了讓顧客試鞋時更方便，店裡專門讓試鞋的顧客，準備了可以改變高度的升降椅。這樣，顧客可以根據自己的需求調節升降椅的高度，使自己在試鞋時更舒服一些。老婦人坐的椅子有些高，她年紀大了，彎腰很不方便，顯然她不知道椅子的高度是可以調節的，但表情懶散的售貨員顯然沒有幫助她改變椅子高度的意思。老婦人試鞋的時候感到很吃力，索性放棄了購買。

下班之後，沃爾頓把這名員工叫到自己的辦公室，問她：「今天上午你為什麼沒有幫助那位老婦人把椅子調整得更舒服一些呢？」

第八章　不可忽視的社交課程

員工顯然沒有想到總裁會因為這件事責備自己，她辯解說：「可是，我覺得她並沒有什麼不舒服啊？」

沃爾頓想了想，他取來一把升降椅，把椅子調得很高很高，然後對這位員工說：「既然這樣的話，你親自試一下。」

員工坐在高高的升降椅上，做出試鞋的動作，她費了很大力氣才能夠彎下腰去，試鞋就更費力氣了。這時，她的臉一下子通紅了。

我們經常遇到溝通不良的問題，這往往是因為所處的立場和環境不同所造成的。

一位十幾歲的少年去拜訪一位老的智者。

他問：「我如何能變成一個自己愉快、也能夠給別人愉快的人呢？」

智者笑著望著他說：「孩子，在你這個年齡有這樣的願望，已經是很難得了。很多比你年長的人，從他們問的問題本身就可以看出，不管給他們多少解釋，都不可能讓他們明白真正的道理，只好讓他們那樣好了。」

少年滿懷虔誠地聽著，臉上沒有流露出絲毫得意之色。

智者接著說：「我送你四句話。第一句話是，把自己當成別人。你能說說這句話的含義嗎？」

少年回答說：「是不是說，在我感到痛苦憂傷的時候，就把自己當成別人，這樣痛苦就自然減輕了；當我欣喜若狂時，把自己當成別人，那狂喜也就變得平和一些？」

智者微微點頭，接著說：「第二句話，把別人當成自己。」

少年沉思了一會，說：「這樣就可以真正同情別人的不幸，理解別人的需求，並且在別人需要的時候給予恰當的幫助？」

智者兩眼發光，繼續說道：「第三句話，把別人當成別人。」

少年說：「這句話的意思是不是說，要充分地尊重每個人的獨立性，

在任何情形下都不可以侵犯他人的核心領地？」

智者哈哈大笑，說：「很好，很好，孺子可教也！第四句話是，把自己當成自己。這句話理解起來太難了，留著你以後慢慢品味吧。」

少年說：「這句話的含義，我是一時體會不出。但這四句話之間有許多自相矛盾之處，我用什麼才能把它們統一起來呢？」

智者說：「很簡單，用一生的時間和經歷。」

少年沉默了很久，然後叩首告別。

後來少年變成了壯年，又變成了老人，再後來在他離開這個世界很久以後，人們都還時時提到他的名字。人們部說他是一位智者，因為他是一個愉快的人，而且也給每個見到他的人帶來了快樂。

學會替別人考慮，學會換位思考，學著理解對方，當你做到這些的時候，你將會成為一個受人歡迎的人。同時，親人之間互相理解，朋友之間互相幫助，陌生人之間互相溝通，彼此將心比心，世界才會變得更加美好、更加和諧。

「以自我為中心」是指孩子在任何情況下，都以自己為主，做事只以自己的興趣和需要為出發點，不會考慮他人，不關心他人等。孩子的自我中心意識過強，當他們步入社會的時候，就會不顧別人的感受而把自己的喜怒哀樂凌駕於別人之上，很難與別人和睦相處，導致矛盾的發生和升級。

▌讚美是一種最好的禮節

在日常交往中，人人需要讚美，人人也喜歡被讚美。喜歡聽讚美的話是人的一種天性，是一種正常的心理需要。它能使人寬慰，讓人快樂，更能融洽人與人之間的關係。

第八章　不可忽視的社交課程

可是，在現實當中，自我感覺良好的孩子很多，而真正能夠欣賞到別人的優點、懂得讚美他人的孩子很少。對己寬鬆、對人苛刻、吝於使用讚美的語言是許多人的通病。

有兩個孩子一起走進天使的玫瑰園，他們都希望天使能夠賜予自己一束幸福的玫瑰花。然而，天使卻只送給他倆每人一束綠色的玫瑰枝，兩個孩子都有些失望。

天使把他倆分別叫到自己的面前，微笑著說：「孩子，你能跟我描述一下你的那個夥伴嗎？如果你比對方英俊，你將獲得一束幸福的玫瑰花。」

第一個孩子一臉傲慢，他自得地說：「我比他的個子高，眼睛也比他的大，你看他的鼻子還塌塌的，我自然比他英俊多了，請天使賜予我一束幸福的玫瑰花吧！」

第二個孩子聽了天使的話，轉身端詳了第一個孩子幾眼，然後誠懇地說：「他的個子高高的，眼睛是大的，鼻子也挺挺的，真好看。天使只有一束幸福的玫瑰花，就請賜給他吧！」

結果，第二個孩子手中的玫瑰枝，突然綻開了芳香的花朵。而第一個孩子手中的玫瑰技，竟然變成了一束枯萎的蒿草。

孩子能夠欣賞到自己的優點固然是好的，但一個只看到自己的優點、看不到他人優點的孩子，必然會給他人留下傲慢、無理和自以為是的印象。這對自己、對他人都是不好的。相反，學會讚美不僅會給別人留下謙遜、有教養的印象，還能給自己帶來意想不到的收穫。

韓國某大型公司的一個清潔工，本來是一個被人忽視和看不起的角色，但就是這樣一個人，卻在一天晚上，公司保險箱被竊時，與小偷展開了殊死搏鬥，讓公司避免了巨大的損失，這讓大家非常震驚。

事後，記者採訪他，問他為什麼能夠這樣勇敢。

他想了想，然後這麼解釋自己的勇敢：「因為公司的總經理是個非常重視他人的人，每次當他從我身旁經過時，總會不時地讚美我：『你掃的地真乾淨。』這讓我覺得自己快樂極了！能夠為這樣的人做事，是我的榮幸！」

你看，就是這麼一句簡簡單單的話，就使這個員工大受感動。從而願意為公司的利益不惜與小偷展開搏鬥。可見，讚美的力量是多麼強大！

當然，在責備別人的時候，如果也能給予適當的讚賞，那效果就十分理想了。

美國第三十任總統柯立芝（Calvin Coolidge）剛上任時，聘用了一個女祕書協助他。這個女祕書年輕又漂亮，但是她的工作卻屢屢出問題，不是字打錯了，就是時間記錯了，這給柯立芝的工作帶來了很多的麻煩。

有一天，女祕書一進辦公室，柯立芝就誇獎她的衣服很好看，盛讚她的美麗，女祕書受寵若驚，要知道總統可是很少這樣誇獎人的。柯立芝接著說：「相信你的工作也可以像你的人一樣，都做得很漂亮。」

當然，女祕書的公文從那天起就很少出現什麼錯誤。有個知道來龍去脈的參議員就好奇地問總統：「你的讚美療法很妙，是怎麼想出來的？」

柯立芝笑一笑，說：「這很簡單，你看理髮師幫客人刮鬍子之前，都會先塗上肥皂水，這樣做的目的就是讓別人不會覺得疼痛，我不過就是用了這個方法而已！

讚美的妙處在於，緊隨其後的要求會因為讚美而變得更加有效。因為每個人都希望聽到讚賞自己的話。如果你想批評別人，不如先讚美他的優點。

為了讓孩子了解到讚美與阿諛奉承的區別，媽媽可以給孩子講述這樣的故事：

第八章　不可忽視的社交課程

在古樸寧靜的鄉村裡，有一棵枝葉茂盛的大榕樹，在這棵榕樹下擺著幾張石椅，這裡正是村民們夏日納涼的最好去處，每天中午，都會有個滿頭白髮的老人坐在樹下乘涼。

這天中午，忽然有水滴從天而降，淋得老人全身都溼了，他抬頭一看，原來不是雨滴，而是樹上有個小男孩正在他的頭上尿尿，老人本想發怒，但是轉念一想，就算發怒也未必會讓小男孩下來，不如說點好話騙他下來。

於是，隔了一會，只見他顫抖著手，從口袋裡拿了一張 10 元紙幣，並放在石椅上，討好地笑著說：「好小子，你有種，算我服了你，小小年紀就天不怕地不怕，將來一定有出息，天氣這麼熱，這 10 元我請你吃一支冰棒。」小男孩便俐落地從樹上跳下來，開心地拿起老人留下的 10 元走了。老人鬆了口氣，心想：終於可以安心乘涼了。

而小男孩呢，他覺得在人家頭上尿尿，還能得到讚美，還能得到錢，這個遊戲不錯，嘗到甜頭的小男孩，第二天故技重演，而老人賠了錢反而沒達到趕走他的目的，只能自討苦吃。

讚美是一種由衷的、發自內心的、自然而然的說話術，是以一定的事實為依據的，而阿諛奉承或是虛偽的讚美，最後則往往會害苦了自己。

總之，打動人最好的方式就是真誠的欣賞和善意的讚許。從小就懂得讚美他人的孩子，不但能贏得他人的喜愛，還能得到善意的回報，甚至因此獲得更多發展的空間與成功的機遇。

每個孩子都把他人對自己的讚美看作是對自己的最高獎勵和榮耀，但對於他人，很多孩子卻吝於說一句讚美的話。很多家長對這個問題不以為然，認為孩子不懂得「客套」那是很正常的事情。事實上，讓孩子學會讚美，不是讓孩子學會客套、虛偽，要讓孩子善於去發現他人「美」的潛力，讓孩子變得更加謙遜、得體。

▌懂得分享的孩子最歡樂

一個猶太人非常酷愛打高爾夫球。

在一個安息日，他覺得手癢，很想去高爾夫球場揮桿，但猶太教規定，信徒在安息日必須在家休息，什麼事都不能做。

這個人開始還想熬過這一天，越是不能打，就越是想打，他最後終於忍不住了，決定偷偷去高爾夫球場，想著打九個洞就好了。

他想：「我只打一會就溜回家，誰也不會知道的。」

他來到球場上，謝天謝地，別的猶太人都很守規矩，球場上空蕩蕩的，一個人也沒有，這個人樂了，斷定不會有人知道他違反規定，拿起球桿就開始打了起來。

然而，當他在打第二洞時，就被巡查的天使發現了。

天使生氣地來到上帝面前告狀，說有一個人不守教規，居然在安息日出門打高爾夫球。

上帝聽了，回答道：「知道了，我會好好懲罰他的。」

第三個洞開始，這個猶太人打出超完美的成績，幾乎都是一桿進洞。

猶太人興奮得連他自己都不敢相信自己的眼睛，打得更起勁了。

到打第七個洞時，憤怒的天使忍不住又跑去找上帝，質問道：「上帝啊，你不是要懲罰這個人嗎？為何不見有懲罰？」

上帝笑著說：「我已經在懲罰他了。不信我們去看一看。」

上帝和天使於是來到球場上。

猶太人打完九洞，幾乎次次得手，是他從來沒有過的好成績，他高興得忘乎所以，把自己的諾言拋到了九霄雲外，決定再打九個洞。

猶太人打完十八個洞，成績比任何一位世界級的高爾夫球選手都優

秀，猶太人欣喜若狂，繞著球場又跑又跳，高叫道：「上帝！我破了世界紀錄！我破了世界紀錄！」

天使很生氣地問上帝：「這就是你對他的懲罰嗎？這樣的懲罰未免也太舒服了吧？」

上帝說：「別著急，再等一等。」

兩三分鐘之後，平靜下來的猶太人絕望地蹲在地上，痛苦地仰天大叫道：「上帝，我破了世界紀錄，可是我卻不能夠對任何人說啊！」

這則故事告訴我們：分享是快樂的大門，學會分享，懂得分享的孩子就進入了快樂城堡；獨享是痛苦的大門，只會獨享的孩子就走進了痛苦的泥淖。在生活中，如果孩子不懂得與人分享，那他將會被別人拋棄。

小貓要蓋新房子了，朋友們都來幫忙。

「哼唷咳喲！」大象到樹林裡，運來一根又一根圓木。

「哧啦哧啦！」山羊和小花狗把圓木鋸成一樣厚的木板。

「叮噹叮噹！」小熊和小公雞，一會兒就用木板釘成了一間漂亮的房子。

汗水溼透了朋友們的衣衫，小花貓真心感謝大家。小花貓說：「等我把房子裝飾好，請大家來做客。」

小花貓在牆上貼了一層奶白色的壁紙，屋裡明亮多了；小花貓為玻璃窗掛了一層鵝黃色窗簾，屋裡光線變得真柔和；小花貓在地上鋪了花地毯，走在上面真舒服。

好多天過去，朋友們問小花貓：「小花貓，今天可以到你家做客嗎？」

小花貓說：「不行，不行，現在正下雨，你們會把新房子弄髒的。」

又過了幾天，朋友們又說：「小花貓，今天不下雨了，可以到你家做客嗎？」

小貓說：「不行，不行，你們沒看見正在颱風，你們來會把新房子弄髒的。」

又過了幾天，不下雨，也不颱風，太陽紅紅的，天氣暖暖的，小貓說：「朋友們，請到我家來做客吧！」

朋友們高興極了，可是，大象想了想，卻對朋友們說：「小貓家鋪了地毯，我們帶著乾淨鞋子去吧！」

於是，有的拎著新鞋，有的包著剛刷過的乾淨鞋，笑嘻嘻地向小貓家走去。

到了小貓家門口，大家都換上了自己帶來的乾淨鞋，剛要進門，小貓卻端來一盆水說：「穿鞋會踩壞地毯的。大家脫了鞋，洗洗腳再進去吧！」

大象和小熊看看自己的腳，又看看那個小臉盆，搖了搖頭：「算了，我們不進去了！」

小山羊、小花狗、小公雞見大象和小熊走了，便說：「我們也不進去了！」

從此，再也沒人到小花貓家作客，誰也不願再找小花貓玩，每天和小花貓作伴的，只有那座新房子。

媽媽在講述完故事後，可以這樣問孩子：「小花貓給你留下了什麼印象呢？為什麼沒有朋友找小花貓一起玩了呢？」

其實，自私或者占有並不一定就快樂！真正的快樂是建立在與人分享的基礎上的，《流浪漢和鎮長》的故事，要告訴孩子的就是這個道理。

石油大王洛克斐勒年輕的時候是個一無所有的流浪漢。

有一次，他流浪到一個偏僻的小鎮上，受到鎮長傑克森的熱情款待。這時，正好是下雨的季節，鎮長門前的小路變得泥濘不堪，過往的人們

第八章　不可忽視的社交課程

為了省事，便紛紛從鎮長的花圃上通過。看到美麗的花兒被踩得東倒西歪，流浪漢替鎮長生氣，便冒雨守護在花圃邊，監督行人從泥濘的小路上通過。

這時，鎮長挑著一筐煤渣從遠處走來，他將煤渣鋪在泥濘的小路上，用腳踩平了，讓行人們通過。由於門前已經鋪滿煤渣不再泥濘了，人們就能直接從路上經過，不必再踩花圃了。

流浪漢看著這一幕非常震驚。鎮長只是微微一笑，意味深長地對流浪漢說：「看到了吧？關照別人，其實就是在關照自己！」

流浪漢洛克斐勒恍然大悟。他牢牢記住老鎮長的話，關照別人其實就是關照自己！這句話給他以後的事業提供了非常大的幫助！後來，他從一無所有的流浪漢變成一名世界有名的石油大王！

學會分享，孩子今後的人生道路將會越走越寬！

在現代家庭中，很多孩子都是獨生子女，他們是家中的「小太陽」，要什麼有什麼，索取似乎是理所當然的。對這些孩子來說，教會他們學會「分享」和「愛人」非常重要。學會分享，可以讓他們懂得與人和諧相處、關愛別人，從而更好地融入社會。

能「納」才會有大發展

任何人離開了社會都不能發展自己，孩子也是如此。他們只有在與其他孩子交往的過程中，才能提升辨別是非的能力、競爭的能力、處理人際關係的能力。一個固執己見、不喜歡接納他人意見的孩子是不可能得到發展的。

一隻青蛙生活在小河裡，牠白天捉蟲子，夜晚唱歌，過著幸福的生活。

能「納」才會有大發展

在不遠處的深井裡，還生活著牠的朋友 —— 另外一隻青蛙。儘管水井阻隔了牠倆的來往，但牠們還是好朋友。每到夜幕降臨，牠倆就大聲地唱歌、聊天、相互傾吐心聲。

可是，河水被汙染，變得又黑又臭，河裡青蛙的歌聲越來越少了，井底之蛙十分同情朋友的遭遇，熱情地發出了邀請：「你快過來吧，我這裡的水可舒服著呢！又清澈，又涼快！」

「怎麼可能呢？」河裡青蛙根本不相信，「你一定記錯了！水流清澈那是很久以前的事了，現在太臭了，到處都一樣！」

「不對，不對！井裡的水確實很好，你快來吧！」

「唉！」河裡的青蛙長長嘆了口氣，「難道我的見識還會比你少嗎？在這條小河裡，我游過很多地方，沒有一點純淨的河水了！我的朋友，你別安慰我了，我再等等吧，或許，下一場大雨會好些的……」

奇蹟終究沒有出現，河水再也沒有清澈起來。幾天後，河裡的青蛙死了。

朋友的歌聲沒有了，井底之蛙難過極了：「井水確實是清澈的啊！如果牠肯接受我這個井底之蛙的邀請，也許就不會被汙水害死了。」

井底之蛙為這個殘酷的事實而傷心，而牠的朋友到死也不知道井底之蛙的見識雖然有局限，但是對於那口深井來說，牠可是最有發言權的啊。與河裡青蛙一樣因固執己見而付出慘重代價的還有躚叔。

從前有個極端自信的人，名叫躚叔。他從來不聽別人的忠告，事後卻老是懷悔不迭。比如：他的朋友勸他說：「不要在高地上種稻穀，更不能在窪地裡種高粱，這樣是不可能有好收成的。」可是他卻把勸告當了耳邊風，他說：「我就不相信這個歪理，只要有自信，好好做，高地上的稻穀、窪地裡的高粱同樣能有好收成。」結果可想而知了。當他走到明友的

第八章　不可忽視的社交課程

窪地邊，看到金黃色的稻浪，路過朋友的高地，看到沉甸甸的高粱時，才後悔莫及地說：「我為什麼不聽朋友的勸告呢？」

蹶叔也做生意，但總是別人販賣什麼貨物，他也販賣什麼貨物。朋友告誡他說：「你應該改變販售的方法，賣那些他人沒有的東西，這樣才可能賺到錢。」可是他就是不聽，他認為只要自己的信譽好，就能賣出貨物。正因為他如此地堅持己見，他的貨物總是賣不出去，做生意老是賠本，弄得十分窮困。為此，他非常懊惱地說：「我為什麼不早些聽從朋友的勸告，改變販售的方法呢？」

後來，蹶叔和一位朋友去航海，當船接近大洋的時候，風浪大作。朋友對他說：「我們不能再進了，前面的水勢那麼危險，即使過去了，我們也很難回來。」

但蹶叔卻不聽勸告，依然一意孤行，繼續前進。這時，一股巨浪湧來，險些弄翻了船。

經過九死一生的掙扎，他們好不容易才登上了一個孤島。在孤島上，可憐的朋友和不聽勸告的蹶叔一起生活了九年。九年以後，他們才得以返回自己的故鄉。

可是，這時候，蹶叔的頭髮和鬍子全白了，人也衰老了。他神情懊惱地對朋友哀嘆道：「這次航海，幾乎老死在海外，我真該早聽你的勸告啊！」

培養孩子善於接納他人意見的習慣，家長需要做到以下幾個方面：

✧ 培養孩子對道理的執行能力。講道理是值得提倡的教育方法，但為什麼不少家長感到講道理沒有用呢？道理與實際行為之間是有距離的，家長要幫助孩子拉近這個距離。只講道理卻不讓孩子操作具體行為是家長常有的盲點，其作用是慫恿孩子狡辯。

260

◇ 提升孩子具體問題具體分析的能力。

◇ 家長對孩子的建議多使用肯定句。處於第一反抗期的孩子的口頭禪是「不」，他要以此顯示自己的存在。家長好心地徵求他的意見，他卻常常不假思索地說「不」。既然這樣，家長就要盡量避免說「我們吃飯好嗎？」而是直接傳達「我們該吃飯了。」這個肯定的資訊。

善於聽取他人的建議，是孩子發展與人合作的意識與能力的良好開端。合作的基礎是善於接納別人的意見，如果不同意，可以有交流和商量的意識與能力。如果總是一意孤行、聽不進別人的建議，沒有成熟的思維習慣和處事方式，就可能會在群體中不受歡迎。所以，聽取別人建議的好習慣，實際上也鍛鍊了孩子交流溝通與合作的能力。

善於接納他人的意見是一個人謙虛的表現。一個既能誠懇接受他人意見、改正自己的不足，又能分析和判斷、有效運用他人的意見、學習他人長處的孩子，不但能為自己建立良好的人緣，還能為自己的成功奠定基礎。

第八章　不可忽視的社交課程

第九章　在艱難險阻中收穫成長

　　生活中，孩子常常會因為痛苦而唱著哀歌、因為挫折而滯留不前、因為失意而不見希望。當孩子的成長中有痛苦的音符時，不妨用一個快樂的故事告訴他用堅強去譜寫一首命運交響曲；當孩子的成長中有挫折的浪花時，不妨用一個乘風破浪的故事，告訴他用樂觀去衝刺成功的終點；當孩子的成長中有失意的雲朵時，不妨用一個風雨任平生的故事，告訴他用達觀去點燃希望的火花……痛苦、挫折、失意不會讓我們貶值，卻會讓我們增值。

第九章　在艱難險阻中收穫成長

▍人生從來不會一帆風順

　　瓊瓊是一個聰明、可愛的 6 歲女孩，無論在家裡還是在幼兒園，都深受大家的喜愛。有一次，班上舉行歌唱比賽，瓊瓊居然連第三名也沒有拿到。緊接著，在畫畫比賽中，她再次無緣前三。從來都是身為「勝利者」飽受稱讚的瓊瓊，這兩次失敗卻受傷了，她難過得連飯都吃不下，媽媽講了一籮筐道理，可是瓊瓊還是無法釋懷。媽媽決定和瓊瓊講一個有關船舶受傷的故事。

　　有著悠久造船歷史的西班牙港口城市巴塞隆納，有一家著名的造船廠，它已經有一千多年的歷史。這家造船廠從建廠的那天起就立了一個規矩，所有從造船廠出去的船舶都要造一個小模型留在廠裡，並把這艘船出廠後的命運由專人刻在模型上。廠裡有房間專門用來陳列船舶模型。因為歷史悠久，所以船舶的數量不斷增加，陳列室也逐步擴大。從最初的一間小房子變成了現在造船廠裡最宏偉的建築，裡面陳列著將近 10 萬艘船舶模型。

　　所有走進這個陳列室的人都會被那些船舶上面雕刻的文字所震撼。

　　有一個名字叫「西班牙公主」的船舶模型上雕刻的文字是這樣的：本船共計航海 50 年，其中 11 次遭遇冰川，有 6 次遭海盜搶掠，有 9 次與船舶相撞，有 21 次發生故障拋錨擱淺。

　　每一個模型上都是這樣的文字，詳細記錄著該船經歷的風風雨雨。在陳列館最裡面的一面牆上，是對上千年來造船廠所有出廠船舶的概述：

　　造船廠出廠的近 10 萬隻船舶當中，有 6,000 艘在大海中沉沒，有 9,000 艘因為損傷嚴重，不能再進行修復航行，有 6 萬艘船舶遭遇過 20 次以上大災難，沒有一艘船舶沒有損傷的經歷……

瓊瓊抬起頭看了看媽媽，眼裡閃爍著淚花。媽媽一陣暗喜，「這下可有『救』了！」緊接著，她又和女兒講了一個「倒楣鬼」的故事。

有一個很倒楣的人，前半生幾乎事事碰壁，受盡了坎坷：

西元 1816 年，家人被趕出了居住的地方，他必須工作以撫養他們。

西元 1818 年，母親去世。

西元 1831 年，經商失敗。

西元 1832 年，競選州議員，但落選了！

西元 1832 年，工作丟了，想就讀法學院，但進不去。

西元 1833 年，向朋友借錢經商，但年底就破產了，接下來他花了十六年，才把債還清。

西元 1834 年，再次競選州議員，贏了！

西元 1835 年，訂婚後即將結婚時未婚妻卻死了，因此他的心也碎了！

西元 1836 年，精神完全崩潰，臥病在床六個月。

西元 1838 年，爭取成為州議員的發言人，沒有成功。

西元 1840 年，爭取成為選舉人，失敗了！

西元 1843 年，參加國會大選，落選了！

西元 1846 年，再次參加國會大選，這次當選了！前往華盛頓特區，表現可圈可點。

西元 1848 午，爭取國會議員連任，失敗了！

西元 1849 年，想在自己的州內擔任土地局長的工作，被拒絕了！

西元 1854 年，競選美國參議員，但落選了！

西元 1856 年，在共和黨的各國代表大會上爭取副總統的提名，得票不到一百張。

西元 1858 年，再度競選美國參議員，再度落敗。

第九章　在艱難險阻中收穫成長

西元 1860 年，他當選美國總統。

他就是美國歷史上鼎鼎大名的亞伯拉罕·林肯總統！

馬克思曾經評價林肯說：「他是一個不會被困難所嚇倒、不會為成功所迷惑的人，他不屈不撓地邁向自己的偉大目標，從不輕舉妄動，他穩步向前，從不倒退。」

瓊瓊聽完這個故事後，深有感觸：「媽媽，比起林肯總統，我的這點小挫折根本算不了什麼，我會堅強起來的！」媽媽開心地笑了。

其實，每個孩子都有一定的抗挫折能力，抗挫折能力的強弱，歸根結柢還是家長平時對孩子給予的挫折教育。

- ✧ **多給孩子遭遇挫折的機會**：如果家長永遠都將孩子置於自己的羽翼之下，幫他擋住傷害與失敗，那他就一直都不會懂得在打擊到來時該如何獨自承受。所以，家長應該稍稍克制「想幫助一把」的衝動，給孩子一個了解挫折的機會。例如：春遊的時候，在安全原則下，帶孩子一起走在狹窄的山道上，山路坑坑窪窪，對一個孩子來說很難應付。但不必馬上拉起孩子的手，而是任由他跌跌撞撞地走，哪怕被小石子絆倒了，也要克制住「幫一把」的衝動。

- ✧ **少一點空洞的誇獎，多一點實質的疑問**：不要小看孩子的判斷和思維能力。你可以對孩子說一百遍「你的畫是最棒的」，或者告訴他「你做什麼事都做得最好」，而實際上，這些空洞的誇獎根本不會起多大作用，即便年齡很小的孩子也能知道自己到底什麼做得好、什麼不行。所以，少一點空洞的誇獎、多一點實質的疑問對教育孩子很有好處。家長可以這樣問：「你覺得怎麼畫可以畫得比現在還更好些呢？」「你覺得那件事該怎麼做可以做得最好呢？」

✧ **多給一些機會，讓孩子釋放光芒**：家長要努力去發現孩子擅長做哪些事情並且鼓勵他去做。如果孩子的算術總是不如別的小朋友算得快，但在舞蹈，上很有天賦，那麼你就可以這樣說：「雖然你的算術不是最好，可是在芭蕾舞班你卻是最棒的，而且我知道，你最喜歡跳舞了。」在某一領域裡有充分的自信，可以幫助孩子更好地面對來自其他方面的挫敗。

✧ **告訴孩子挫折是什麼、失敗長什麼模樣**：很多時候，家長在給孩子灌輸挫折教育時，孩子都會奇怪地問：「挫折是什麼？失敗長得怎麼樣？」此時，家長的反應很重要，在現實中，有的家長甚至根本不去回答孩子的問題，而有的則把失敗說得很可怕。其實孩子害怕的不是失敗本身，而是對挫折和失敗的一種錯誤解釋。所以當孩子問起時，家長不妨借用孩子感興趣的故事，告訴孩子挫折是什麼、失敗又是什麼。

誰沒有受過傷！誰沒有流過淚！大海裡從來沒有一帆風順的船，天空也不可能一直晴朗。同樣，每個孩子在成長中都會有各式各樣的風雨，成長的道路上，總是有坎坷，有泥濘，有挫折。只要孩子勇於踩過泥濘，路就會變得平坦；勇於越過風雨，船就能抵達彼岸；善於跨過挫折，挫折就會成為一筆財富。

▎信念是挫折中最美的花

從電影院看完《貧民百萬富翁》（*Slumdog Millionaire*）出來，一個叫阿華的孩子滿不在乎地嚷道：「那個馬利不過是因為僥倖才成為百萬富翁的。」

「機遇也是垂青那些有準備的人，如果馬利沒有信念，沒有執著，他可能一個問題都回答不出來。難道你沒有看出他回答的所有問題都跟他一

生的際遇有關嗎？是信念改變了他的命運。」媽媽在一旁插話。

「信念真的可以改變命運嗎？」阿華追問。

「當然可以，我突然想了一個同樣在貧民窟的故事。」一路上，媽媽和兒子講起了這樣一個故事。

羅傑·羅爾斯（Roger Rolls）是美國紐約州歷史上第一位黑人州長。他出生在紐約聲名狼藉的大沙頭貧民窟。這裡環境骯髒、充滿暴力，是偷渡者和流浪漢的聚集地。在這裡出生的孩子，耳濡目染，他們從小蹺課、打架、偷竊甚至吸毒，長大後很少有人從事體面的職業。然而，羅傑·羅爾斯是個例外，他不僅考上了大學，而且成了州長

在他就職的記者招待會上，一位記者對他提問：「是什麼把你推向州長寶座的？」面對三百多名記者，羅爾斯對自己的奮鬥史隻字未提，只談到了他上小學時的校長 —— 皮爾·保羅（Pierre Paul）。

1961 年，皮爾·保羅被聘為諾必塔小學的董事兼校長。當時正是美國嬉皮流行的時代，他走進大沙頭諾必塔小學的時候，發現這裡的窮孩子無所事事。他們不與老師配合、曠課、鬥毆，甚至砸爛教室的黑板。皮爾·保羅想了很多辦法來引導他們，可是沒有奏效。後來他發現這些孩子都很迷信，於是在他上課的時候就多了一項內容 —— 給學生看手相。他用這個辦法來鼓勵學生。

當羅爾斯從窗臺上跳下，伸著小手走向講臺時，皮爾·保羅說：「我一看你修長的小拇指就知道，將來你是紐約州的州長。」當時，羅爾斯大吃一驚，因為長這麼大，只有他奶奶讓他振奮過一次，說他可以成為 5 噸重的小船的船長。

這一次，皮爾·保羅先生竟說他可以成為紐約州的州長，著實出乎他的預料。他記下了這句話，並且相信了它。

信念是挫折中最美的花

從那天起，「紐約州州長」就像一面旗幟，羅爾斯的衣服不再沾滿泥土，說話時也不再夾雜汙言穢語。他開始挺直腰桿走路，在以後的四十多年間，他沒有一天不按州長的標準要求自己。51歲那年，他終於成了紐約州州長。

在就職演說中，羅爾斯說：「信念值多少錢？信念是不值錢的，它有時甚至是一個善意的欺騙，然而你一旦堅持下去，它就會迅速增值。」

有現代作家說過：「人，只要有一種信念，有所追求，什麼苦都能忍受，什麼環境也都能適應。」法國作家羅曼‧羅蘭（Romain Rolland）也說：「人最可怕的敵人，就是沒有堅強的信念。」沒有哪位家長不望子成龍、望女成鳳，與其天天把孩子拴得緊緊的，和他們講什麼道理，不如從小就幫助他們建立一個正確的信念。

在美國紐約，有一位叫亞瑟爾的年輕員警，在一次追捕行動中，被歹徒用衝鋒槍射中左眼和右腿膝蓋。3個月後，當他從醫院裡出來時，完全變了模樣：一個曾經高大魁梧、雙目炯炯有神的英俊帥哥，現已成了一個又跛又瞎的身心障礙者。

紐約市政府和其他各種組織授予了他許許多多勳章和錦旗。紐約有線電臺記者曾問他：「您以後將如何面對您現在遭受到的厄運呢？」他說：「我只知道歹徒現在還沒有被逮捕，我要親手抓住他！」他那隻完好的眼睛裡透射出一種令人戰慄的憤怒之光。

從此之後，亞瑟爾不顧任何人的勸阻，參與了逮捕那個歹徒的行動。他幾乎跑遍了整個美國，甚至有一次為了一個微不足道的線索獨自一人搭飛機去了歐洲。

9年後，那個歹徒終於在亞洲某個小國被抓了，當然，亞瑟爾起了非常關鍵的作用。在慶功會上，他再次成了英雄，許多媒體稱讚他是最堅

強、最勇敢的人。

時間又過去了幾年，亞瑟爾卻在臥室裡割脈自殺了。在他的遺書中，人們讀到了他自殺的原因：「這些年來，讓我活下去的信念就是抓住凶手⋯⋯現在，傷害我的凶手被判刑了，我的仇恨被化解了，生存的信念也隨之消失了。面對自己的傷殘，我從來沒有這樣絕望過⋯⋯」

這就是信念的力量，它可以讓一個又跛又瞎的人奔走 9 年，戰勝厄運；而沒有信念，則可以讓一個最堅強、最勇敢的人走向死亡。

那麼，如何打造孩子堅定的信念呢？讓孩子做到早晚六問！

清晨六問：

✧ 我今天的目標是什麼？

✧ 我的核心大目標是什麼？

✧ 我今天最重要的三件事是什麼？

✧ 我今天準備學到哪些新東西？

✧ 我今天準備在哪些方面進步一點點？

✧ 我今天如何更快樂些？

靜夜六問：

✧ 我今天是否完成了小目標？

✧ 我今天是否更接近了大目標？

✧ 我今天又學到了什麼？

✧ 我今天在哪些方面進步了？

✧ 我如何才能做得更好？

✧ 我明天的目標是什麼？

信念是根脊梁，支撐著一個不倒的靈魂，支撐著人生的大廈；信念是盞明燈，照亮著一個期盼的心靈，照亮著人生的殿堂；信念是個路標，指引著一個前進的方向，指引著人生的道路。一個有信念的孩子，是不會懼怕困難險阻的，因為他們的心裡始終綻放著一朵絢麗的信念之花，可以給他們希望，給他們力量。

▌夢想給孩子堅持的動力

夢想是深藏在心靈裡的一道迷人的風景，是掛在遠方的一盞炫目的燈塔。夢想於人生，有非常重要的作用。

享譽國際的華人導演李安就是因為有夢想而最終取得不凡的成就。

1978 年，當李安準備報考美國伊利諾大學（University of Illinois）的戲劇電影系時，父親十分反感，他和李安分析了當時的現實：在美國百老匯，每年只有 200 個角色，但卻有 50,000 人要一起爭奪這少得可憐的角色。當時李安一意孤行，決意登上了去美國的航班，父親和李安間的關係從此惡化，20 年來，父親和李安的話不超過 100 句。

但是，等李安幾年後從電影學院畢業，李安終於明白了父親的苦心所在。在美國電影界，一個沒有任何背景的華人要想混出名堂來，談何容易！從 1983 年起，李安經過了 6 年多漫長而無望的等待，大多數時候都是幫劇組看看器材、做點剪輯助理、劇務這類的雜事。最痛苦的經歷是，曾經拿著一個劇本，兩個星期跑了三十多家公司，卻一次次面對別人的白眼和拒絕。

這樣的奔波畢竟還有希望，最怕的是拿著一個劇本，別人說可以，然後這裡改、那裡改，改完了等投資人的意見，意見出來了再改，再等待，可是最終還是石沉大海，沒有消息。

第九章　在艱難險阻中收穫成長

　　那時候，李安已經將近 30 歲了。古人說：三十而立。而李安連自己的生活都還沒辦法自立，怎麼辦？繼續等待，還是就此放棄心中的電影夢？幸好，李安的妻子給了李安最及時的鼓勵。

　　妻子是李安的大學同學，但她是學生物學的，畢業後她就在當地一家小研究室做藥物研究員，薪水少得可憐。那時候他們已經有了兒子，為了緩解內心的愧疚，李安每天除了在家裡讀書、看電影、寫劇本外，還包攬了所有家務事，負責買菜做飯帶孩子，將家裡整理乾淨淨。那時候，每天傍晚做完晚餐後，李安就和兒子坐在門口，一邊講故事給他聽，一邊等待「英勇的獵人」——媽媽帶著獵物（生活費）回家。

　　這樣的生活對一個男人來說，是很傷自尊心的。有段時間，岳父母讓妻子給李安一筆錢，讓李安拿去開個中餐館，也好養家糊口，但好強的妻子拒絕了，把錢還給了老人家。李安知道了這件事後，輾轉反側想了好幾個晚上，終於下定了決心，也許這輩子電影夢都離李安太遠了，還是面對現實吧！

　　後來，李安去了社區大學，看了半天，最後心酸地報了一門電腦課。在那個生活壓倒一切的年代裡，似乎只有電腦可以在最短時間內讓李安有一技之長了。那幾天，李安一直萎靡不振，妻子很快就發現了李安的反常，細心的她發現了李安背包裡的課程表。那晚，她一宿沒和李安說話。

　　第二天，去上班之前，她快上車了，突然，她站在臺階下轉過身來，一字一句地告訴李安：「安，要記得你心裡的夢想！」

　　那一刻，李安心裡像突然起了一陣風，那些快要淹沒在庸碌生活裡的夢想，像那個早上的陽光，一直射進心底。妻子上車走了，李安拿出背包裡的課程表，慢慢地撕成碎片，丟進了門口的垃圾桶。

　　後來，李安的劇本得到基金會的贊助，開始自己拿起了攝影機，再到

後來，一些電影開始在國際上獲獎。這個時候，妻子重提舊事，她才告訴李安：「我一直就相信，人只要有一項長處就足夠了，你的長處就是拍電影。學電腦的人那麼多，又不差你李安一個！你要想拿到奧斯卡的小金人，就一定要堅定心裡的夢想。」

1991 年 4 月，李安的第一部正式電影由中央電影公司（中影）投資，在紐約庫德瑪西恩公司製片開拍時，有人拿了一個木盒子給李安，說：「導演，你坐這裡。」「沒有人注意到，當時我快飄起來了，第一次有人正式稱我為『導演』」。李安在後來的回憶中如此說道。2006 年，李安憑電影《斷背山》（*Brokeback Mountain*）獲第 78 屆奧斯卡金像獎最佳導演獎；2013 年的《少年 Pi 的奇幻漂流》（*Life of Pi*）獲得了第 85 屆奧斯卡金像獎最佳導演獎。李安覺得自己的忍耐、妻子的付出有了回報，這同時也讓李安更加堅定，一定要在電影這條路上一直走下去。因為，李安心裡永遠有一個關於電影的夢。

媽媽透過故事激發孩子追夢的同時，不妨做到以下幾點：

✧ **仔細觀察孩子的喜好及優點**：興趣愛好是夢想實現的開始，在造夢前應該看到孩子的興趣愛好，發現孩子的優點在哪裡，發現孩子優點或興趣愛好後，多給孩子一些誇獎，讓孩子往興趣裡「鑽」。這樣孩子的興趣愛好就會形成一種優勢，自然而然就成為孩子的夢想所在。

✧ **尊重孩子的選擇**：即便當你覺得孩子的夢想因為一時衝動而形成、且不切合實際，也應該先給孩子鼓勵、支持，不能用粗暴武斷的話語去壓制與打擊他，說出諸如「你根本就不是那塊料」或「不要做白日夢」一類的蠢話。

✧ **跟孩子一起討論未來**：在了解了孩子目前的一些真實情況後，可與他一起分析，然後進一步幫助孩子發現自己的人生目標並制訂計畫。

第九章　在艱難險阻中收穫成長

有夢想誰都了不起，有勇氣就會有奇蹟。苦難孵化夢想，夢想能化解苦難。有了夢想，孩子就有追求，有了夢想，孩子在挫折中就能凝視前方，即便折翅也一樣會朝著目標奮力飛翔。

▍風雨中自己就是一把傘

這次，媽媽不妨從一把傘的故事說起：

有一個人在屋簷下躲雨，忽然看見一位老和尚正撐著一把傘從身邊走過。這人連忙說：「師傅，普度一下眾生吧，請帶我一程，以解救我淋雨之苦，如何？」

老和尚回答說：「我在雨裡，你在簷下，而簷下無雨，你無須我度。」

於是，這人立刻跳出屋簷下，站在雨中說：「現在我也在雨中，該救我了吧？」

老和尚又說：「你在雨中，我也在雨中，我不被雨淋，因為有傘；你被雨淋，因為無傘。所以不是我度自己，是傘度我。你要想度，請找傘去，施主，求人不如求己。」說完便消失在雨中。

我們不曾一次教導孩子「求人不如求己」，但為什麼孩子還是過度地依賴父母呢？因為孩子在風雨中沒有自己去找傘！

很多媽媽常疑惑：「給予孩子的愛，多少才算足夠呢？」他們常常為此而苦惱；給予太多，孩子會過度依賴；給予太少，孩子感受不到關懷。

那麼，到底怎樣才能把愛的天秤調到適中呢？這是一個很難解答的問題，因為每一個孩子的生活環境都不一樣，有些愛對於某個家庭來說是一種溺愛，而對於另一個家庭來說，不過是很普通的愛。

媽媽不妨和孩子轉述一下謝霆鋒的自述：

1980 年 8 月 29 日，我出生在香港的一個明星家庭，父親謝賢是著名

演員，母親狄波拉則是港姐冠軍。剛出生還沒睜開眼睛的我，就被香港一家雜誌社拍了封面。這或許已經注定了我這一生中，都將比普通人面臨更多的關注。

小時候，親人們都說我繼承了父親的英俊和母親的聰慧，但實際上，我是一個很麻煩的小孩，一直都是事情不斷。

小學三年級時，父母把我送到加拿大，但不久我就因為打架被迫轉了學。後來，我又回到香港，進入香港國際學校繼續學習。不久，一家週刊爆出了我的多起打架事件，我不得不被再次勸退。退學後，整天無所事事的我，花了 99 美元在二手樂器店買了一套爵士鼓，將心底無數煩悶全部發洩在爵士鼓上。等鼓被敲爛後，我發現我愛上了音樂：於是，為了追逐心中的夢想，我徵得父親的同意，到日本去學習音樂。

當時，我的父母由於感情不和已經離婚，家裡的經濟也一度出現危機。由於阮囊羞澀，身處異國他鄉的我只能身穿爛 T 恤、一條牛仔褲、一雙舊皮鞋，背著吉他，吃著飯糰，過著居無定所、四處漂泊的生活。有時，為了節省花費，我乾脆就在街頭鋪一張報紙，枕著吉他盒睡覺。

人們總習慣看到別人表面的光鮮，而對其背後的艱辛卻永遠忽視。就像有誰能想到，我曾經在日本過著這樣的生活呢？那段經歷是我這輩子都不會忘記的，因為它使我懂得，只有寵辱不驚、咬牙堅持，才能走完最艱難的旅程。

1996 年 12 月 27 日，16 歲的我以一名歌手的身分，加盟英皇娛樂旗下的飛圖唱片公司。第二年，我正式登上舞臺，開始了我的演藝生涯。本以為，憑著自己的特殊身分和多年努力，我的輝煌人生會就此拉開序幕，可是沒想到，冷冰冰的現實卻給了我殘酷一擊！我的演出不但沒有掌聲，而且迎接我的竟全是噓聲！這是我始料不及的。

第九章　在艱難險阻中收穫成長

　　好長一段時間，只要輪到我上臺，沒等主持人報完我的全名，全場就噓聲一片。有一次，我實在不願再面對這樣的打擊，就在演出前爬上高高的貨櫃躲了起來。後來，我的經紀人霍汶希不得不請來吊車將我拖下來，逼著我去唱歌。她大聲吼叫著說：「別人都以為你是頂著父母的光環來混的，你必須用一千倍的努力來證明你自己！」我默默地流著眼淚，硬著頭皮走上舞臺，認真地完成我的表演，儘管全場的噓聲淹沒了我唱的每一句歌詞。這樣的辛酸故事，在我初出道的三年時光裡總在頻繁上演……

　　生活在富足之家也好，生活在食淡衣粗的平民之家也罷，都應該適當地收起孩子的保護傘，讓孩子從一個「沒有傘的孩子」做起 —— 當孩子發現沒有傘時，他就會主動去找傘。

　　那麼，媽媽怎樣才能把孩子的「傘」收起並讓其主動去找「傘」呢？

- ✧ **多受點挫折，多吃點苦**：孩子只有在挫折中才會成長，才會有機會去解決一些問題。

- ✧ **放手讓孩子自己去解決問題**：很多時候，孩子遇到困難，就會去找家長，而這時家長也只會在聽任孩子的一面之詞去解決問題，這樣就會引來一些不必要的麻煩，所以，無論遇到什麼挫折或困難，必須得先讓孩子自己去解決。

- ✧ **培養孩子的自理能力**：只要孩子具備了自理能力後，他就不會因為一點雞毛蒜皮的小事來麻煩家長。

- ✧ **從小處入手，從細節做起**：很多家長寧願讓孩子多看一會書，也不願讓孩子多做一些家事，其實這種想法是錯誤的。因為孩子在家事上也有很大的興趣和嘗試欲，所以選擇一些簡單的事情讓孩子做，讓孩子學會靠自己。

在孩子遇到暴風驟雨時，如果我們一直幫孩子撐傘，孩子的世界只會是傘下窄小的世界，看不到希望，更企及不了成功。無論我們能否給孩子撐傘，都應該讓孩子自己去尋、去撐，讓他們自己去雨中奔跑，直到他們見到人生的彩虹為止。

讓挫折成為墊腳石

家長與其一輩子替孩子遮風擋雨，還不如讓孩子自己去面對人生中的風雨。著名的心理學家馬斯洛說：「挫折對於孩子來說未必是件壞事，關鍵在於他對待挫折的態度。」因此，負責任的媽媽應和孩子講有關挫折教育的故事。

美國總統甘迺迪的爸爸從小就很注意對兒子獨立性格和精神特質的培養，有一次他趕著馬車帶兒子出去遊玩。經過一個轉彎處，因為馬車速度非常快，馬車猛地把小甘迺迪甩了出去。當馬車停住時，小甘迺迪以為他爸爸會下來把他扶起來，但他爸爸卻坐在車上悠閒地掏出菸吸起來。

小甘迺迪叫道：「爸爸，快來扶我。」

「你摔疼了嗎？」

「是的，我自己感覺已站不起來了。」小甘迺迪帶著哭腔說。

「那也要堅持站起來，重新爬上馬車。」

小甘迺迪掙扎著自己站了起來，搖搖晃地走近馬車，艱難地爬了上去。

他爸爸搖動著鞭子問：「你知道為什麼讓你這麼做嗎？」

兒子搖了搖頭。

他爸爸接著說：「人生就是這樣，跌倒，爬起來，奔跑；再跌倒，再爬起來，再奔跑。在任何時候都要靠自己，沒人會去扶你的。」

第九章　在艱難險阻中收穫成長

美國商界流傳著這樣一句話:「一個人如果從未破產過,那他只是個小人物,如果破產過一次,他很可能是個失敗者,如果破產過三次,那他就可以無往而不勝。」其實,孩子的成長也是這樣,如果孩子一次都沒有跌倒過,那他只是一個嬰兒,如果孩子只跌倒過一次,那他只是學會爬,如果他跌倒過三次甚至多次,他就能站起來,繼而更能跑。

深山裡有兩塊石頭,第一塊石頭對第二塊石頭說:「去經歷路途的艱險坎坷和世事的磨練吧,才不枉來此生。」

「不,何苦呢?」第二塊石頭嗤之以鼻,「安坐高處一覽眾山小,周圍花團錦簇,誰會那麼愚蠢地在享樂和磨難之間選擇後者,再說那路途的艱險磨難會讓我粉身碎骨的!」

於是,第一塊石頭隨山溪滾湧而下,歷盡了風雨和大自然的磨難,它依然義無反顧執著地在自己的路途上奔波。第二塊石頭譏諷地笑了,它在高山上享受著安逸和幸福,享受著周圍花草簇擁的暢意抒懷,享受著盤古開天闢地時留下的那些美好景觀。

許多年以後,飽經風霜、歷盡塵世之千錘百鍊的第一塊石頭和它的家族已經成為了世間的珍品、石藝的奇葩,被千萬人讚美稱頌,享盡了人間的榮華富貴。第二塊石頭知道後,有些後悔當初,現在它也想投入到世間風塵的洗禮中,然後得到像第一塊石頭那樣擁有的成功和高貴,可是一想到要經歷那麼多的坎坷和磨難,甚至滿目瘡痍、傷痕累累,還有粉身碎骨的危險,便又退縮了。

一天,人們為了要更好地珍藏那石藝的奇葩,準備為它修建一座精美別緻、氣勢恢宏的博物館,建造材料全部用石頭。於是,他們來到高山上,把第二塊石頭粉了身碎了骨,給第一塊石頭蓋起了房子。

把挫折當成墊腳石,最後成為奇珍異寶。成為挫折的墊腳石,最後成

為奇珍異寶的墊腳石。命運就是這樣，如果你敢去磨礪、敢去面對，路就會越走越遠、越走越平坦。

一位年輕男子想要自殺。入夜後，他走到屋後樹林裡，想上吊。

當他把一根繩子綁在樹枝上後，樹枝說話了：「親愛的年輕人哪！別在我身上吊死啊，有一對小鳥正在我的枝頭上築巢呢！我很高興能保護牠們。如果你在我身上上吊，我就會折斷，鳥巢也就保不住了。請你諒解我，並且也可憐那對小鳥吧！」

年輕人聽了，體諒了他的愛心，就放棄了這樹枝，找到更高的另一根樹枝。可是當他把繩子綁上去時，這根樹枝說話了：「年輕人，請你諒解我吧！春天就快到了，不久之後我就要開花，成群的蜜蜂會飛來嬉戲、採蜜，這會帶給我極大的快樂如果你在我身上上吊，我就會被你折彎到地上，花朵就被摧殘而死，那麼蜜蜂們會非常失望的。」年輕人聽了，只好默默地攀上了第三根樹枝。

「原諒我吧！」他還沒綁繩子，樹枝就開口了，「年輕的朋友啊！我把自己遠遠地伸到路上，目的就是要使疲憊的旅行者在我的下面得到一些陰涼，這帶給我很大的快樂。如果你吊在我身上，會使我折斷，以後我就再也不可能享有這種快樂了。」

年輕的厭世者陷入了沉思，他問自己：「我為什麼要自殺？只因為我承受痛苦嗎？樹枝都如此熱愛生活，關心身邊的事物，而我……」

於是，他走出森林，生命始終是珍貴的，不管出於什麼原因，都值得我們去珍惜，不管遇到多大的磨難，只要活著，什麼都可能改變。

適度的挫折教育，是家庭教育中必不可少的內容。在人的一生中，不會永遠一帆風順，每個人都或多或少地要遭遇挫折。精神上的煎熬、體力方面的磨難都是挫折的不同形式。理想受阻、追求失敗、艱苦勞作、疾病

纏身……都是挫折的種種表現。對孩子實施挫折教育，對於孩子意志的磨礪和能力品行的培養，都有著極其深遠的意義。

法國作家巴爾札克說：「苦難對於天才是一塊墊腳石，對手能幹的人是一筆財富，對於弱者是萬丈深淵。」天才、能人、弱者，誰都不會選擇弱者，但不幸落入低谷或被困境所絆倒時，該怎麼辦呢？教孩子踩著挫折勇敢地站起來，踮起腳跟，看著前方。把挫折當成墊腳石，成功就會越來越近。

▎微笑的生活沒有難題

學會用微笑的方式面對逆境，是一種非常明智的態度。德國作家威爾科克斯說：「當生活像一首歌那樣輕快流暢時，笑顏逐開乃易事；而在一切事都不妙時仍能微笑的，才活得有價值。」微微一笑很簡單，但要讓孩子在苦難面前仍然流露出笑容、勇敢地去面對卻不是一件易事。

有一個小鎮很久沒有下雨了，令當地農作物損失慘重，鎮上的居民情緒變得低落，有的甚至想遷移小鎮，鎮長召集居民到廣場，準備選派一人去中央政府申請援助，但卻不知道選誰去？大家眾說紛紜，加上天氣炎熱，人們開始躁動。

此時出現了一幕令鎮長欣喜的場面，遠遠的，一個小女孩，面帶笑容，手裡拿著一把傘，向廣場走來。鎮長的目光一直注視著小女孩的笑臉，鎮長激動地說：「那位小女孩讓我很感動。」廣場上的人們頓時安靜下來，順著他手指的方向看向小女孩。

鎮長說：「今天我們來選派一個人去中央政府申請援助，但整個廣場，只有她一個人面帶笑容並拿著雨傘，她給予我們的不是簡單的一個微笑，不是簡單的一把雨傘。」而是一種希望，一種新生活的希望。我準備選派她去，就這樣帶著笑容和雨傘去。」聽了鎮長的話，大家低著頭，緊

接著響起一陣熱烈的掌聲。

微笑帶來的是生活的達觀、新生的希望，哪怕是在最艱苦的時刻，一個微笑可以感動自己，感動他人，更能感動世界。你微笑，世界也在微笑。讓孩子在面對困難、面對眾人的失望時，也能微笑地面對自己、面對別人，生活就不會因失望而黯然失色。

南美洲有一條河，由於流水受到巨大岩石的阻攔，使其難以成為一條真正意義上的河。但是河水並沒有因為岩石的阻擋而變得悲觀，更沒有放棄做一條河的願望。於是它把自己分成了千萬股涓涓細流，微笑地沿著岩石的縫隙繼續向前流淌。

這時候奇蹟發生了，千萬股細流從岩石的不同縫隙流出來的時候，形狀竟然像一種微笑，而且水流的聲音也如同天籟之音一樣，於是人們稱這條河為「會唱歌、會微笑」的河。這條河便成為了世界上著名的旅遊景點。

一個微笑，拾得一份自信，一個微笑，讓因為困境而滯留不前的孩子繼續前行。當孩子的微笑匯成一條河時，孩子在困境中，就會如同流水一般永不停息地向前。

眾多的事實表明，面對困境的時候，與其悲觀失望，不如微笑面對，只要你微笑地面對它，它就會以微笑回報你。微笑著向前進，你就能創造生命的奇蹟。

從前，一個小山村遭遇了一場洪災。洪水來勢凶猛，房子大多被沖倒，莊稼被沖毀，也有人被沖走。在大雨傾盆之時，村裡大多數人都及時逃離。

有一對兄弟，由於行動緩慢來不及逃離，他們背著家裡的乾糧，跑到了一處高地上，面對淹沒在水裡的家園，想起了失去的親人，弟弟痛哭，以後的日子該怎麼辦，哥哥微笑著安慰道：「放心，我們餓不死，有這麼多乾糧在，總會有活下去的辦法。」

第九章　在艱難險阻中收穫成長

一個月後，水位漸漸退下，可是村莊已不復存在。弟弟又哭了，糧食也不多了，家也沒有了，該怎麼辦呢？哥哥依然微笑著安慰弟弟：「會有辦法的。」說完，他打開一個布袋，告訴弟弟，這是種子，我們現在把種子種下去，到了秋天就可以收穫很多糧食，在哥哥的鼓勵和帶動下，弟弟和哥哥一邊種地，一邊到山上去採野果。雖然辛苦，但是兄弟倆從來也沒有說過一個苦字。

秋天到了，地裡長出來的麥穗比往年還要大，糧食獲得了大豐收。原來洪水雖然給村莊帶來了災難，但是也讓土地變得更肥沃。這對兄弟留下一部分糧食，其他的全部賣到集市。不到一年的時間，他們居然過上了比以前更富足的生活。

西方有一句諺語，「只有用微笑說話的人，才能擔當重任。」微笑，不僅僅會縮小心靈的距離，還會減輕心理的壓力。微笑，不僅僅可以幫助人們走出困境，更能讓人緊握生活的信念。

讓孩子走出困境，微笑是一種最好的途徑，也是最簡單的途徑。那麼，怎樣才能正確引導孩子走上微笑的途徑呢？

✧ **多給孩子一些接受新事物的機會**：沒有經歷過飢寒，就不會知道什麼是溫飽；沒有經歷過苦難，就不會知道什麼是幸福。多讓孩子接受新事物，這會使他們更懂生活，然後再以微笑引導，孩子就明白微笑的魅力了。

✧ **多讓孩子自己去解決問題**：當孩子遇到問題向家長求助時，家長應該先默默地拋出一個笑容，告訴孩子不妨對問題先微微一笑，然後再去想該怎麼去做。這樣，孩子就會慢慢去想，或許就在微笑間，他們就會茅塞頓開。

◇ **多給孩子一些快樂的觀念**：時常聽到一些孩子埋怨說活得很累，甚至還說「睡得比狗晚，起得比雞早，做得比驢還多」。孩子本來就沒有多大的心靈負擔，為什麼會感到身心疲憊呢？其實是因為孩子過於悲觀，把問題無限放大，導致小小的問題背起的卻是一個大包袱。

◇ **適當給孩子製造一些緊張的環境**：孩子在緊張中就會懂得該如何用樂觀的態度克服所面臨的形勢和困難。

微笑是人心靈深處盛開的一朵解語之花、生長的一棵忘憂之草。面對成長的風雨時，微笑若能綻放如花，就會有一種力量伴隨孩子前行；面對成長的挫折時，微笑若能生如蔓草，就會有一種忘記傷痛的力量催促孩子前進。學會微微一笑，就會雨過天晴，學會微微一笑，抹去眼角的淚水，就會看到眼淚過後的彩虹。

失敗後別忘繼續向前

媽媽先和孩子講個故事：

在一次奧斯卡的頒獎典禮上，一位剛剛獲獎的女演員準備上臺領獎，也許是因為太興奮、太激動了，被自己的長裙絆倒，摔倒在舞臺邊上，此時全場靜默，因為還從來沒有人在這樣全球直播的盛大晚會上跌倒過。

她迅速起身，從主持人手中接過獎盃發布獲獎感言，她真摯而感慨地說：「為了走到這個位置，實現我的夢想，我這一路走得艱辛坎坷，甚至有時跌跌撞撞。但是每一次我都是這樣，跌倒了，勇敢地站起來，不失節奏地向前邁步。」機智、真誠的話語使她成為那個晚上最耀眼的明星。

如果孩子因為遭遇困難、挫折而止步不前，他們就會落後於別的孩子，所以，必須努力讓孩子學會肩負起失敗、克服困難，和別的孩子齊頭並進。

第九章　在艱難險阻中收穫成長

　　成功者做任何事都比失敗者快一步。其實，每個人都可以快步走向成功，只要在被挫折絆倒時，繼續爬起來，仍不失節奏地前進。

　　席維斯‧史特龍（Sylvester Stallone）出生在一個貧困的家庭，父親是個賭徒，母親是個酒鬼。他從小挨打受罵，忍飢挨餓，高中畢業後就流落街頭，遊手好閒，成了一名小混混。

　　20 歲的一天，他恍然大悟，不願做對社會無用的人，他想憑著自己強壯的身體做一名演員。

　　第二天，史特龍就到了好萊塢，可是他並不具備當演員的條件和天賦，他沒有英俊的相貌，沒有發達的肌肉，沒有過人的能力。但他認定自己能成為一名優秀的演員，於是他開始一家家地拜訪好萊塢的電影製片公司，給他一次機會。

　　可是當時 500 家電影製片公司給他的都是無情的拒絕。面對這 500 次的拒絕，史特龍沒有灰心、沒有氣餒，他重整旗鼓，又從第一家開始實施第二輪毛遂自薦，同樣又是 500 次冷冰冰的拒絕，面對上千次殘酷的拒絕和無數的冷嘲熱諷，就是再堅強的人也會崩潰。此時的史特龍覺得自己的夢想破滅了，一度想離開好萊塢，從此再不踏進這個令他傷心的城市。

　　在這兩年的時間裡，史特龍嘗遍了人間的冷暖、人生的辛酸，但想到自己的家庭，想到自己仍然一無所有，想到自己兩年付出的努力，他決定不半途而廢，於是史特龍重新昂起了頭。不當演員，做一名編劇也行，他開始了自己創作劇本。此時的他已經身無分文，只好在好萊塢做些勞力工作以維持生計。他白天工作，晚上寫劇本，同時仍在不斷尋找機會。

　　一年之後，史特龍的第一個劇本誕生了。他拿著自己的劇本又一次開始了新一輪的努力，「讓我當男主角，我可以！我一定會成功！」成了他的口頭禪，渴望的眼睛又一次次地出現在電影公司老闆的面前。

當史特龍說完「讓我當男主角，我可以！我一定會成功！」時，得到更多的是老闆們鄙夷的眼神，冰冷的拒絕：「不照照鏡子，看看自己是誰？」

當他第 1,886 次求職時，一家電影公司終於決定採用他的劇本，並讓他當男主角，史特龍欣喜若狂，一展身手的機會終於來了，他全身心地投入到了拍攝中，仍然堅持著「我可以，我一定會成功！」

最後，史特龍的第一部影片《洛基》（*Rocky*）誕生了，而且一炮打響，隨著《第一滴血》（*First Blood*）等多部名片的問世，史特龍受到全世界影迷的喜愛，成為一名最有實力的世界巨星！

孩子失敗後，不僅需要媽媽的鼓勵，更需要媽媽教會他們在失敗中爬起，不斷累積失敗的經驗。孩子一旦有了越來越多的精神財富，就不會在今後的挫折中止步不前。

傳說，西邊有座山，山上長著一種仙果，吃了會去除百病、起死回生。

一個瞎子和一個瘸子結伴去尋找這種仙果。他們一直走呀走，途中他們翻山越嶺，歷經千辛萬苦，頭髮開始斑白。

有一天，瘸子對瞎子說：「這樣下去哪有盡頭？我不做了，受不了了。」「老兄，我相信不遠了，會找到的，只要心中存有希望，會找到的。」瞎子說。可是瘸子執意要待在途中的山寨中，瞎子便一個人繼續前行。

由於瞎子看不見，不知道該走向何處，他碰到人便問，人們也好心地指引他。他衣衫襤褸，遍體鱗傷，可是他心中的希望未曾改變、終於有一天，他到達了那座山，他全力以赴地向上爬，快到山頂的時候，他感覺自己渾身充滿了力量，好像年輕了幾十歲，他向身旁摸索，便摸到了果子一樣的東西，放在嘴裡咬一口，皇天不負有心人，他終於復明了，什麼都看

見了，樹木翠綠、花兒鮮豔、小溪清澈、果子長滿了山坡，他朝溪水俯身看去，自己竟變成了一個英俊年輕的年輕人！

準備離去的時候，他沒有忘記替同行而來的瘸子帶上兩個仙果，到山寨的時候，他看到瘸子拄著拐棍，變成了一個頭髮花白的老頭。瘸子認不出他了，因為他已是一個年輕的年輕人了。當他們相認後，瘸子吃下那果子，卻絲毫未起任何變化，他終於知道，只有靠自己的行動，才能換來成功和幸福。

瞎子就是用左腳踩下艱辛，用右腳抬起希望，再用左腳踩向成功。雖然每一個人前進的過程都不一樣，有些人先邁的是左腳，有些人先邁的是右腳，但無論先邁出哪一隻腳，都不要忘了你的腳應該踩過挫折，抬起希望，邁向成功。

日出日落、雲卷雲舒都有一種節奏，就像我們走路一樣，一二一地走，但也常常會因為失敗亂了節奏。節奏一亂，步子就不穩，便會摔跤。如果孩子能像太陽一樣，肩負起陰雨，就會有節奏地踏向成功。

▋不要為「打翻的牛奶」哭泣

在紐約市一所中學任教的保羅博士曾為他的學生上過一堂難忘的課，這個班多數學生為過去的成績感到不安。他們總是在交完考卷後充滿了憂慮，擔心自己不及格，以致影響下個階段的學習。

有一天，保羅博士在實驗室裡講課，他先把一瓶牛奶放在桌上，沉默不語。學生們不明白這瓶牛奶和所學的課程有什麼關係，只是靜靜地坐著，望著老師保羅博士忽然站了起來，一巴掌把那瓶牛奶打翻在水槽中，同時大喊了一句：「不要為打翻的牛奶哭泣。」然後他叫學生們圍到水槽前仔細看一看，並且說：「我希望你們永遠記住這個道理，牛奶已經淌光

了，不論你怎樣後悔和抱怨，都沒有辦法取回一滴。你們要是事先想一想，加以預防，那瓶牛奶還可以保住，可是現在晚了，我們現在所能做到的，就是把它忘記，然後注意下一件事。

「不要為打翻的牛奶哭泣」——這句話包含了深刻的哲理，讓孩子謹記，將會受益一輩子。

以色列第二個王——大衛王的孩子得了重病，他為這孩子的病懇求神的寬恕而開始禁食。大衛王把自己關在室內，白天黑夜都躺在地上。他希望用這種方法求得天神的原諒，降福於他的孩子，然而，在大衛王的「苦肉計」進行到第七天時，患病的孩子終於死去了。大衛王的臣僕都不敢告訴他孩子的死訊。

大衛王見臣僕們彼此低聲說話、神色戚戚的樣子，就知道孩子死了。於是他問臣僕們：「孩子死了嗎？」

臣僕們不敢撒謊，只得如實回答：「死了、」

大衛王聽到孩子的死訊，就從地上起來，沐浴後抹上香膏，又換了衣服，吩咐人擺上飯菜，大口大口地吃了起來。

對著疑惑不解的臣僕們，大衛王說：「孩子還活著的時候，我不吃不喝，哭泣不已，是因為我想到也許天神耶和華會憐憫我，說不定還有希望不讓我的孩子死去；如今孩子都死了，怎麼也無法復活了，我又何必繼續禁食、哭泣來折磨自己呢？我怎麼做都不能使死去的孩子復活了！」

當悲劇已成定局，我們也得如大衛王一樣想得開：我努力過了，奮鬥過了，爭取過了，我已經沒有任何在精神或肉體上虐待自己的理由，因為任何的抗爭與悲傷都無濟於事。既然無濟於事，那麼不如善待自己，過好接下來的每一天。

人生的得失、悲歡離合等一切都不過是過眼雲煙，該失去就不必苦苦

追求，已擁有的就學會珍惜。快樂地看待得失，輕鬆地對待挫折，保持一種達觀的態度生活，這才是孩子應具有的大氣。

從前，在一座山上住著一個無際大師。

有一天，一個青年背著一個大包裹找到了他，並對他說：「大師，您知道嗎，我是多麼的孤獨、痛苦和寂寞。為了找到您，我走了很多路，經歷了許多困難，現在我的身心已經疲憊；我的鞋子破了，荊棘割破了雙腳；手也受傷了，不停地流著血；嗓子因為長時間的呼喊而變得嘶啞起來……我現在感到生活是那樣的沉重，您能告訴我這是為什麼嗎？」

大師並不急於回答他，而是問：「你的大包裹裡裝的是什麼？」

青年說：「裡面裝的是我每一次寂寞時的煩惱，每一次跌倒時的痛苦，每一次受傷後的哭泣……它們對我非常重要，靠著它，我才能走到您這裡來。」

於是，大師帶青年來到河邊，他們坐船過了河。

上岸後，大師說：「你扛著船趕路吧！」

青年感到非常奇怪，禁不住問道：「什麼，扛著船趕路？您不是在開玩笑吧，它那麼重，我扛得動嗎？」

大師看了看青年，微微一笑，說：「是的，孩子，你扛不動它。過河時，船是有用的！但過了河，我們就要放下船趕路，不然的話，它會變成我們的包袱。痛苦、寂寞、災難、眼淚，這些對人生都是有用的，它能使我們了解生命的內涵，但如果不能把它忘掉的話，它就會成為人生的包袱？放下它吧！孩子，生命不能太沉重。」

青年放下包袱繼續趕路，他覺得比以前輕鬆了許多，並且體驗到了一種從未有過的快樂。原來，生命是可以不必如此沉重的。

接著，媽媽再和孩子講個故事：

　　一個人搭乘火車，上車後坐在一個靠窗的位置上。火車剛剛緩緩開動，他不小心從車窗把一雙新鞋弄丟了一隻，有人說，太可惜了！多好的鞋子呀！可是這個人非但不覺得可惜，反而把另外一隻鞋子也扔了下去。人們議論紛紛，都說他太笨了。而他只是以一種淡然平靜的口吻說：「在你們看來，我或許很笨，但鞋子是要成雙穿的，既然已經丟了一隻，那麼剩下的一隻再新再好，對我也無任何意義了；而我把另一隻扔下去，撿到鞋的人湊成一雙，還可以穿呢。這結局難道不算圓滿嗎？」

　　失去常常意味著另一種得到！

　　一位哲人說過：「一個人對於挫折或不幸的事，真正感到痛苦的時間只能有兩天。」當孩子做了錯事或受到挫折而沉浸在悲傷與憂慮之中時，媽媽不妨教孩子這樣面對：第一天是發生事情的當天，由於突如其來的事情，沒有心理準備，一時不能抑制，痛苦不堪也可以理解；第二天，一覺醒來，痛苦的情緒得到緩解，可以理智地對事情進行冷靜分析，作自我檢討，從客觀、主觀、目標、環境、條件等方面，找出受挫折的原因；第三天，採取有效的補救措施，讓一切從頭再來。

　　莎士比亞說：「聰明人永遠不會在那裡為他們的損失而哀嘆，卻用情感去尋找辦法來彌補他們的損失。」過去的已經過去，不能重新開始，不能從頭改寫。為過去哀傷，為過去遺憾，除了勞心費神、分散精力，沒有一點益處。漫漫人生路，重要的不是我們失去了什麼，而是我們學會了什麼、得到了什麼。

▎讓孩子體驗賺錢的艱辛

　　找一個合適的時間，媽媽與孩子坐在一起，把故事娓娓道來。

　　殷紂王即位不久，命人為他琢象牙筷子。賢臣箕子說：「象牙筷子豈

定不能配瓦器，要配犀角之碗，白玉之杯。玉杯肯定不能盛野菜粗糧，只能與山珍海味相配。吃了山珍海味就不肯再穿粗布短衣，住茅草陋屋，而要衣錦繡，乘華車，住高樓。國內滿足不了，就要到國境外去搜求奇珍異寶。我不禁為他擔心。」

　　果然，紂王「厚賦稅以實鹿臺之錢……益收狗馬器物，充仞宮室……以酒為池，懸肉為林，使男女裸相逐其間，為長夜之飲。」百姓怨而諸侯叛，亡其國，自己則「赴火而死」。

　　民間有「富不過三代」的諺語，歐洲有「三代人木屐傳木屐」的說法，南美有「做生意的老子，花花公子的兒子，要飯的孫子」的諷喻……這些類似的偈語表達了一個同樣意思：一個家族企業繼承下去很難。有關調查也顯示，由第一代順利過渡到第二代的家族企業，只占33%，只有16%左右的家族企業可以由第二代過渡到第三代，而能從第三代過渡到第四代的家族企業僅占4%。

　　「再富也不能富孩子！」是的，家長應該讓孩子體驗賺錢的艱辛。

　　在國外，人們把「理財教育」視為「道德教育」或「人性教育」，他們認為的理財教育並不是單純的灌輸知識，而是幫助孩子養成人生所需要的智慧和正確的價值觀。同時，理財教育更是生活教育。金錢與我們的生活密不可分，家長既是理財教育唯一的老師，又是最好的老師，因為孩子會在生活中受到家長的「身教」。而理財教育中最突出的一個亮點是，讓孩子自己體驗賺錢的艱辛。

　　韓國曾經熱播過一部電視劇《金子般寶貴的孩子》（*My Golden Kids*），描述一個家庭裡的溫馨故事，吸引了許多觀眾。該劇的名字也是這電視劇成功的原因之一，因為它表現出家長對孩子的摯愛之情，為了「金子般寶貴」的孩子，家長沒有什麼捨不得的。

讓孩子體驗賺錢的艱辛

　　的確，很多人把現在這一代的孩子形容為「富貴的一代」。與物質貧乏的過去相比，孩子的身高、體重都大大超越以前。他們懂的知識多，並且熟知人情世故。每當有什麼需求，想向家長索要更多零用錢時立刻變得甜言蜜語。然而，孩子只懂得花錢，卻從來不懂錢是從何而來，更不想知道這些。他們認為，只要家長願意，就會把口袋裡的錢給自己。這一代孩子對錢有如此被動的、消極的理解，就是因為大人從來沒有告訴他們錢從何而來，而且在沒有教他們如何賺錢之前，就先讓他們學會花錢。

　　有個人剛到美國的第二天，他到速食店吃簡單的午餐，剛點完菜無意中往窗外一看，有個人引起了他的注意：一個三四歲的小孩子正認真地把地上的垃圾撿到自己的籃子裡，後面跟著他媽媽和哥哥。出於好奇，這個人到外面去問個究竟，孩子的回答意外地乾脆簡單：「工作。」經過了解才知道，如果孩子把裝滿垃圾的籃子交給速食店經理，他就能得到一個漢堡。

　　如果不是自己賺錢，就不能真正體會賺錢有多辛苦。讓孩子看到家長辛苦賺錢的樣子，是非常好的理財教育方法，對孩子描述自己的工作情形，或是帶孩子參觀家長的工作環境，都能讓他們深刻體會。在美國，每年4月家長會抽出一天時間帶孩子到自己的工作地方，讓孩子親眼目睹家長辛勤勞動的場景，喚起孩子對家長的感激，懂得勞動的價值。

　　這裡還有兩個故事：

　　當年52歲時的比爾蓋茲從微軟退休。在他退休前，一項計畫正在轟轟烈烈地實施，那就是捐出他全部580億美元的個人財產。在接受英國BBC電視節目「Ne-wsnight」採訪時，比爾蓋茲表示，這是他和妻子共同的決定，「我們希望以最能夠產生正面影響的方法回饋社會」。所謂「最能夠產生正面影響的方法」，就是不給子女留一分錢。而在2003年，比爾蓋茲曾在公開過的遺囑中還說：「除了給自己的三個孩子每人留下1,000

第九章　在艱難險阻中收穫成長

萬美元和價值 1 億美元的家族住宅外，其個人財產的 98% 將捐獻給他和妻子名下的基金會。」事實上，比爾蓋茲在慈善方面已經做得夠多了，他此前的捐款就有數百億美元之巨，即使只捐 98% 也無損其個人形象。相對於蓋茲富可敵國的家產來說，這點在普通人看來相當多的「遺產」就真的算不上什麼了。

不管是聞名全球的富翁比爾蓋茲，還是默默無聞的普通人，他們都有一個可貴之處，那就是讓孩子學會賺錢，體會生活的艱辛，獨立生存。這是很多家長都難以做到的，他們心疼孩子比心疼自己還甚，這是很不合理的家教方法。

其實，家長不在乎孩子賺錢多少，而是要讓孩子透過自己的努力去賺錢，體驗賺錢的艱辛，這比讓他上多少節關於賺錢艱辛的理論課都重要，這才是教孩子體驗生活的關鍵所在。

「一粥一飯當思來之不易，一絲一縷恆念物力維艱。」當生活一天天好起來的時候，家長更應該幫助孩子樹立正確的消費觀念，制止他們不合理的消費需求。此外，家長還應該透過種種途徑，讓孩子體會勞動的辛勞，財富的來之不易。現如今，雖說生活水準提升了，孩子被家長濃厚的愛包圍著，但家長不應讓孩子與社會脫節，要讓孩子明白生活的艱辛、賺錢的不易。北宋著名的文學家陸游說過：「書到用時方恨少，事非經過不知難。」同樣，孩子不身臨其境，是不可能體會賺錢的艱辛的。

讓孩子體驗賺錢的艱辛

說故事代替碎念，孩子絕對聽得進：

交代任務法 × 鼓勵提問法 × 配音表演法，花點時間陪伴孩子，別因為一句吼叫就讓親子關係壞掉

編　　著：李雅婷，夏天雪

發 行 人：黃振庭

出 版 者：崧燁文化事業有限公司

發 行 者：崧燁文化事業有限公司

E-mail：sonbookservice@gmail.com

粉 絲 頁：https://www.facebook.com/
　　　　　sonbookss/

網　　址：https://sonbook.net/

地　　址：台北市中正區重慶南路一段六十一號八
　　　　　樓 815 室

Rm. 815, 8F., No.61, Sec. 1, Chongqing S. Rd.,
Zhongzheng Dist., Taipei City 100, Taiwan

電　　話：(02)2370-3310

傳　　真：(02)2388-1990

印　　刷：京峯彩色印刷有限公司（京峰數位）

律師顧問：廣華律師事務所 張珮琦律師

定　　價：399 元

發行日期：2023 年 02 月第一版

◎本書以 POD 印製

國家圖書館出版品預行編目資料

說故事代替碎念，孩子絕對聽得進：交代任務法 × 鼓勵提問法 × 配音表演法，花點時間陪伴孩子，別因為一句吼叫就讓親子關係壞掉 / 李雅婷，夏天雪編著 . -- 第一版 . -- 臺北市：崧燁文化事業有限公司，2023.02

面；　公分

POD 版

ISBN 978-626-332-977-5(平裝)

1.CST: 家庭教育 2.CST: 親職教育

528.2　　111019779

電子書購買

臉書